权威·前沿·原创

皮书系列为
"十二五""十三五""十四五"时期国家重点出版物出版专项规划项目

BLUE BOOK

B

皮书系列与书库出版者权牌

绿色金融蓝皮书
BLUE BOOK OF GREEN FINANCE

中国地方绿色金融发展报告
（2024）

ANNUAL REPORT ON THE DEVELOPMENT OF LOCAL GREEN FINANCE IN CHINA (2024)

王 遥 任玉洁 吴倩茜 等／著

社会科学文献出版社
SOCIAL SCIENCES ACADEMIC PRESS (CHINA)

图书在版编目（CIP）数据

中国地方绿色金融发展报告 . 2024 / 王遥等著 .
北京：社会科学文献出版社，2025.4. -- （绿色金融蓝皮书）. -- ISBN 978-7-5228-5115-0

Ⅰ.F832.7

中国国家版本馆 CIP 数据核字第 2025EB7184 号

绿色金融蓝皮书
中国地方绿色金融发展报告（2024）

著　　者 / 王　遥　任玉洁　吴倩茜　等

出　版　人 / 冀祥德
组稿编辑 / 恽　薇
责任编辑 / 颜林柯
文稿编辑 / 周晓莹
责任印制 / 岳　阳

出　　版 / 社会科学文献出版社·经济与管理分社（010）59367226
　　　　　地址：北京市北三环中路甲 29 号院华龙大厦　邮编：100029
　　　　　网址：www.ssap.com.cn

发　　行 / 社会科学文献出版社（010）59367028
印　　装 / 天津千鹤文化传播有限公司

规　　格 / 开　本：787mm×1092mm　1/16
　　　　　印　张：16　字　数：208 千字
版　　次 / 2025 年 4 月第 1 版　2025 年 4 月第 1 次印刷
书　　号 / ISBN 978-7-5228-5115-0
定　　价 / 158.00 元

读者服务电话：4008918866

版权所有 翻印必究

本书获中央财经大学"主干领域—中国特色社会主义经济高质量发展的金融支持体系"支持

本书获中央财经大学-北京银行双碳与金融研究中心和北京财经研究基地支持

本书获中央财经大学"双一流"建设项目资助

编 委 会

主　　　任	王　遥
副　主　任	任玉洁　吴倩茜
指　导　专　家	史建平　霍学文　曹明星　王琳晶

皮书课题组成员　（按姓氏笔画排序）
　　　　　　　　金子曦　周　荞　周　洲　傅奕蕾

皮书数据库团队　（按姓氏笔画排序）
　　　　　　　　马海超　王帅中　王翔宇　宁　致　刘　玺
　　　　　　　　刘启伦　孙　铭　牟　毅　李　照　李　臻
　　　　　　　　吴杰璠　张若澄　张宜静　金　蕾　穆亦晗
　　　　　　　　感谢王湛翔、刘雨昕、刘家荣、李嘉淇、何佳泓、张言、迪那儿、赵小瑜、徐凌锴、高杨对本书数据提供的支持。

主要著者简介

王 遥 教授,博士生导师。中央财经大学绿色金融国际研究院院长,中央财经大学-北京银行双碳与金融研究中心主任,财经研究院、北京财经研究基地研究员。中国金融学会绿色金融专业委员会副秘书长,中国证券业协会绿色发展委员会顾问。剑桥大学可持续领导力研究院研究员,牛津大学史密斯企业与环境学院可持续金融项目咨询委员会专家,卢森堡证券交易所咨询顾问。2021年担任联合国开发计划署中国生物多样性金融"BIOFIN"项目首席技术顾问;曾任SDG影响力融资研究与推广首席顾问。2013年获教育部新世纪优秀人才支持计划资助,2010~2011年美国哈佛大学经济系博士后及哈佛环境经济项目、哈佛中国项目的访问学者,2008~2010年北京银行博士后研究人员。主要研究方向为绿色经济、可持续金融、绿色金融和气候金融。自2006年以来,在高层次期刊上发表论文120余篇,主持并完成了包括国家社科基金重点项目在内的100余项国内外课题,发布了40余份研究成果,并获得中央、省级及地方政府的重要批示与指导;出版了33部专著,其中《碳金融:全球视野与中国布局》和《气候金融》为该领域的前沿性著作,合著的《支撑中国低碳经济发展的碳金融机制研究》荣获第七届中华优秀出版图书提名奖,《中国地方绿色金融发展报告(2022)》荣获第十届"优秀皮书报告奖"一等奖。*Energy Policy*、*Mitigation and Adaptation Strategies for Global Change*和《金融研究》等期刊匿名审稿人。有近7年投资银行从业经验。2019 年获《亚洲货币》年度中国卓越绿色金融大奖"杰出贡献奖",连续多年获得中国侨联特聘专家建言献策奖项。获评 2021 年中央财经大学首届"感动中财人物",获《南方周末》颁发的 2021 年度"责任先锋"奖及上海报业集团评选的"ESG 先锋 60——年度 ESG 探索人物奖"。

任玉洁 中央财经大学绿色金融国际研究院绿色金融研究中心主任,对外经济贸易大学法律硕士,主要研究方向为生态文明建设、绿色金融、转型金融、生态产品价值实现等;参与地方、企业、金融机构的绿色金融发展规划设计、绿色金融标准研究、绿色金融产品创新、产业转型融资研究等。作为主要作者参著《中国地方绿色金融发展报告》《绿色金融科技创新:基础理论与行业实践》等,向国家部委及多省市政府相关部门递交绿色金融等相关政策建议并获采纳与批示。

吴倩茜 中央财经大学-北京银行双碳与金融研究中心高级研究员,毕业于荷兰伊拉斯姆斯大学城市与区域发展战略专业,主要研究方向为地方绿色金融、区域绿色发展战略、绿色投融资工具创新、绿色普惠金融、生态产品价值实现等。多次参与部委、地方政府、金融机构委托课题,多次在《中国金融》《金融时报》《中国银行业》等期刊报纸发表文章。

摘　要

2023年，得益于顶层政策的持续加力、历年绿色金融改革创新试验区的经验推广、各地区围绕绿色金融的主动探索，我国地方绿色金融仍在持续深化发展。总体来看，完善绿色金融组织体系、创新绿色金融市场与服务、加强绿色金融基础设施建设、推动绿色金融对外合作交流、重视绿色金融风险防范与控制等，已成为多个地方2023年发展绿色金融的关键任务；另有部分先行地区，在2023年积极启动转型金融领域的尝试，以推动绿色金融与转型金融有效衔接为抓手，发挥金融服务地方经济绿色低碳发展的引导与支持作用。

中央财经大学绿色金融国际研究院地方绿色金融发展评估课题组（以下简称"课题组"）自2018年开始研究发布地方绿色金融发展指数，基于客观性、公平性、可比性、科学性等基本原则打造了一套评估地方绿色金融发展水平的指标体系。2022年，课题组基于我国地方绿色金融发展的阶段性变化特征，对评价指标的颗粒度和丰富度等做出了局部调整，以更好地反映省域绿色金融的发展进程。2023年评价周期内，课题组沿用了上一年的指标体系，旨在通过对数据的持续跟进，呈现各省份绿色金融的现状与进展，呈现我国地方绿色金融发展的总体趋势与特点，为关注地方绿色金融现状、推动地方绿色金融发展的相关方提供参考。

整体来看，2023年，我国31个省份（港澳台未统计）绿色金融表现与上一周期相比均出现较为明显的变化。具体来看，浙江继续深耕绿色金融创新，在政策体系的全面性、市场实践的多元性方面仍具领先性与典型性；与2022年相比，北京、江苏、上海、湖北的绿色金融发展水平均有所提升，如上海及湖北依托各自的地方特色与优势，围绕绿色金融高效协同、精准施策、激活市场、释放潜力，绿色金融发展的系统性进一步增强，典型性案例也显著增加；四川、福建、江西、贵州在已有的绿色金融基础上继续发力，以政策机制的良好支撑，推动金融机构开展依托资源环境权益交易的产品及服务创新，在金融支持、CCER开发挂钩贷款及绿色普惠融合发展等方面形成典型做法；甘肃、重庆发挥国家级绿色金融改革创新试验区及气候投融资试点叠加的优势，在通过项目库、融资平台推动产融对接，以及运用政府引导基金扶持绿色产业发展等方面的做法为中西部地方实践提供借鉴。除试验区外，安徽、河北及天津聚焦产业绿色化发展，在金融赋能绿色低碳转型方面也不乏典型实践，与2022年相比均有进一步提升。另外，宁夏、青海、云南对绿色金融的重视度也进一步提升，正在加大政策支持力度，推动绿色金融与地方经济的深度融合。

总体来看，2023年部分地区前期积累势能正在加速释放中，但仍呈现金融生态水平位居前列的地区地方绿色金融生态水平较高、地方绿色产业基础较好的地区绿色金融发展进展更为迅速的特点。同时，受到2023年绿色债券等绿色金融市场规模下滑等因素的影响，部分地区绿色金融的个别领域市场表现略有下滑。

此外，本书还以专题形式对"中国转型金融的主要进展与未来展望"这一重点议题展开分析，以期记录、呈现我国现阶段部分地方绿色转型金融的主要实践，更好地推进绿色金融与转型金融的有效衔接。当前，我国的转型金融正处于初步发展阶段，以地方探索实践为主。多地正在立足于自身产业结构特征及区域经济绿色转型需求，积极探索转型金融的实施路径。同时，作用空间有限、数据基础不完善、风险分散机制不健全等共性问题，制约着转型金融的进一步发展。在此基础上，课题组对未来地方发展转型金融、推动转型金融与绿色金融融合发展进行思考，以激活转型进程中的增长机遇为转型金融创新的切入点，通过政府、企业与金融机构的多方协同，合力破解转型金融发展过程中的复杂性挑战，全面夯实地方"碳"基础工程、建立与转型相适应的风险分担机制，确保转型金融在促进我国经济社会绿色发展方面发挥更加稳健的作用。

综上，2023年我国地方绿色金融仍在积极向前，各地区在绿色金融组织体系建设、市场与服务创新、基础设施建设、对外合作交流以及风险防范与控制等方面的实践继续深化。未来，随着绿色金融政策的持续发力和各地区在绿色金融新兴领域创新实践的不断推广，我国地方绿色金融还将进一步提质、扩面与增效。

关键词： 绿色金融　产业绿色化发展　转型金融

目 录

Ⅰ 总报告

B.1 2023年中国地方绿色金融发展指数报告
　　…………………………………… 王　遥　任玉洁 / 001
　　一　地方绿色金融生态水平分析 …………………… / 002
　　二　2023年全国及地方绿色金融发展分析 ………… / 007
　　三　地方产业绿色化发展水平总体分析 …………… / 014
　　四　地方产业绿色化发展水平与绿色金融生态水平对比
　　　　………………………………………………… / 016

Ⅱ 分报告

B.2 地方产业绿色化与绿色金融协同报告
　　………………………… 任玉洁　金子曦　周　荞 / 019
B.3 地方绿色金融政策推动评价报告
　　………………………… 吴倩茜　傅奕蕾　周　洲 / 050
B.4 地方绿色金融市场效果评价报告
　　………………………… 金子曦　傅奕蕾　周　洲 / 101

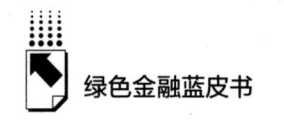

Ⅲ 专题报告

B.5 中国转型金融的主要进展与未来展望
　　……………………… 吴倩茜　金子曦　傅奕蕾　周　荞 / 137

Ⅳ 技术报告

B.6 地方绿色金融发展指数构建说明及结果相关性探究
　　……………………… 吴倩茜　金子曦　傅奕蕾　周　荞 / 177

附　录

转型金融应用参考手册 ……………………………………… / 194

总 报 告

B.1
2023年中国地方绿色金融发展指数报告[*]

王 遥 任玉洁[**]

摘 要： 2023年，绿色金融顶层政策持续加力、历年绿色金融改革创新试验区经验加快推广、各地区围绕绿色金融主动探索，我国地方绿色金融仍在持续深化发展。总体来看，在2023年评价周期内（2023年1月1日~2023年12月31日），我国绿色金融生态水平稳步提升。在绿色金融改革创新试验区及部分金融生态水平较高、产业绿色化发展水平较为突出的省份，绿色金融发展水平也较为领先，但

---

[*] 本书如无特殊说明，数据均来源于中央财经大学绿色金融国际研究院所建设的地方绿色金融数据库；本报告的评价方法详见本书技术报告部分。

[**] 王遥，中央财经大学绿色金融国际研究院院长，中央财经大学博士生导师，研究方向为绿色经济、可持续金融；任玉洁，中央财经大学绿色金融国际研究院绿色金融研究中心主任，研究方向为生态文明建设、绿色金融、生态产品价值实现、转型金融。

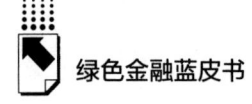

与以往评价周期相比，省级绿色金融发展水平在一定程度上有所降低，更多省份及部分领先省份的下辖市县正在于更广范围内运用、探索绿色金融。同时，部分省份率先开展了转型金融领域的局部试点，以期做好绿色金融与转型金融的有效衔接。

关键词： 绿色金融　金融生态　地方产业　转型金融

一　地方绿色金融生态水平分析

（一）地方绿色金融发展指数

在2023年评价周期[①]内，全国31个省份[②]绿色金融发展指数的总体评价为9.56~57.05（见表1），均值为27.61。

表1　2023年评价周期内全国31个省份绿色金融发展指数评价

省份	政策推动评价	市场效果评价	总体评价
安徽	12.34	13.28	25.62
北京	21.30	31.61	52.92
重庆	15.22	10.76	25.98
福建	17.05	14.22	31.27
甘肃	18.66	11.12	29.78
广东	28.13	23.70	51.83
广西	13.60	6.27	19.87
贵州	17.25	8.62	25.87
海南	9.06	6.86	15.92

---

① 本书中"2023年评价周期"是指2023年1月1日~2023年12月31日。
② 本书中"省份"是指中国的31个省、自治区和直辖市，不包含港澳台。

续表

省份	政策推动评价	市场效果评价	总体评价
河北	15.16	10.44	25.59
河南	11.95	10.05	22.01
黑龙江	8.38	6.93	15.32
湖北	14.46	13.51	27.97
湖南	13.81	8.23	22.04
吉林	11.82	6.24	18.06
江苏	26.77	25.94	52.71
江西	21.92	8.30	30.22
辽宁	13.41	5.17	18.58
内蒙古	10.37	6.96	17.33
宁夏	12.07	7.78	19.85
青海	11.97	7.26	19.22
山东	20.48	17.43	37.91
山西	16.30	7.05	23.35
陕西	10.51	9.10	19.62
上海	22.11	24.24	46.35
四川	19.43	12.41	31.83
天津	12.32	8.40	20.71
西藏	5.92	3.64	9.56
新疆	17.44	7.68	25.13
云南	8.14	8.32	16.45
浙江	38.36	18.69	57.05

注：按各省份拼音排序。

从各省份指数表现来看，2023年评价周期内超过1/3省份的总体评价超出均值，总体呈现金融生态水平位居前列的地区地方绿色金融生态水平较高、地方绿色产业基础较好的地区绿色金融发展更为迅速的特点，同时也反映出我国各省份绿色金融的发展水平之间仍存在显著差异。

从发展趋势来看，在2023年评价周期内，浙江、广东、江西、甘肃等国家级绿色金融改革创新试验区所在省份继续保持活力，北

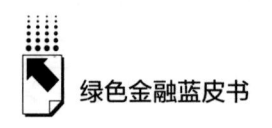

京、江苏、上海、山东、四川、福建等非绿色金融改革创新试验区也加快释放发展潜力，其他省份绿色金融的覆盖面和应用深度均有所扩大和提升。从区域发展亮点来看，湖北2023年绿色金融市场发展迅速，在绿色信贷及环境权益交易方面表现突出，成为中部地区绿色金融发展的新引擎。重庆、贵州、新疆等省份作为中西部地区绿色金融发展的代表，在推动国家级绿色金融改革创新试验区建设的过程中，围绕绿色金融科技平台建设、绿色普惠金融融合发展等议题形成了具备可推广性的经验。安徽、河北、山西、湖南、天津等省份围绕产业绿色化发展，在绿色金融赋能绿色低碳转型方面进行了较多实践探索。宁夏、青海、吉林等省份也开始进一步丰富在绿色金融领域的实践。可以看出，绿色金融改革创新试验区的经验正在加快推广，原局部地区的典型做法正在加速扩面。

总体来看，2023年中国地方绿色金融发展的整体水平稳中有升，呈现多元繁荣和破局创新并存的特点。一方面，各省份除了建设普适化的体系之外，还注重依托本土产业打造特色化绿色金融发展路径；另一方面，在经济社会全面高质量发展的新形势下，更多省份积极把握政策机遇与分析市场需求，探索绿色金融与转型金融、普惠金融、养老金融、科技金融、性别金融、生物多样性金融等领域的衔接与融合发展，为区域经济的绿色转型注入强劲动力。另外，部分省份前期积累的势能正在加速释放中，在政策的激励下，绿色金融市场呈现蓬勃发展态势。不过我国地方绿色金融发展的不平衡性问题也仍然存在，部分省份由于受到经济基础、产业结构以及政策环境等因素的影响，绿色金融发展的成效尚不显著，政策的系统性、市场实践的多元性、配套设施的完善性等仍处于较为初级的阶段。同时，受到2023年绿色债券等绿色金融市场规模缩小等因素影响，部分地区绿色金融的局部市场表现欠佳。

总体而言，在2023年评价周期内，绿色金融正在步入一个覆盖范围日益广泛、创新实践持续发展、实践路径更趋多元的阶段，绿色金融正在成为全国各省份金融体系建设的重要一环。

（二）地方绿色金融政策推动评价

在2023年评价周期内，全国31个省份绿色金融政策推动指数的分布区间为5.92~38.36（见图1），均值为15.99。从政策推动的表现来看，浙江、广东、江西、甘肃、新疆、贵州、重庆等国家级绿色金融改革创新试验区依旧发挥了示范引领作用，在政策体系完善方面取得了显著成效。各试验区通过深入调研与市场反馈评估，关注政策执行效果，及时优化政策措施，确保了绿色金融政策的有效性以及对地方发展的高度适应性；通过完善政策体系，推动了绿色金融市场的多元化、深层次发展，实现政策与市场的有效联动。例如，重庆作为最新获批加入国家级绿色金融改革创新试验区的直辖市，2023年充分利用其作为西南地区经济中心和长江经济带重要节点的优势，将自身产业结构特点与生态环境需求紧密结合，制定了一系列针对性强、创新度高的绿色金融政策，展现了其在绿色金融领域深度探索的积极性。

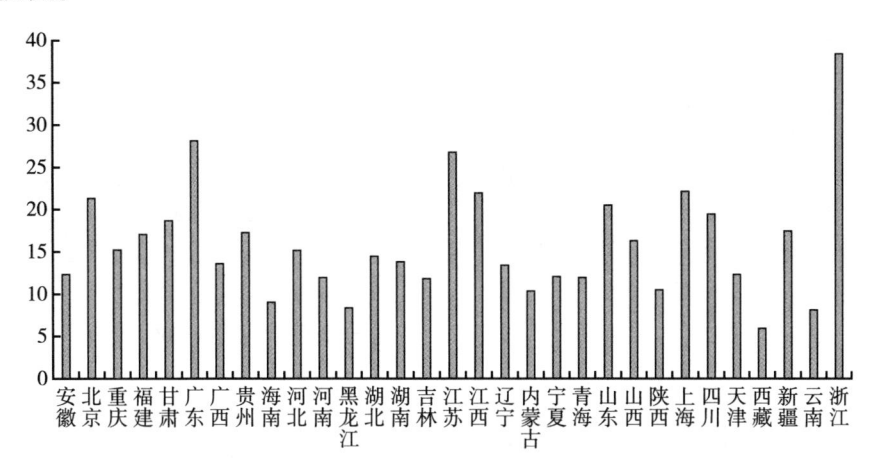

图1　2023年评价周期内全国31个省份绿色金融政策推动指数

此外，江苏、上海、北京、山东及四川等省份在政策制定、执行和监管方面也表现出较高的水平。从政策内容来看，上述省份不仅注重政策的创新性与前瞻性，还强调对政策的实施效果进行评估，从而确保绿色金融政策能够真正服务于实体经济的绿色转型。同时，海南、云南、内蒙古等省份，在推动绿色金融发展方面更加专注于加强某一领域政策体系的深度构建，政策间的整体协同效应仍有进一步提升的空间。总体来看，尽管我国绿色金融政策推动取得了一定进展，但各省份之间推动效果差异较大，反映出绿色金融政策体系发展在全国范围内尚不均衡。

（三）地方绿色金融市场效果分析

在2023年评价周期内，全国31个省份的绿色金融市场效果指数分布区间为3.64~31.61（见图2），均值为11.62。与上一年度相比，各省份之间发展差异有所缩小，部分省份的市场活跃度提升明显。

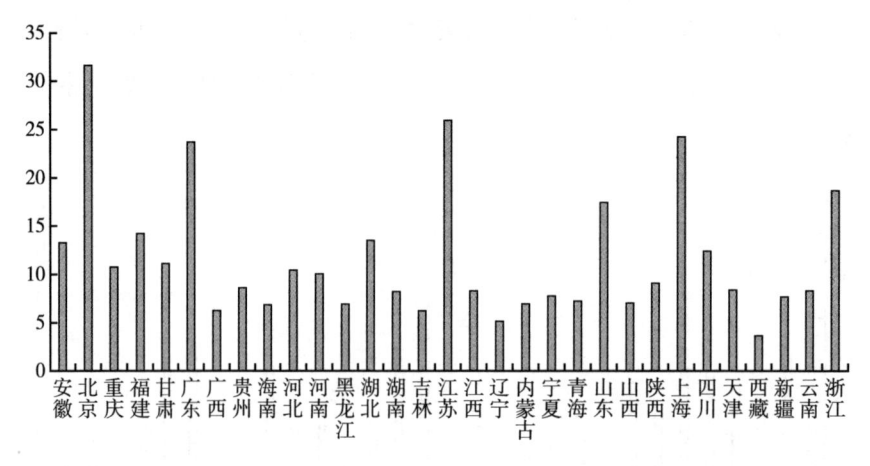

图2 2023年评价周期内全国31个省份绿色金融市场效果指数

从整体来看，各省份的市场效果表现与政策推动表现之间存在较大差异。部分经济基础雄厚、资源要素聚集充分的省份，如北京、江苏、上海、山东、福建等地在绿色金融市场方面依旧表现出较强的竞争力和影响力。而国家级绿色金融改革创新试验区在市场表现方面则各有特点，甘肃、贵州、江西、新疆等地在市场效果方面表现不如政策推动方面表现突出，整体水平位居全国中游。值得注意的是，与2022年相比，浙江、甘肃、贵州以及新疆四地在市场表现上的进步较为显著，尤其是甘肃与贵州两地，已连续两年实现了市场表现的稳步增长，这在一定程度上说明政策影响力正在持续发酵，市场积极性经过多年培育已有所提升。

此外，河北、湖南、宁夏、陕西、青海等地在绿色金融市场建设方面发展迅速，整体表现与上一周期相比有较大幅度提升。这一积极变化在很大程度上得益于政策措施的逐步落地与有效实施。相对而言，山西、云南、海南等地的市场表现则具有较大发展空间。这种区域间的发展差异，也进一步说明了绿色金融政策在实际落地过程中的复杂性和多样性，在不同产业基础和经济背景下，市场进展也各有不同。

二 2023年全国及地方绿色金融发展分析

在经济社会全面绿色转型需求的带动下，我国绿色金融正在步入一个应用范围日益广泛、创新层次持续深化、发展路径更趋多元的全新阶段。2023年，得益于顶层政策的持续加力、历年绿色金融改革创新试验区的经验推广、各地区围绕绿色金融的主动探索，我国地方绿色金融在组织体系、产品与服务、基础设施建设、对外合作交流、风险防范与控制等方面均已取得一定进展。另有部分先行地区，在2023年启动转型金融领域的全面尝试，以推动绿色金融与转型金融有效衔接为抓手，发挥金融服务地方经济绿色低碳发展的引导与支持作用。

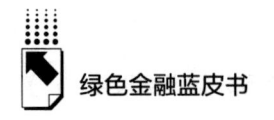

（一）全国绿色金融：深化应用与创新实践协同推进

对2023年评价周期进行分析，全国绿色金融整体发展水平稳中有升，多地绿色金融体系在逐步完善，部分地区发展特征鲜明，地方层面的深化应用与创新实践协同推进。一方面，更多政策影响力得以在省级和市级层面显现，在一定程度上加快了地方经济绿色转型的步伐；另一方面，多地绿色金融产品的服务创新思路有所突破，市场活力得以在新的实践层面加速释放。

在深化应用方面，2022年评价周期内，全国绿色金融发展已经开始加速，部分地区呈现了由省级层面向市级层面拓展的态势。2023年评价周期内，这一发展态势得以延续。一方面，面对当前地方产业结构性、趋势性转型压力，地方政府将识别并持续推动区域核心绿色产业作为拉动经济发展、培育和建构新动能的重要手段，这也着重体现在绿色金融相关政策体系的构建上。有别于上一周期更为宏观的综合政策引导，在2023年评价周期内，更多省份将着力点聚焦于以绿色金融支持节能环保、清洁生产、清洁能源等产业发展，以及代表着新一代绿色科技革命的新能源产业链构建等领域。例如，湖北发布《绿色建筑产业贷款实施规程》《湖北省绿色票据认定指南》；天津东疆综合保税区上线全国首个绿色租赁标准化服务平台，落地全国首笔标准化绿色融资租赁业务等。另一方面，市级层面的政策部署也呈现趋向于具体的态势，通过设立量化目标以实现在关键议题方面的效果提升。例如，金融机构开展环境信息披露、地方绿色专营机构建设、机构绿色金融业务占比等，均成为地方发展绿色金融更为直观有效的指标抓手。例如，在深圳、湖州等地，金融机构开展环境信息披露已成为强制性要求；青海则统一标准打造了绿色金融特色机构网点，北京、上海、广东、浙江等地均在建设绿色营业网点方面设置了相关标准及量化指标。

在创新实践方面，2023 年评价周期内，监管部门继续优化绿色信贷、绿色债券及绿色保险的政策保障体系，也由此为地方开展产品服务的多样化创新提供了支点。在创新方向上总体呈现两大特点，一是支持面逐渐由绿色向棕色覆盖，即除了继续关注纯绿色项目的融资需求之外，也开始积极探索和构建转型金融机制，支持高碳行业朝低碳方向转型，从而为"双碳"目标的实现提供更加多元化、全面化的融资解决方案。在 2023 年评价周期内，重庆、天津、上海、河北出台了地方转型金融目录或标准，江西以试点推动的方式在较小的行政单元内开展了转型金融相关实践，浙江省湖州市则在已有基础上对标准目录进行了迭代优化，以实现金融与产业的精准对接。二是技术驱动成为推动绿色金融创新的关键力量。在 2023 年评价周期内，随着大数据、人工智能等前沿技术的推广与应用，地方金融机构逐步将数字技术融入绿色金融产品与服务的创新设计，如开发基于数据互联互通的绿色金融应用平台，利用遥感卫星、物联网技术监测企业碳排放，提供更为准确的环境绩效评估等，以更为科学、精准的数据为市场创新和金融监管提供支撑。例如，浙江衢州通过构建"双碳大脑+数智控碳"为核心的多跨应用场景，收集与记录市场主体的碳排放信息，并以此为基础开发碳账户金融产品；福建打造碳排放在线监测与应用公共平台，集碳排放信息双向管理、实时精准监测、碳数据深度挖掘、减碳技术方案分析、碳核算结果智能分析等功能于一体；湖北武汉东湖高新区通过创设绿色保险产品创新实验室的方式，探索科技赋能风险管理机制创新的新路径，为非银行机构赋能绿色转型提供方向。

（二）绿色金融改革创新试验区：以政策协同推动金融供给优化

绿色金融改革创新试验区引领着我国绿色金融的地方探索。在 2023 年评价周期内，浙江、江西、广东、贵州、新疆等省份已完成

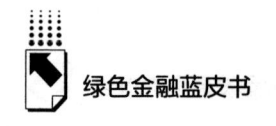

首批绿色金融改革创新试验区建设工作，重庆、甘肃兰州新区等后续获批的试验区仍在深入推进各项工作。

一是浙江、广东、江西等地继续深化绿色金融改革，探索新兴领域创新实践。2023年评价周期内，浙江、广东、江西三地延续了在政策推动方面的领先优势，以更加聚焦的产业战略及更加完善的绿色金融政策体系实现对市场潜能的有效激活。

浙江立足产业与企业类型的多样化基础，探索绿色金融与转型金融、生物多样性金融的有效衔接，多层次推动产业的低碳转型与绿色升级。湖州作为首个在地方层面构建了相对完整的转型金融框架的地区，2023年进一步明确了转型金融支持活动目录，从微观层面为金融机构提供了开展转型金融市场实践的明确指导。衢州一方面依托逐步完善的碳账户，以碳金融专属产品全面助力企业转型；另一方面在生物多样性领域做出率先尝试，出台《银行机构生物多样性风险管理标准》，为金融机构规避生物多样性风险、减少项目开发对生物多样性的负面影响提供了方法准则。

广东在《2023年广东金融支持经济高质量发展行动方案》中明确提出"争创广州绿色金融改革示范区"的目标。除了支持制造业绿色发展之外，广州花都区在2023年评价周期内按照"一城一区一港一湾"的产业空间结构优化政策环境，积极发挥区位优势增强与粤港澳及海外的跨域跨境联动，形成了国际绿色金融合作的先行探索；此外，依托交易所开展的碳金融产品创新也将成为下一阶段花都区重点突破的领域。

江西在2023年评价周期内实现了市场效能的显著提升，一是绿色金融发展顶层设计的有效实施，为市场效能提升奠定了基础；二是《江西省制造业重点产业链现代化建设"1269"行动计划（2023—2026年）》等政策的推动，有效激发了新旧动能转换下的金融需求。此外，江西持续推进绿色金融产品支持生态资源资本化的新机制，助力生态资源富集地区依托生态要素发展新质生产力。下一周期，江西或在市县级转型金融试点基础上，着力探索加快拓展金融支持产业绿色转型辐射半径，以形成对重点产业转型发展的良好支撑。

二是重庆以系统化政策构建，打造全域绿色金融改革示范样本。2022年最新设立的重庆试验区在2023年评价周期内出台《重庆市建设绿色金融改革创新试验区实施细则》，兼顾了全面性与创新性。重庆下辖的各区也于年内陆续出台区级实施方案，以确保全市绿色金融改革创新工作的高效落地与协同实施。此外，重庆出台《绿色金融服务绿色汽车供应链指南》《林业碳汇预期收益权抵（质）押贷款指南》《排污权抵（质）押融资业务指南》等系列标准类文件，为金融机构开展业务提供具体指引。

三是甘肃、贵州、新疆三地围绕优势产业，拓展金融服务功能。甘肃兰州新区不断深化金融供给侧结构性改革，强化财政与金融的联动机制，以政策奖励措施鼓励信贷投放、基金投资、债券承销等活动，给绿色企业和项目提供贷款贴息、风险补偿等支持，有效激发了市场主体的绿色投资活力。下一步，兰州或将聚焦国家级绿色金融改革创新试验区、气候投融资试点及中央财政支持普惠金融发展示范区的政策优势，进一步推动绿色金融产品和服务的创新发展。

贵州贵安新区以生态、能源及产业发展环境等多重优势吸引绿色企业集聚，绿色金融服务产业发展的能力快速提升，在基于环境权益的绿色金融工具创新方面取得了较大进展。2023年发布的《黔中城市群高质量发展规划》和《贵安新区高质量发展三年攻坚实施方案（2023—2025年）》，从顶层设计角度为贵安新区进一步集聚金融要素、推动"市银企"深化战略合作、实现重点产业突破性发展提供了政策支持。

新疆各试验区以自身产业基础为依托，积极探索构建市级层面的转型金融框架，在标准体系、激励措施及产品创新方面进行协同部署。同时，以碳账户数据为基础，形成了以绿色贷款为主，绿色股票、绿色债券、绿色保险、绿色基金等绿色金融工具为辅的多层次绿色金融市场体系，引导更多的信贷资金支持高碳经济活动向低碳转型。转型金融的提出为新疆各试验区深化创新实践提供了新的切入点，表现出了强烈的创新意识，市场活力得到了调动。未来，昌吉州、哈密市及克拉玛依市或会继续从金融需求端入手，为西部资源、能源富集地区绿色金融纵深发展提供有益借鉴。

（三）其他地方绿色金融发展：交互融合发展趋势渐显

在2023年评价周期内，基于绿色金融顶层设计的进一步优化完善，以及不同类型、不同层级试验区的实践探索与经验传播，地方绿色金融呈现交互融合的多元化发展趋势。

一是地域发展的差异化与协同性并进。具体而言，发展较为成熟的地区在2023年评价周期内注重以绿色金融为撬动工具，寻求融合发展中新的增长点，实现金融服务的广度和深度双重提升。例如，浙江积极推动绿色金融与普惠金融、转型金融、生物多样性金融融合发展。上海先后发布22项、涵盖10多个产业领域的绿色金融支持产业发展的专项指导文件，2023年绿债发行规模增长显著。湖北和四川在2023年实施了一系列绿色基础设施升级、清洁能源、节能环保等领域的重点项目，绿色贷款余额首次突破1万亿元。仍在探索阶段的地区在借鉴经验，推动政策、市场逐步完善的同时，在新的转型发展动态中寻找到赋能地方产业绿色发展的契机，发展意愿显著增强。例如，陕西、内蒙古等地结合自身发展特点，成立了绿色产业基金以支持清洁能源、低碳技术、生态保护等领域发展。青海推动开设绿色专营银行分支机构以更好地服务企业。海南则基于绿色、社会责任、蓝色可持续发展债券框架，发行生物多样性主题债券；另有部分地区在区域协同中寻找融合发展的可能性。

京津冀、长三角及粤港澳大湾区均在2023年评价周期内出台区域协同推进绿色金融发展的相关政策，促进了绿色金融资源的跨区域流动，加速了绿色产业链和生态链的良性循环，体现了绿色金融在促进区域经济一体化中的关键作用。

二是在产品服务创新方面，绿色金融的边界被进一步拓宽，创新思路更加开放多元。一方面，交易标的由传统领域向环境权益领域扩散。金融机构不再局限于传统物权及使用权的融资模式，而是积极探索环境权益的金融化路径，如碳资产抵质押融资、碳债券等，浙江和山东在用能权指标质押贷款上的创新，以及广东、宁夏在水权质押贷款的创新尝试，均为绿色金融产品交易标的的多样化提供了实证。另一方面，绿色金融工具箱进一步扩容。除了绿色信贷、绿色债券及绿色基金之外，绿色保险、绿色租赁、绿色资产证券化等新型工具的推出，不仅丰富了绿色金融的供给体系，也提高了金融服务实体经济绿色转型的能力。2023年，湖南、上海、四川、山东、宁夏等地纷纷出台地方政策指导意见，细化落实具有区域特色的环责险。广西开展"碳减排支持工具+可持续发展挂钩+数字人民币贷款"业务，激励企业主动参与碳减排。深圳落地国内首个碳资产证券化项目，以碳排放权未来预期收益为支撑，发行市场流通证券，将闲置碳资产盘活变现，助力企业节能降碳。

三是风险管理水平逐步提升。随着以绿色信贷为牵引的绿色金融的市场规模不断扩大，监管机构和市场参与者对气候与环境风险的识别及管理能力成为保障绿色金融可持续发展的关键。多地将建立气候与环境风险管理机制作为2023年评价周期内完善政策体系的重要方向，体现了监管层对绿色金融风险管理的高度重视。深圳、湖州等地要求金融机构全面开展环境信息披露，以期降低信息不对称性，防范"洗绿"风险。同时，金融机构和发债主体也逐渐认识到环境信息披露对于提升市场信誉、吸引绿色投资的重要性，逐步按照《金融机

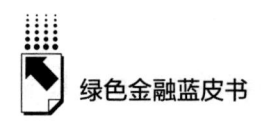

构环境信息披露指南》等政策要求编制环境相关信息披露报告，这不仅增强了不同主体间的市场信任，也为绿色金融的可持续发展奠定了坚实基础。

三 地方产业绿色化发展水平总体分析

总体来看，2023年全国31个省份之间的地方产业绿色化发展水平差异较大。2023年，全国31个省份的地方产业绿色化发展水平区间为15.81~86.79（见表2），均值为39.74，分布较为分散。

表2 2023年全国31个省份的地方产业绿色化发展指数

省份	绿色产业经济贡献	绿色产业就业机会	绿色技术创新	资源利用效率	环境影响	可持续发展	总体评价
安徽	11.51	11.29	3.74	9.55	6.36	5.67	48.12
北京	12.87	14.12	13.00	12.60	7.71	6.67	66.97
重庆	13.01	12.54	1.17	11.99	7.72	6.88	53.31
福建	12.55	12.90	2.62	10.83	8.07	6.13	53.10
甘肃	1.78	0.92	0.33	9.89	7.18	3.27	23.37
广东	26.34	26.42	11.83	8.29	8.57	5.34	86.79
广西	5.31	6.26	0.84	9.29	8.80	4.20	34.70
贵州	5.00	3.00	0.45	10.62	7.30	3.47	29.84
海南	1.06	3.40	0.11	11.90	8.08	6.73	31.28
河北	4.56	7.81	1.67	8.45	4.59	5.71	32.79
河南	6.56	8.80	2.12	9.57	7.33	4.89	39.27
黑龙江	2.87	2.36	1.12	7.67	6.61	4.45	25.08
湖北	11.12	9.63	3.24	9.08	6.62	4.05	43.74
湖南	9.49	8.80	2.85	9.29	7.07	4.16	41.66
吉林	10.96	6.60	0.89	10.72	7.36	5.03	41.56
江苏	20.95	20.10	10.88	6.70	5.40	4.93	68.96

续表

省份	地方产业绿色化发展指数构成						总体评价
	绿色产业经济贡献	绿色产业就业机会	绿色技术创新	资源利用效率	环境影响	可持续发展	
江西	11.10	11.76	0.78	9.93	7.38	3.86	44.81
辽宁	5.36	6.83	2.12	9.13	5.71	3.44	32.59
内蒙古	0.77	0.07	0.33	7.62	5.40	1.62	15.81
宁夏	2.70	1.26	0.22	7.76	5.42	0.00	17.36
青海	3.50	0.56	0.11	9.94	7.44	3.84	25.39
山东	6.81	9.24	5.19	7.77	4.05	3.54	36.60
山西	1.62	1.96	0.95	9.80	6.10	0.84	21.27
陕西	6.27	5.54	2.57	10.79	7.32	4.22	36.71
上海	15.13	13.47	4.80	11.87	7.43	6.35	59.05
四川	9.83	7.26	3.24	10.06	7.77	5.19	43.35
天津	7.97	9.63	1.56	11.76	6.86	7.00	44.78
西藏	0.00	0.29	0.00	8.55	6.91	3.91	19.66
新疆	2.20	0.69	0.33	3.82	6.48	4.60	18.12
云南	5.11	2.71	0.56	10.24	8.06	5.33	32.01
浙江	14.73	20.09	6.97	9.77	7.40	4.82	63.78

注：按各省份拼音排序。

总体来看，2023年评价周期内全国31个省份总体呈现绿色产业经济贡献、绿色产业就业机会指标评价位居前列的地区，地方产业绿色化发展水平也相对较高的特点。

从发展趋势来看，广东、浙江、重庆、江西等国家级绿色金融改革创新试验区所在省份的产业绿色化发展水平持续稳步提升，江苏、北京、上海、福建、安徽等省份的产业绿色化发展水平依托其较为完善的经济产业基础同样保持相对高位，四川、青海等省份在环境影响、资源利用效率等方面取得的优势也进一步显现。从区域发展亮点来看，安徽、江西和重庆着力推进新能源汽车、机器人、先进制造业等绿色低碳及新兴产业发展方面的政策部署与市场推动；海南加快布局高新技术、旅游业、现代服务业等产业，高新技术企业数量逐年增长；青海深化推动自然资源和生态产品价值实现，大力发展低碳农林牧业、低碳文旅服务业等优势产业；陕西和云南统筹推进重点产业节能降碳和清洁能源开发利用，产业和能源结构持续优化；上海和四川分别持续强化推动重点领域和全社会范围节水行动，水资源节约集约高效利用成效显著；广西和河南持续加强对大气、水、土壤等资源的污染防治工作和生态环境治理，系统推进水生态保护、水资源管理和水环境风险防控工作；黑龙江深入践行绿色发展理念，有力的政策支持为企业绿色发展营造了良好环境。

总体来看，2023年中国地方产业绿色化发展的整体水平与上年相比变化不大。尽管地区间的差异依然存在且较难在短时间内大幅缩小，但是从整体来看，各地政府积极发展战略性新兴产业、未来产业等绿色产业，推动传统高耗能产业绿色低碳转型，鼓励并引导企业开展技术创新与应用，为地方的长期低碳转型与可持续发展注入了增长新动能，进一步缩小了各地方产业绿色化发展水平之间的差异。

四 地方产业绿色化发展水平与绿色金融生态水平对比

2023年全国31个省份的地方产业绿色化发展水平与绿色金融生态水平之间呈现较强的相关性，两组数据的相关系数为0.806。地方产业绿色化发展水平相对较高的省份，绿色金融生态水平也相对较高（见图3）。同时，部分省份的绿色金融生态水平高于地方产业绿色化发展水平，如山东、甘肃、山西、新疆等。

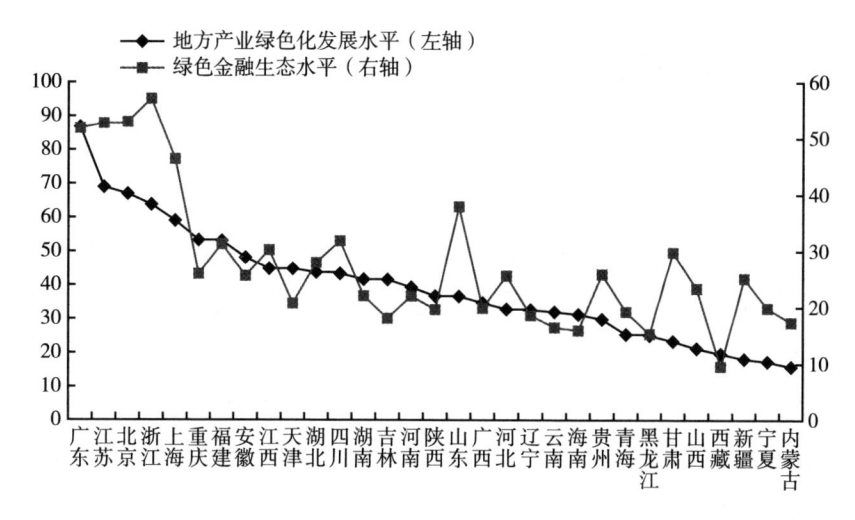

图3 2023年全国31个省份的地方产业绿色化发展水平与绿色金融生态水平

（一）地方产业绿色化发展水平较高的省份，绿色金融生态水平也相对较高

大部分地方产业绿色化发展水平较高的省份的绿色金融生态水平也处于全国中上游，绿色产业经济规模和绿色技术创新水平与绿色金融产品体系的创新与应用相互赋能。其中，浙江和广东作为国家级绿色金融改革创新试验区所在地区中金融发展水平较高的省份，在绿色金融的政策设计与实践服务方面具有显著优势，在促进绿色金融市场开拓、产品创新和人才培育的同时，反向赋能产业绿色升级，推动了产业的绿色化转型和绿色低碳技术的研发与应用。重庆作为第二批国家级绿色金融改革创新试验区之一，其2023年的绿色金融生态水平与2022年相比有很大提升，绿色金融生态水平与地方产业绿色化发展水平之间的差距进一步缩小，体现了重庆在推动绿色金融政策与市场协同发展方面取得了积极进展。以北京与天津为代表的京津冀地区以及以江苏、上海、福建为代表的东部沿海地区均依托经济优势，为绿色金融与产业的融合实践提供了有力支持。

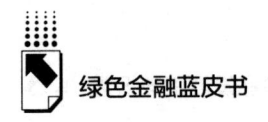

（二）地方产业绿色化发展动力不足的省份，绿色金融生态水平也相对较低

大部分地方产业绿色化发展水平较低的省份的绿色金融发展也普遍相对落后，但国家级绿色金融改革创新试验区所在省份的表现相对突出。甘肃作为国家级绿色金融改革创新试验区所在省份，在金融政策制定、金融机构建设、金融产品创新等方面均取得了积极进展，其绿色金融生态水平高于全国平均水平。贵州和新疆作为首批国家级绿色金融改革创新试验区所在省份，其绿色金融发展要相对快于其地方产业绿色化发展。

分 报 告

B.2
地方产业绿色化与绿色金融协同报告

任玉洁 金子曦 周荞*

摘　要： 本报告从绿色产业经济贡献、绿色产业就业机会、绿色技术创新、资源利用效率、环境影响、可持续发展六个方面对地方产业绿色化发展水平进行评价。在绿色产业经济贡献方面，主要衡量并比较绿色产业规模；在绿色产业就业机会方面，主要衡量并比较开展绿色产业活动的企业数量；在绿色技术创新方面，主要衡量并比较绿色低碳专利数量；在资源利用效率方面，主要衡量并比较能源和水资源利用情况；在环境影响方面，主要衡量并比较二氧化碳排放总量、水环境质量和空气质量情况；在可持续发展方面，主要

---

* 任玉洁，中央财经大学绿色金融国际研究院绿色金融研究中心主任，研究方向为生态文明建设、绿色金融、生态产品价值实现、转型金融；金子曦，中央财经大学绿色金融国际研究院研究员，研究方向为产业经济、碳金融、绿色产业；周荞，中央财经大学绿色金融国际研究院特邀研究员，研究方向为能源与产业转型发展、能源金融与转型金融理论与政策。

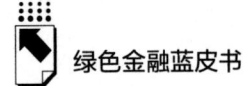

衡量并比较地区上市企业ESG表现。评估发现，各省份在环境影响及可持续发展表现方面与2022年相比有较为明显的变化，特别是环境影响一级指标下的二氧化碳排放总量、单位GDP二氧化碳排放强度、地区上市企业二氧化碳排放平均强度等二级指标，表明了各省份之间减碳工作的推进方式与实施进度差异渐显。而绿色产业经济贡献、绿色产业就业机会、绿色技术创新、资源利用效率等指标的评估结果与2022年相比变化不大，表明各省份经济社会绿色低碳转型的进度较为相似，并且部分区域已经形成了明显的领先优势。地方产业绿色化发展水平呈现东部省份普遍高于中部、西部省份，沿海省份普遍高于内陆省份的特征。

关键词： 绿色产业　低碳技术　可持续发展　绿色金融

一　产业绿色化发展水平与绿色金融的关联

区域产业绿色化发展水平与绿色金融发展成效具有高度关联性。一方面，地方产业绿色化的水平、潜力等是绿色金融深化发展的基础。绿色金融的投向主要覆盖了能效提升、污染防治、资源节约与循环利用、可持续建筑、清洁交通、清洁能源及生态保护与建设等领域，绿色产业基础好，绿色金融的适用场景也将更加多元，为绿色金融规模化发展提供更多可能。近年来，绿色金融集聚现象越发凸显，主要集中于优质的、绿色效益明显的行业。2021年第一季度至2024年第一季度，我国绿色信贷规模呈现不断上升的趋势，具有直接和间接碳减排效益项目的贷款比例始终保持在66.1%~67.3%（见图1）。

另一方面，绿色金融引导资金流向绿色产业进而优化产业结构、提升传统产业绿色发展的水平。根据中国人民银行确立的绿色金融

"三大功能""五大支柱"的发展思路,绿色金融具有资源配置、风险管理与市场定价"三大功能"。其中,绿色金融的资源配置功能主要表现为推动更多财政和社会资本精准投向绿色产业,拓宽绿色环保企业的融资渠道,从而形成绿色产业的新经济增长点,并通过对高排放、高耗能企业的资金源头加以限制,促进产业结构优化调整。进一步从定量研究结果来看,李晓率对我国2007~2020年30个省份的绿色金融发展对其产业结构优化调整的影响进行了实证分析,发现绿色金融发展指数每增加1个单位,产业结构合理化水平就会提升0.324个单位,产业结构高级化水平会增加3.308个单位,说明绿色金融发展水平的提高会促进产业结构优化调整[①]。此外,韩璐敏也对我国2007~2018年绿色金融对产业结构优化调整的作用效果进行了实证分析,发现从短期来看,绿色信贷对产业结构优化具有明显的正向作

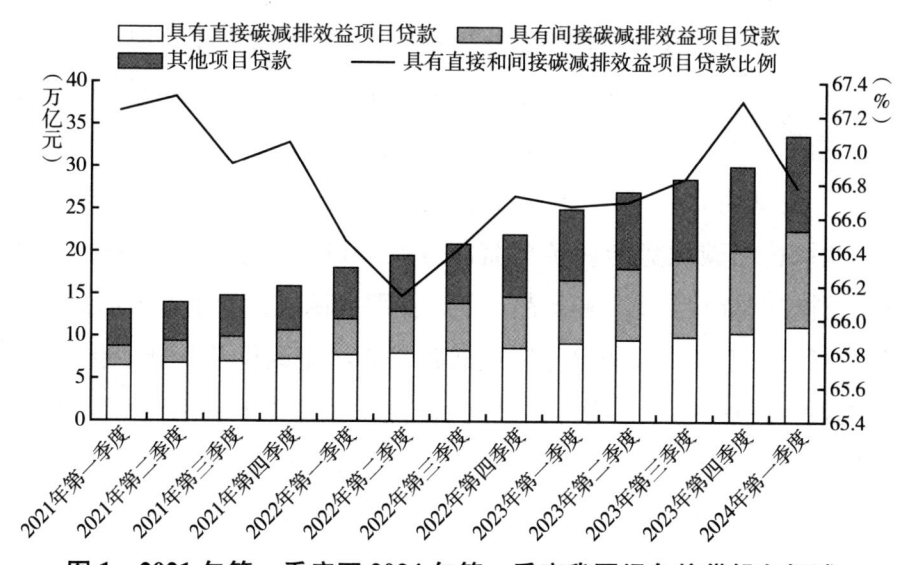

图1 2021年第一季度至2024年第一季度我国绿色信贷投向领域

资料来源:中国人民银行、中央财经大学绿色金融国际研究院。

---

① 李晓率:《绿色金融发展对产业结构优化调整的影响研究》,硕士学位论文,山西财经大学,2023。

用；从长期来看，绿色金融对产业结构优化产生的积极作用逐渐加强[①]。

二 产业绿色化发展水平评价分析

（一）评价思路与指标选择

本部分延续了《中国地方绿色金融发展报告（2023）》中的地方产业绿色化发展水平评价指标体系，该指标体系的构建主要借鉴了政策文件与学术研究中关于地方绿色发展水平的实践成果。从政策文件视角来看，具体细分领域的绿色评价标准有所差异，但均对经济增长、资源利用、环境影响等有所考量。2016年国家发展和改革委员会印发了《绿色发展指标体系》，该指标体系包括资源利用、环境治理、环境质量、生态保护、增长质量、绿色生活、公众满意程度7项一级指标，下含56项二级指标，采用综合指数法测算生成绿色发展指数，衡量地方每年生态文明建设的动态进展，侧重于工作引导。《四川绿色低碳优势产业统计监测方案》围绕绿色低碳优势产业发展、科技创新、主要工业产品产量、主要能源产品产量等方面提出了相关指标，用以统计四川省绿色低碳优势产业运行及发展变化情况。《陕西省绿色生态城区指标体系（试行）》包括土地利用及空间开发、环境与园林绿化、绿色建筑、基础设施、资源与能源、城市经营与管理、历史文化遗产及特色保护、产业8项一级指标，下含23项二级指标和60项三级指标，从空间布局、基础设施、建筑、交通、产业配套等方面推动陕西省绿色生态城区规划建设。从学术研究视角来

---

① 韩璐敏：《我国绿色金融对产业结构调整的影响研究》，硕士学位论文，首都经济贸易大学，2021。

看，学界关于地方绿色发展水平的评价通常包括社会经济、资源利用、环境影响、技术创新等方面。刘珊珊等从社会经济发展、资源禀赋与消耗、环境压力与治理、公众生活与社会状态、技术创新与政策等方面综合构建城市绿色发展水平测度指标体系[1]。傅晓华等通过选取资源承载力、环境支撑力、社会响应力和经济发展力4个准则层构建环长株潭城市群绿色发展潜力评估指标体系[2]。郎萱等从绿色发展基础、绿色发展举措和绿色发展成果三个层面构建柴达木盆地绿色发展效果评价指标体系，对西部大开发以来柴达木盆地的区域绿色发展效果进行评价[3]。向君和刘晓云从资源利用、环境治理、生态保护、绿色生活以及增长质量等方面综合构建了黄河流域城市绿色发展水平测度指标体系[4]。

借鉴学术界关于地方绿色发展水平的研究成果与常用指标，综合数据可得性与结果可研性，本报告共选取绿色产业经济贡献、绿色产业就业机会、绿色技术创新、资源利用效率、环境影响、可持续发展6项一级指标，并细分为19项二级指标（见表1）。需要说明的是，出于为读者提供更多有效信息的考量，与《中国地方绿色金融发展报告（2023）》相比，《中国地方绿色金融发展报告（2024）》地方产业绿色化发展水平评价指标体系将《中国地方绿色金融发展报告（2023）》地方产业绿色化发展水平评价指标体系中的"地区上市企业二氧化碳排放平均强度得分"（正向指标）一项，完善为"地区上

---

[1] 刘珊珊、吴文婕、王志强：《基于DPSIR-TOPSIS模型的乌鲁木齐市绿色发展水平测度及其影响因素》，《地球科学与环境学报》2023年第4期。
[2] 傅晓华、郑清星、傅泽鼎：《环长株潭城市群绿色发展潜力评估与预测研究》，《中南林业科技大学学报》（社会科学版）2023年第2期。
[3] 郎萱、张雨露、丁生喜：《柴达木盆地区域绿色发展效果动态评价》，《价值工程》2023年第16期。
[4] 向君、刘晓云：《黄河流域城市绿色发展水平时空格局与收敛性研究》，《开发研究》2023年第3期。

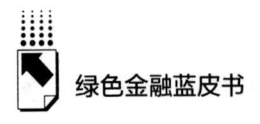

市企业二氧化碳排放平均强度"（负向指标）。改动后指标的评价逻辑、数据来源与上一年度保持一致，因而并不影响地方产业绿色化发展水平评价指标体系的连续性。

表1　地方产业绿色化发展水平评价指标体系

一级指标	二级指标	具体计算方法	指标方向
绿色产业经济贡献	规模以上绿色产业总产值	规模以上企业在绿色产业领域所生产的货物和提供的服务的总价值	正向
	规模以上绿色产业总产值占地区工业生产总值的比重	规模以上的绿色产业所产生的总价值/地区工业生产总值	正向
	地区上市企业绿色收入	地区上市企业从其绿色产业活动中所获得的收入，由中央财经大学绿色金融国际研究院上市公司绿色棕色收入数据库测算得出	正向
	地区上市企业绿色收入占地区所有上市企业总收入的比重	地区上市企业从其绿色产业活动中所获得的收入/地区所有上市企业总收入	正向
绿色产业就业机会	规模以上绿色产业平均企业数量	规模以上工业企业中属于绿色产业的企业数量	正向
	规模以上绿色产业平均企业数量占工业企业总数量的比重	规模以上工业企业中属于绿色产业的企业数量/工业企业总数量	正向
绿色技术创新	地区绿色低碳专利数量	地区绿色低碳技术申请专利数量	正向
资源利用效率	能源消费总量	地区能源消费总量	负向
	单位GDP能源消费	能源消费总量/GDP	负向
	用水总量	用水总量	负向
	单位GDP用水总量	用水总量/GDP	负向

续表

一级指标	二级指标	具体计算方法	指标方向
环境影响	二氧化碳排放总量	二氧化碳排放总量	负向
	单位GDP二氧化碳排放强度	二氧化碳排放总量/GDP	负向
	地区上市企业二氧化碳排放平均强度	由中央财经大学绿色金融国际研究院企业碳排放测算与评级数据库测算得出	负向
	国家地表水考核断面水环境质量状况指数	国家地表水考核断面水环境质量前30名城市计正分,后30名城市计负分,其余不计分	正向
	国家地表水考核断面水环境质量变化指数	国家地表水考核断面水环境质量变化情况前30名城市计正分,后30名城市计负分,其余不计分	正向
	空气质量指数	168个重点城市空气质量前20名城市计正分,后30名城市计负分,其余不计分	正向
	空气质量变化指数	168个重点城市空气质量变化前20名城市计正分,后30名城市计负分,其余不计分	正向
可持续发展	地区上市企业ESG表现	由中央财经大学绿色金融国际研究院ESG数据库测算得出	正向

绿色产业经济贡献主要衡量各省份的绿色产业规模,从结构上反映产业绿色化的进展,具体选取规模以上绿色产业总产值、规模以上绿色产业总产值占地区工业生产总值的比重、地区上市企业绿色收入、地区上市企业绿色收入占地区所有上市企业总收入的比重4项二级指标,以反映各省份绿色产业经济贡献的基本情况。

绿色产业就业机会主要衡量各省份开展绿色产业活动的企业数量,是从结构上反映产业绿色化进展的重要补充,同时也进一步反映了推动产业绿色化发展的市场活跃度,具体选取规模以上绿色产业平

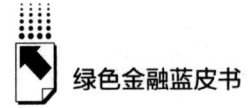

均企业数量和规模以上绿色产业平均企业数量占工业企业总数量的比重2项二级指标。

绿色技术创新主要衡量各省份的绿色低碳技术开发水平，是地方产业绿色创新前景的指征，具体选取地区绿色低碳专利数量1项二级指标。

资源利用效率主要衡量各省份的能源和水资源利用情况，是从环境角度反映地方产业绿色化水平的指标，具体选取能源消费总量、单位GDP能源消费、用水总量、单位GDP用水总量4项二级指标。

环境影响主要衡量各省份的碳排放、水环境质量和空气质量情况，也是从环境角度反映地方产业绿色化水平的指标，具体选取二氧化碳排放总量、单位GDP二氧化碳排放强度、地区上市企业二氧化碳排放平均强度、国家地表水考核断面水环境质量状况指数、国家地表水考核断面水环境质量变化指数、空气质量指数、空气质量变化指数7项二级指标。

可持续发展主要衡量各省份的企业ESG发展水平，是从未来产业绿色化发展趋势的角度开展的评价，具体选取地区上市企业ESG表现1项二级指标。

选取的19项二级指标中除了能源消费总量、单位GDP能源消费、用水总量、单位GDP用水总量、二氧化碳排放总量、单位GDP二氧化碳排放强度、地区上市企业二氧化碳排放平均强度等7项指标之外，其余指标均为正向指标，即指标的公式计算结果数值越大，指数越高，待评主体的该项指标表现越佳；相反，负向指标的公式计算结果数值越大，指数越低，待评主体的该项指标表现越差。此外，需要说明的是，由于一级指标"绿色技术创新"下的二级指标"地区绿色低碳专利数量"的数据来源《全球绿色低碳技术专利统计分析报告（2023）》自2023年5月17日发布至撰稿期尚未更新2023年数据，故本文使用该报告中公布的 2022 年数据。除该项指标之外，其余指标均使用 2023 年数据进行计算。

（二）指标权重确定

本报告对指标权重的赋值采用专家打分法。专家打分法是指通过匿名方式征询有关专家的意见，对专家意见进行统计、处理、分析和归纳，经过多轮意见征询、反馈和调整后，客观地综合多数专家的经验与主观判断，人为定义权重的方法。本报告对 19 项二级指标赋予相应权重以体现其相关性和重要程度。绿色产业经济贡献指标合计权重为 27%，绿色产业就业机会指标合计权重为 27%，绿色技术创新指标合计权重为 13%，资源利用效率指标合计权重为 13%，环境影响指标合计权重为 13%，可持续发展指标合计权重为 7%。

（三）绿色产业经济贡献分析

1. 规模以上绿色产业总产值

规模以上绿色产业总产值是指地区所有规模以上企业在绿色产业领域所生产货物和提供服务的总价值。总产值是对这些行业所有企业的销售额或产出进行统计和累加得出的数值，反映了绿色产业的经济规模和贡献程度。绿色产业是指生产过程对环境影响小、行业整体碳排放强度较低的产业。规模以上绿色产业总产值作为正向指标，其数值越大，反映相应省份在清洁能源、环保工程、可再生能源、节能环保设备制造、循环经济等绿色产业上的规模优势明显。

图 2 展示了 2023 年全国 31 个省份的规模以上绿色产业总产值。具体来看，安徽规模以上绿色产业总产值增长最为明显。2023 年，安徽基于较为完善的政策体系，加快推动绿色低碳产业发展。2022 年，安徽发布《安徽省工业领域碳达峰实施方案》《安徽省碳达峰实施方案》《中共安徽省委　安徽省人民政府关于完整准确全面贯彻新

发展理念做好碳达峰碳中和工作的实施意见》《2023年度绿色低碳领域省重大产业创新计划榜单》等文件，推动化石能源低碳利用、清洁能源开发利用、碳捕获、利用与封存、新能源汽车、集成电路、机器人等绿色低碳及新兴产业发展。从市场表现来看，2023年，安徽新能源汽车产量达86.8万辆，同比增长60.5%，位于全国前列；安徽芜湖机器人与增材设备制造创新型产业集群成功入选国家级创新型产业集群；同时，新增国家绿色工厂76家[1]。

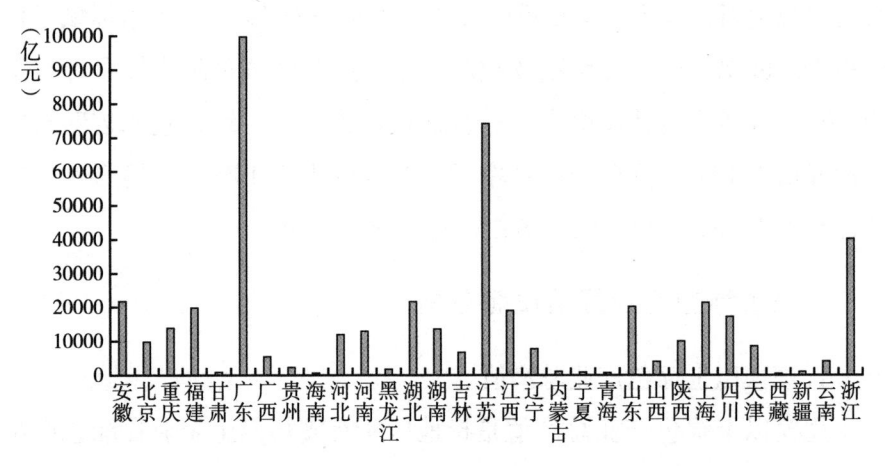

图2 2023年全国31个省份的规模以上绿色产业总产值

资料来源：各地区统计年鉴。

2. 规模以上绿色产业总产值占地区工业生产总值的比重

规模以上绿色产业总产值占地区工业生产总值的比重是指在地区的工业部门中，规模以上的绿色产业所产生的总价值与地区工业生产总值之间的比值，可以用来评估该地区工业发展的环保水平和可持续性，反映绿色产业的发展程度以及对经济的贡献程度。规模以上绿色

---

[1] 《厚植高质量发展绿色底色——安徽推进产业转型升级调查》，长三角与长江经济带研究中心网站，2024年4月24日，https://cyrdebr.sass.org.cn/2024/0424/c6215a568775/page.htm。

产业总产值占地区工业生产总值的比重作为正向指标，其数值越大意味着该地区的产业结构绿色化水平越高。

2023年，广东、上海、重庆三地的规模以上绿色产业总产值占地区工业生产总值的比重位于全国前列，均高于50%。西藏、内蒙古、海南、山西、甘肃、新疆等省份的规模以上绿色产业总产值占地区工业生产总值的比重较低，均低于10%（见图3）。全国31个省份的规模以上绿色产业总产值占地区工业生产总值的比重的平均值约为27.23%，中位数约为23.02%，标准差约为15.90%，变异系数约为0.59。其中，青海近年来瞄准"四地"建设，在清洁能源、特色产业、生态增汇、体制机制等方面深化创新实践，发展壮大盐湖产业、低碳农牧业、低碳服务业等优势产业，大力推动产业结构向绿色化、低碳化转型，绿色产业总产值占比提升较为明显。

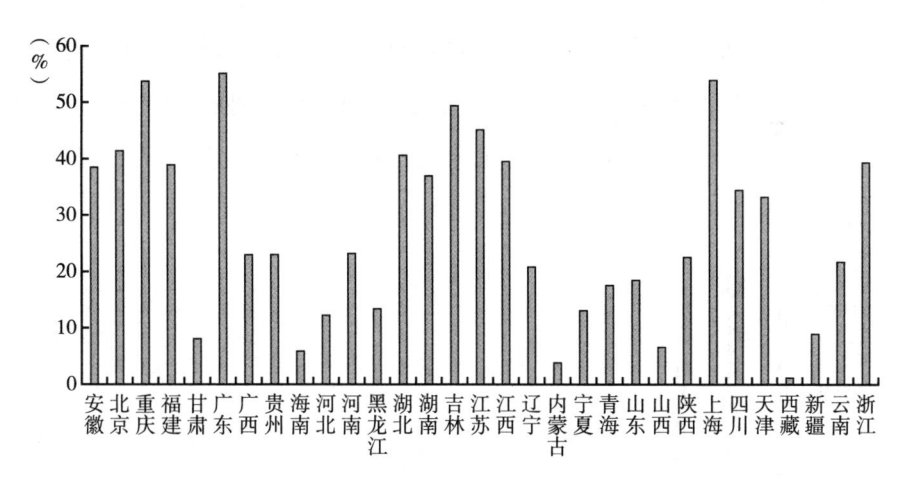

图3 2023年全国31个省份的规模以上绿色产业总产值占地区工业生产总值的比重

资料来源：各地区统计年鉴。

3. 地区上市企业绿色收入

地区上市企业绿色收入是指地区上市企业从其绿色产业活动中所

获得的收入。绿色收入是指企业通过生产和销售环保产品或提供环保服务所创造的收入。通过评估地区上市企业绿色收入的增长情况，可以从市场主体的角度衡量该地区的产业绿色化水平。地区上市企业绿色收入作为正向指标，强调了上市企业在地区经济发展中所扮演的角色，特别是在推动绿色产业发展和环境保护方面的作用。

2023年，地区上市企业绿色收入最高的省份是北京，约为3927.967亿元（见图4）。全国31个省份的地区上市企业绿色收入平均值约为788.150亿元，中位数约为293.751亿元，标准差约为1030.857亿元，变异系数约为1.31，表明各省份之间地区上市企业绿色收入的离散程度较高，地区间发展不平衡。具体来看，江西近年来围绕制造业的高端化、绿色化发展加速政策布局。2023年，江西发布《江西省制造业重点产业链现代化建设"1269"行动计划（2023—2026年）》，进一步落实制造业重点产业链现代化建设，全面推进制造业数字化转型和设备更新行动，加快推动重点产业链高端化、智能化、绿色化发展。2023年，江西全省战略性新兴产业、高新技术产

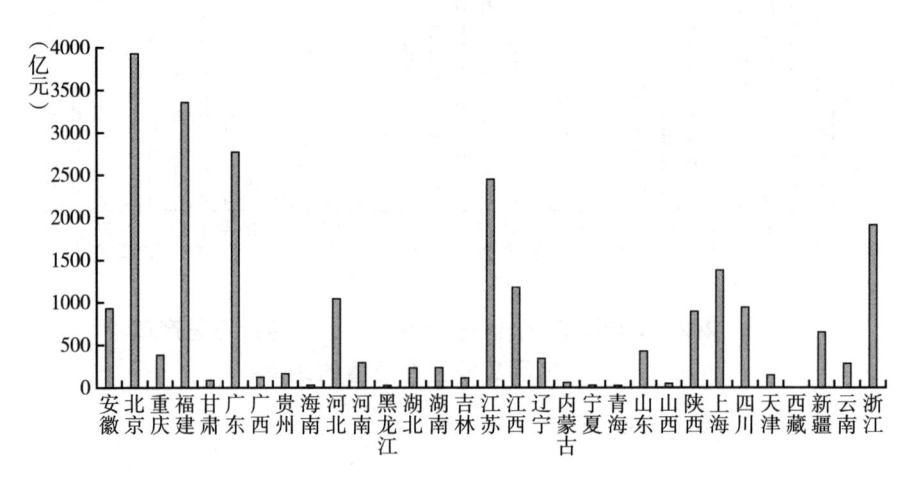

图4　2023年全国31个省份的地区上市企业绿色收入

资料来源：中央财经大学绿色金融国际研究院上市公司绿色棕色收入数据库。

业占规上工业增加值的比重分别为28.1%、39.5%；智能制造能力成熟度居全国第8位；全省"新三样"出口额居全国第6位[①]。

4. 地区上市企业绿色收入占地区所有上市企业总收入的比重

地区上市企业绿色收入占地区所有上市企业总收入的比重是指地区上市企业从其绿色产业活动中所获得的收入占其总收入的比重，可以进一步从结构上反映市场主体经济活动的绿色化水平。地区上市企业绿色收入占地区所有上市企业总收入的比重作为正向指标，较高的数值表明地区上市企业的绿色产业经营占比较大，能够推动绿色经济发展；而较低的比重则意味着地区上市企业对绿色产业的投入相对较少，还有发展空间和提升潜力。

2023年，地区上市企业绿色收入占地区所有上市企业总收入的比重最高的省份是广东，约为49.27%（见图5）。全国31个省份地

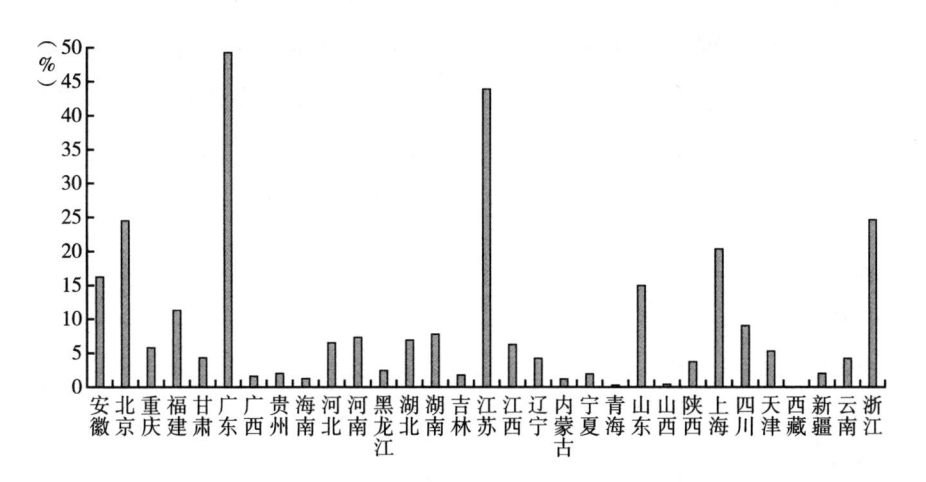

图5 2023年全国31个省份地区上市企业绿色收入占地区所有上市企业总收入的比重

资料来源：中央财经大学绿色金融国际研究院上市公司绿色棕色收入数据库。

---

① 《省发展改革委发布加快经济社会发展全面绿色转型重要成果》，江西省人民政府网站，2024年8月16日，https://www.jiangxi.gov.cn/art/2024/8/16/art_ 4985_ 4983158.html。

区上市企业绿色收入占地区所有上市企业总收入的比重的平均值约为9.39%，中位数约为5.30%，标准差约为11.84%，变异系数约为1.26，表明地区上市企业绿色收入占地区所有上市企业总收入比重的离散程度较高，各地经济对绿色产业的依赖程度差异较大。

（四）绿色产业就业机会

1. 规模以上绿色产业平均企业数量

规模以上绿色产业平均企业数量反映在特定时间（通常为一年）内，致力于环境保护、资源高效利用、低碳排放等方面的企业数量。规模以上绿色产业平均企业数量作为正向指标，其数值越大，反映开展绿色经济活动的企业数量越多，进而表明地方与绿色产业相关的就业机会越多，绿色产业在地方经济发展中的重要性和贡献程度越高。

2023年，规模以上绿色产业平均企业数量最多的省份是广东，约为33619家（见图6）。全国31个省份规模以上绿色产业平均企业数量的平均值约为5103家，中位数约为1990家，标准差约为7853家，变异系数约为1.54，表明数据的离散程度较高。

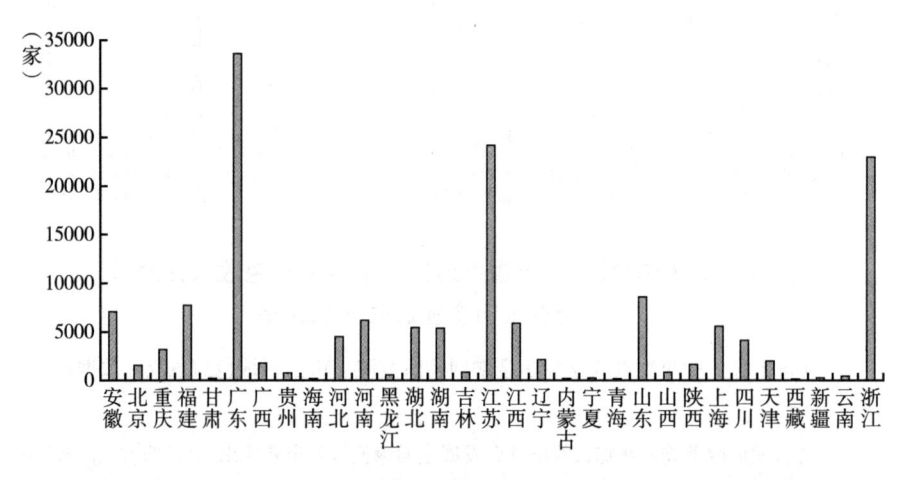

图6 2023年全国31个省份规模以上绿色产业平均企业数量

资料来源：各地区统计年鉴。

2.规模以上绿色产业平均企业数量占工业企业总数量的比重

规模以上绿色产业平均企业数量占工业企业总数量的比重是指规模以上工业企业中属于绿色产业的企业数量占工业企业总数量的比重。如果规模以上绿色产业平均企业数量占比较高，说明绿色产业企业在所有工业企业中所占的份额相对较大，地方产业绿色化水平较高；如果比重较低，说明地方从事绿色产业的企业数量相对较少，市场主体绿色化水平有限。

2023年，规模以上绿色产业平均企业数量占工业企业总数量的比重最高的省份是北京，约为49.41%（见图7）。全国31个省份的规模以上绿色产业平均企业数量占工业企业总数量比重的平均值约为24.70%，中位数约为24.97%，标准差约为13.10%，变异系数约为0.53，表明数据的离散程度中等。具体来看，海南的规模以上绿色产业平均企业数量占比增长较快。在加快布局"4+3"立体化产业格局战略的引领下，2023年旅游业、现代服务业、高新技术产业和热带

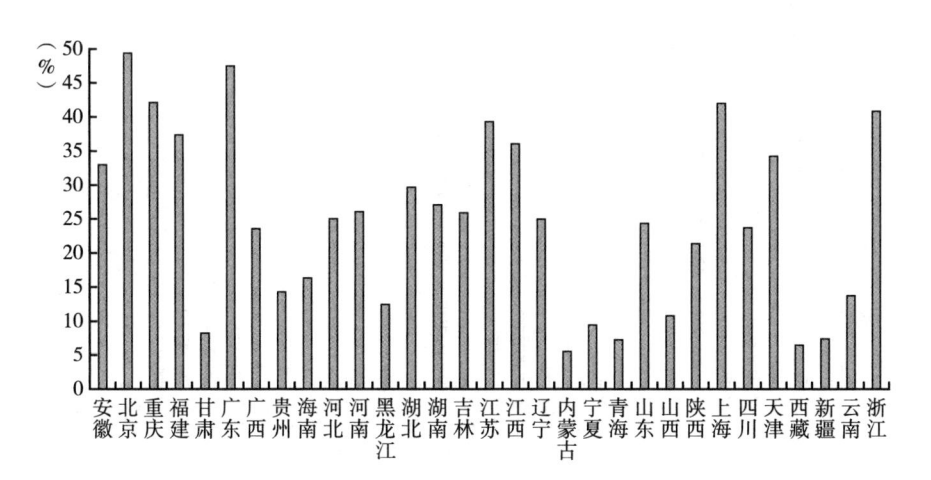

图7 2023年全国31个省份规模以上绿色产业平均企业数量占工业企业总数量的比重

资料来源：各地区统计年鉴。

特色高效农业等四大主导产业对海南经济增长的贡献超过六成；2023年涉南繁硅谷种业经营主体收入总额突破100亿元，崖州湾科技城聚集海洋产业类企业上千家，文昌国际航天城加快构建以火箭链、卫星链、数据链为核心的产业生态。

（五）绿色技术创新

地区绿色低碳专利数量是反映绿色技术创新的重要指标。绿色低碳技术包括化石能源降碳技术、节能与能量回收利用技术、清洁能源技术、储能技术等，绿色低碳技术专利有助于了解各地区相关领域的创新状况与竞争态势。地区绿色低碳专利数量作为正向指标，其数值越大，反映该地区的绿色低碳技术发展越快或水平越高。

2022年全国31个省份中，北京的地区绿色低碳专利数量最多，达到2.33万件；广东紧随其后，为2.12万件（见图8）。

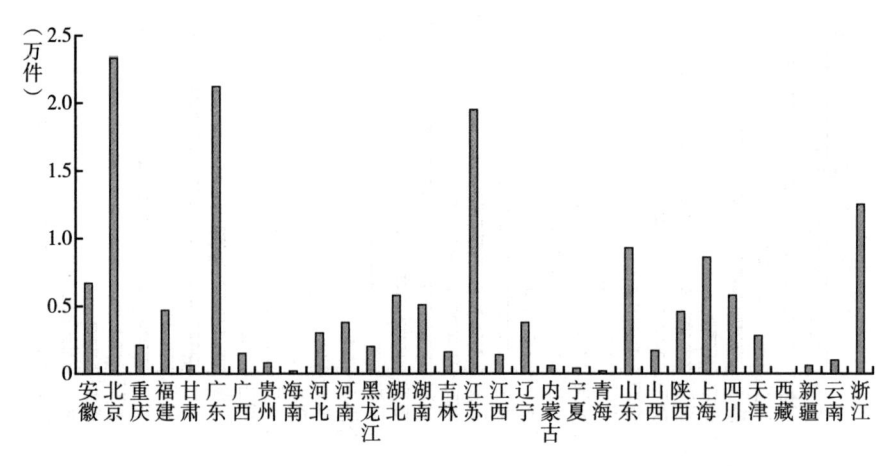

图8 2022年全国31个省份地区绿色低碳专利数量

资料来源：《全球绿色低碳技术专利统计分析报告（2023）》。

（六）资源利用效率

1. 能源消费总量

能源消费总量是指地区在一定时期内消费的各种能源的总和，主要包括原煤和原油及其制品、天然气、电力等。国家发展和改革委员会、国家统计局、国家能源局于 2022 年 8 月发布的《关于进一步做好新增可再生能源消费不纳入能源消费总量控制有关工作的通知》明确指出，现阶段主要包括风电、太阳能发电、水电、生物质发电、地热能发电等可再生能源不纳入能源消费总量。能源消费总量作为负向指标，其数值越大，反映地方发展所需能耗越大。

2023 年，山东的能源消费总量达到 48166.9 万吨标准煤（见图 9），居全国首位。山东拥有较丰富的煤矿资源，同时以制造业作为支柱产业，对能源的需求较大。广东和江苏是中国经济较为发达的地区，工业、贸易、服务业等产业繁荣，能源消耗量较大，两地 2023 年的能源消费总量分别为 36519.05 万吨标准煤和 35823.95 万吨标准煤。全国 31 个省份的能源消费总量平均值约为 17090.90 万吨标

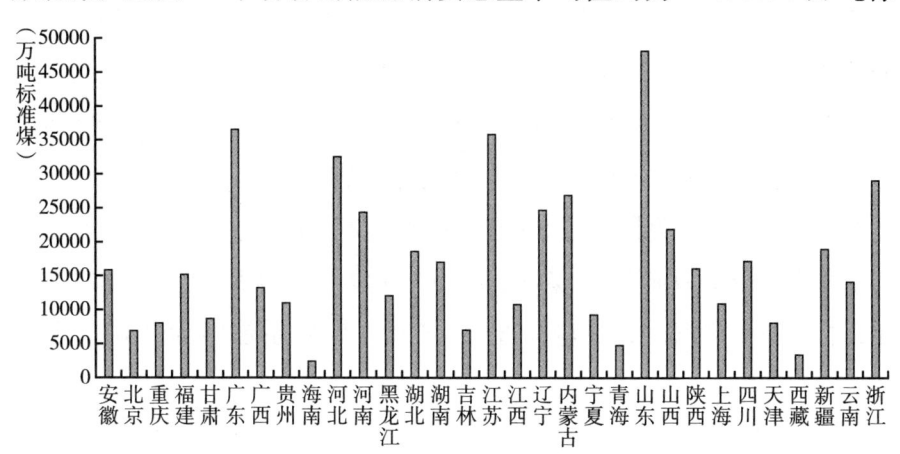

图 9　2023 年全国 31 个省份的能源消费总量

资料来源：各地区统计年鉴。

准煤，中位数约为15157.51万吨标准煤，标准差约为10679.93万吨标准煤，变异系数约为0.63。另外，基于2022年出台的《陕西省碳达峰实施方案》《中共陕西省委 陕西省人民政府关于完整准确全面贯彻新发展理念做好碳达峰碳中和工作的实施意见》，2023年陕西稳步推进重点产业节能降碳和清洁能源开发利用，能源消费总量有所下降。在重点产业节能方面，陕西出台了《陕西省"十四五"节能减排综合工作实施方案》，对传统产业、工业园区、城镇建设、交通物流、农业农村、公共机构、煤炭利用等领域的节能减排提出重点任务部署；在清洁能源方面，2023年新增光伏装机809万千瓦，新能源装机总量突破4000万千瓦，汽车、太阳能电池、集成电路圆片产量分别增长了33.4%、154.5%、7.4%[1]。

2. 单位GDP能源消费

单位GDP能源消费是指单位国内生产总值（GDP）所需消耗的能源量，可以通过地区的能源消费总量（通常以常用能源单位如煤炭或石油等计量）除以该地区的GDP计算得出，用于衡量地区经济发展的能源效率。单位GDP能源消费作为负向指标，其数值越低，表明经济在产出单位货物或服务时所需消耗的能源越少，即经济发展的能源效率越高。

2023年，单位GDP能源消费最高的省份是宁夏，约为1.82万吨标准煤/亿元；单位GDP能源消费最低的省份是北京，约为0.17万吨标准煤/亿元（见图10）。全国31个省份的单位GDP能源消费平均值约为0.61万吨标准煤/亿元，中位数约为0.50万吨标准煤/亿元，标准差约为0.41万吨标准煤/亿元，变异系数约为0.67，表明

---

[1] 《陕西省2024年政府工作报告 2024年1月26日在陕西省第十四届人民代表大会第二次会议上 陕西省省长 赵刚》，陕西省人民政府网站，2024年1月31日，http://www.shaanxi.gov.cn/zfxxgk/zfgzbg/szfgzbg/202401/t20240131_3115848.html。

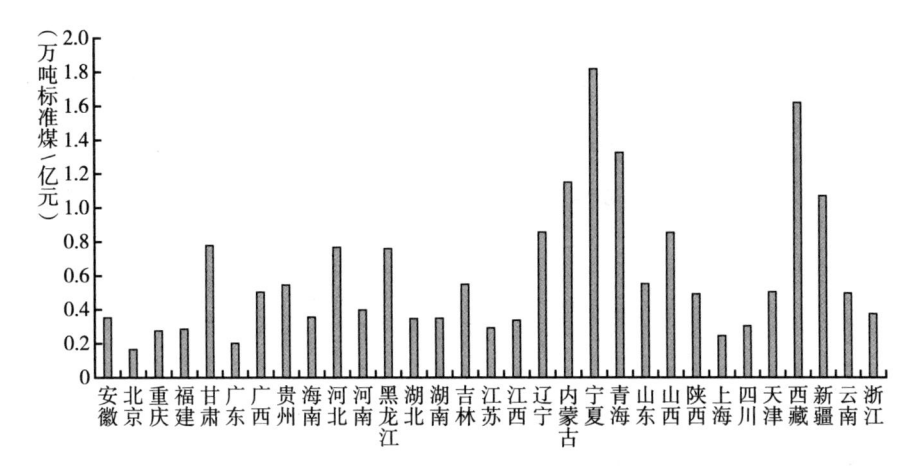

图 10　2023 年全国 31 个省份的单位 GDP 能源消费

资料来源：各地区统计年鉴。

我国单位 GDP 能源消耗在地区间存在较大差异。

3. 用水总量

用水总量可以反映出地区的水资源利用状况、水资源管理能力以及经济和人口发展对水资源的需求程度。用水总量作为负向指标，其数值越大，表明地方对水资源的消耗越大。

2023 年，用水总量最高的省份是江苏，约为 611.80 亿立方米。江苏作为我国经济较为发达的地区，人口众多，生产生活用水需求量大。同时，新疆由于特殊的地理条件，农业用水量大，用水总量达到 562.22 亿立方米。用水总量最低的省份是青海，约为 24.46 亿立方米。全国 31 个省份的用水总量平均值约为 193.04 亿立方米，中位数约为 167.81 亿立方米，标准差约为 146.02 亿立方米，变异系数约为 0.76，表明地区间用水总量差异较大（见图 11）。以四川为例，近年来，四川密集出台节水政策，加快推动节水型社会建设。面对连续两年的干旱气候，2023 年四川进一步推进全社会范围节水行动，出台《2023 年节约用水工作要点》《2023 年度四川省水资源管理"上台阶"工作要点》，对实现水资源节约集约高效利用积极开展行动部署。从用水情况来看，2023年四川全省用水总量为252.5亿立方米，比2022年增加0.4%；其中，工业用水量减少0.33亿立方米，农业用水量减少2.82亿立方米，重点领域节水成效显著。

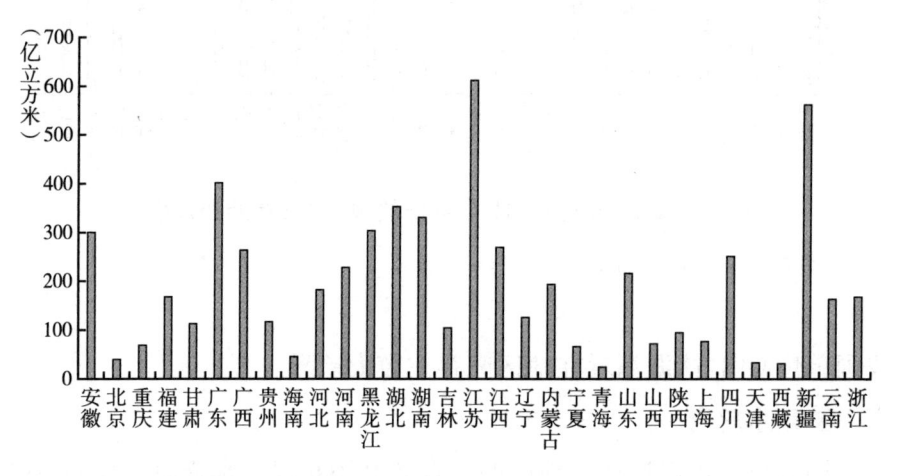

图11　2023年全国31个省份的用水总量

资料来源：各地区统计年鉴。

4. 单位GDP用水总量

单位GDP用水总量是指单位GDP所需的用水量，通过地区的用水总量除以该地区的GDP计算得出，用于衡量地区经济发展水平下的水资源利用效率。单位GDP用水总量作为负向指标，越低的单位GDP用水总量表示每增加一单位GDP所需经济活动的用水量越少，表明该地区经济活动的水资源利用效率越高。

2023年，新疆单位GDP用水总量达到0.0317亿 m^3/亿元（见图12）。新疆地区以农业为重要经济支柱，农业用水量较大。同时，新疆地区拥有丰富的矿产资源，许多对水资源有较高需求的工业行业（如石油化工业、制造业等）发展较为突出，造成单位GDP用水总量的增加。全国31个省份的单位GDP用水总量平均值约为0.0069亿m^3/亿元，中位数约为0.0057亿m^3/亿元，标准差约为0.006亿m^3/亿元，变异系数约为0.883，表明地区间的用水效率差异较大。上海通过全面推进重点领域节水行动的实施，在此项指标上表现较为突出。2023年上海发布《2023年上海市节约用水和水资源管理工作要点》《上海市落实节水行动实施方案2022年工作总结和2023年工作要点》，对农业、工业、城乡、污水处理、科技创新、水资源管理等重点领域的工作任务进行了全面部署。

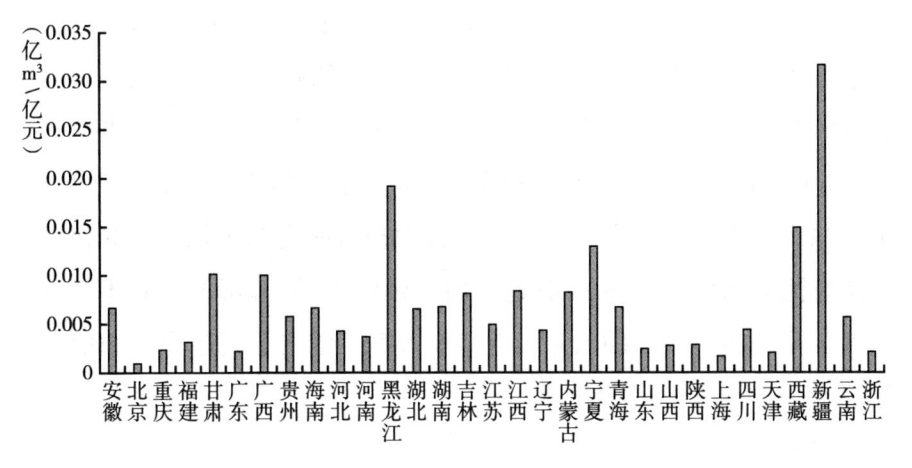

图12 2023年全国31个省份的单位GDP用水总量

资料来源：各地区统计年鉴。

（七）环境影响

1.二氧化碳排放总量

二氧化碳排放总量是指地区在一定时间内所排放的二氧化碳气体的总量，可以反映出地区的碳排放水平。通过比较各地区的该项指标，可以反映出各地区在能源结构、产业结构和能源利用效率等方面存在的潜在差异。二氧化碳排放总量作为负向指标，其数值越大，反映地方经济活动的环境效益越低，地方产业的绿色化水平越需要提高。

2023年，全国31个省份中二氧化碳排放总量最高的省份是山东，约为268136.26万吨二氧化碳（见图13）。全国31个省份的二氧化碳排放总量平均值约为80017.28万吨二氧化碳，中位数约为55700.00万吨二氧化碳，标准差约为63370.46万吨二氧化碳，变异系数约为0.79，表明数据的离散程度较高，各地区在二氧化碳排放总量上存在较大差异。具体来看，云南近几年稳步推进碳达峰碳中和工作的全面落实，节能降碳成效显著。在能源方面，截至2023年底，云南全省绿色电力装机占比近89%、绿色发电量占比近86%，分别高于全国平均水平37个、53个百分点，节约超3亿吨标准煤，减少碳排放约8亿吨；全省水电装机容量8200万千瓦；全省集中式光伏新增1440.70万千瓦，新增并网投产规模居全国首位。在产业方面，依托绿色能源、矿产资源等优势，云南积极制定绿色铝、硅光伏、新能源电池等绿色产业发展措施，加快延链补链，2023年上述产业对规上工业增加值增长的贡献率达54.10%，高技术制造业增加值增长21.50%，产业结构不断优化。

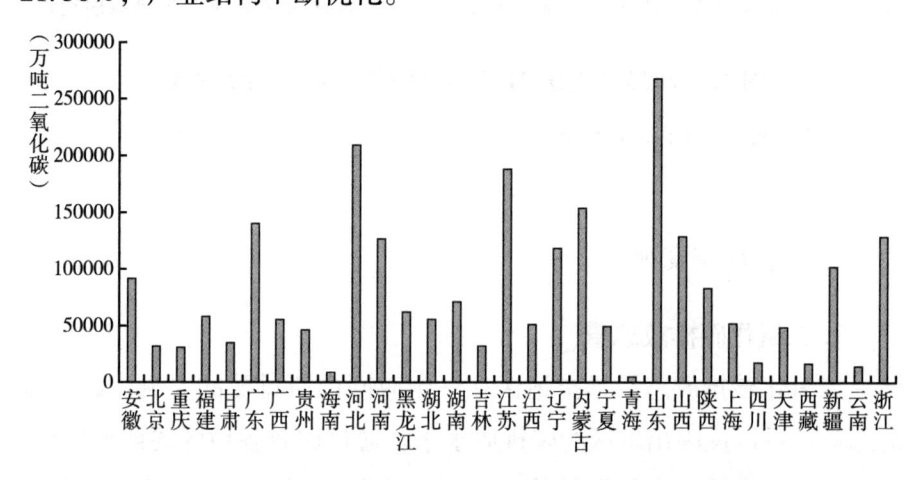

图13 2023年全国31个省份的二氧化碳排放总量

资料来源：中央财经大学绿色金融国际研究院根据各地区统计年鉴测算。

2. 单位GDP二氧化碳排放强度

单位GDP二氧化碳排放强度通过计算二氧化碳排放总量与GDP的比值得出，可以用于衡量单位经济活动的碳排放量，是衡量地方产业绿色化水平的关键指标。单位GDP二氧化碳排放强度作为负向指标，其数值越低表明地方在发展经济的同时能够兼顾环保和可持续发展，其数值越高表明经济发展过程中能源和资源的使用效率较低、经济活动对环境的压力较大，需要及时改善。

2023年，单位GDP二氧化碳排放强度最高的省份是宁夏，达到了9.6920万吨二氧化碳/亿元（见图14）。全国31个省份的单位GDP二氧化碳排放强度的平均值约为2.78万吨二氧化碳/亿元，中位数约为2.06万吨二氧化碳/亿元，标准差约为2.25万吨二氧化碳/亿元，变异系数约为0.81，表明数据的离散程度较高。

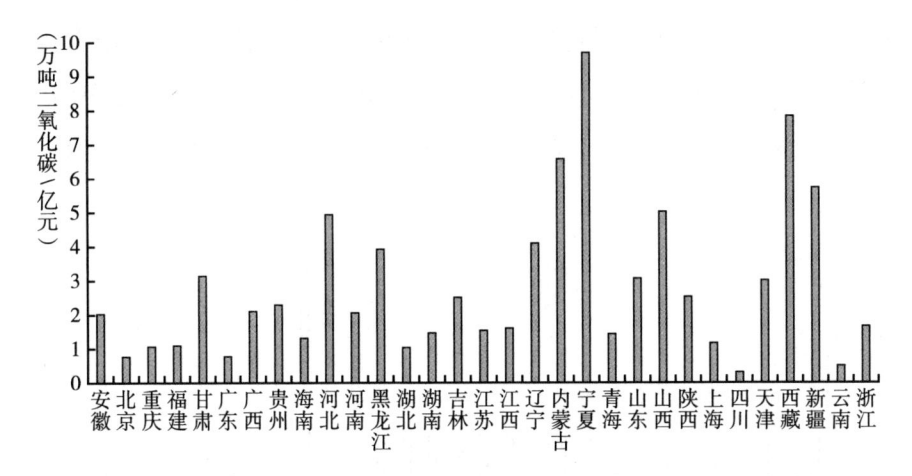

图14 2023年全国31个省份的单位GDP二氧化碳排放强度

资料来源：中央财经大学绿色金融国际研究院根据各地区统计年鉴测算。

3. 地区上市企业二氧化碳排放平均强度

地区上市企业二氧化碳排放平均强度，是对地区上市企业在碳排放强度方面的综合评估，数据来源于中央财经大学绿色金融国际研究院企业碳排放测算与评级数据库，可以反映出地区上市企业的二氧化碳排放效率，是对市场主体绿色经营行为的评价指标。作为负向指标，地区上市企业二氧化碳排放平均强度越低，表明地区市场主体绿色发展的水平越高。

2023年，地区上市企业二氧化碳排放平均强度最高的省份是宁夏，约为1.01万吨二氧化碳/亿元。全国31个省份的地区上市企业二氧化碳排放平均强度均值约为0.54万吨二氧化碳/亿元，中位数约为0.51万吨二氧化碳/亿元，标准差约为0.17万吨二氧化碳/亿元，变异系数约为0.31，表明数据的离散程度较低。以此项指标表现较为突出的重庆市为例，2023年3月，重庆发布《重庆市经济和信息化委员会关于开展2023年绿色工厂培育工作的通知》，明确提出要在电子信息、汽车、装备、化工、材料、能源、消费品行业中选择不少于10家基础条件好、绿色发展意愿强的企业纳入绿色工厂培育库。2023年11月，重庆公示2023年度重庆市绿色制造体系示范单位名单，共有绿色工厂80家、绿色园区8家，绿色制造体系逐步形成。

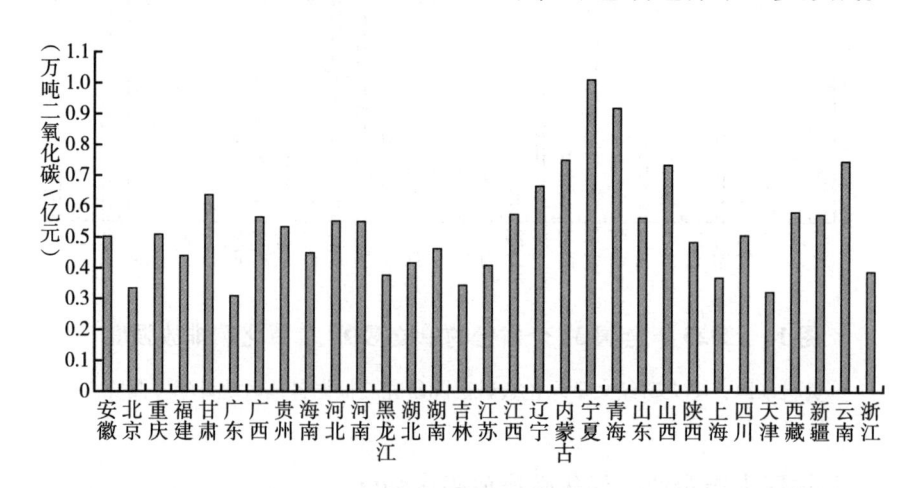

图15 2023年全国31个省份的地区上市企业二氧化碳排放平均强度

资料来源：中央财经大学绿色金融国际研究院企业碳排放测算与评级数据库。

4.国家地表水考核断面水环境质量状况指数

国家地表水考核断面水环境质量得分根据生态环境部公布的《2023年第四季度和1—12月全国地表水环境质量状况》数据，统筹考虑某一地区所有下辖城市，国家地表水考核断面水环境质量前30名计正分，后30名计负分。国家地表水考核断面水环境质量状况指数可反映地区地表水的整体环境状况、污染程度、水生态健康以及水资源的可持续利用情况。国家地表水考核断面水环境质量状况指数作为正向指标，其数值越大，反映相应省份的水环境质量越好，地方经济活动对环境的负面影响越小。

2023年，国家地表水考核断面水环境质量状况指数最高的省份是广西（见图16）。全国31个省份的国家地表水考核断面水环境质量状况指数均值约为-0.06，中位数为0，标准差约为2.52，变异系数约为-38.99，表明数据的离散程度较高，地区间水环境质量状况差异较大。具体来看，广西近年来持续加强对大气、水、土壤等资源的污染防治工作。2022年，广西发布《广西2022年度水污染防治工作计划》《广西新污染物治理工作方案》，系统推进广西水污染防治、水生态保护、水资源管理和水环境风险防控工作。

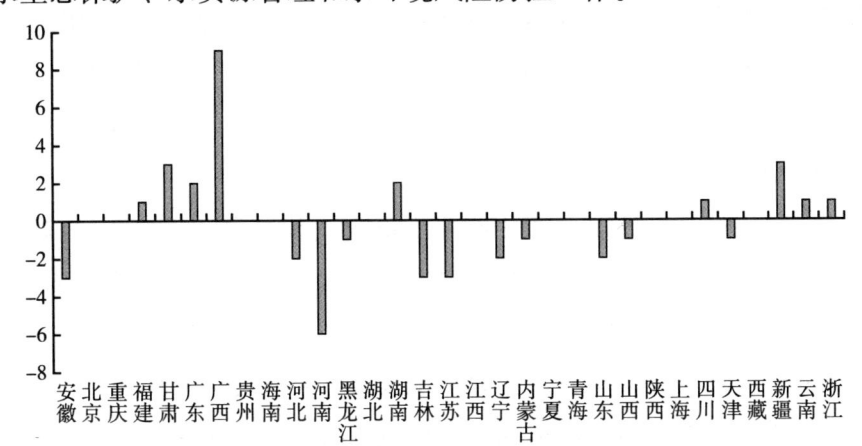

图16 2023年全国31个省份的国家地表水考核断面水环境质量状况指数

资料来源：《2023年第四季度和1—12月全国地表水环境质量状况》。

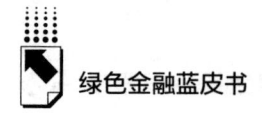

5. 国家地表水考核断面水环境质量变化指数

国家地表水考核断面水环境质量变化指数根据生态环境部公布的《2023年第四季度和1—12月全国地表水环境质量状况》数据，统筹考虑某一地区所有下辖城市，位列国家地表水考核断面水环境质量变化情况前30名计正分，位列国家地表水考核断面水环境质量变化情况后30名计负分。国家地表水考核断面水环境质量变化指数作为正向指标，其数值越大，反映相应省份的水环境质量变化越大，水环境质量改善成效越明显。

2023年，国家地表水考核断面水环境质量变化指数表现最优的省份是河南（见图17）。全国31个省份的国家地表水考核断面水环境质量变化指数的均值约为0，中位数为0，标准差约为1.65。河南近年来持续深化生态环境治理、降低水资源环境污染风险，水环境质量提升明显。具体来看，在黑臭水体治理方面，河南省辖市黑臭水体持续清零，县级城市黑臭水体排查整治加快推进，周口、平顶山、漯河3个省辖市成功申报国家农村黑臭水体治理试点。在水质保障方面，南水北调中线工程水源地陶岔取水口及总干渠河南出境水质稳定保持Ⅱ类及以上标准，纳入国家考核的62个县级以上城市集中式饮用水水源地取水水质全部达到目标要求。在环境监管方面，河南建成全国首个省级地下水"双源"监控预警平台，弥补了生态环境部门地下水环境监测网络"空白"。

6. 空气质量指数

空气质量指数根据生态环境部公布的《2023年12月和1—12月全国环境空气质量状况》数据，统筹考虑某一地区所有下辖城市，位列168个重点城市空气质量前20名计正分，后30名计负分，其余不计分。重点城市空气质量指数可反映城市空气污染的程度。重点城市空气质量指数作为正向指标，其数值越大，反映相应省份的空气质量越好，也一定程度上表明地方产业发展对环境的负面影响越小。

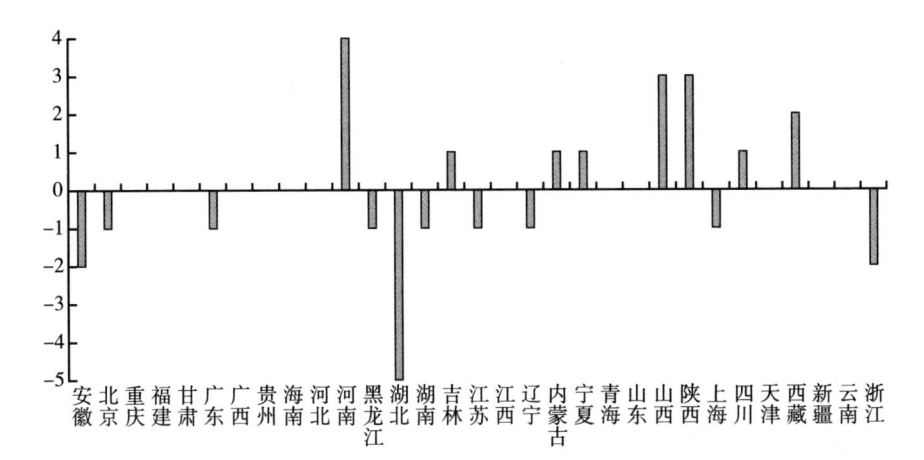

图 17　2023 年全国 31 个省份的国家地表水考核断面水环境质量变化指数

资料来源：《2023 年第四季度和 1—12 月全国地表水环境质量状况》。

2023 年，空气质量指数表现最优的省份是广东（见图 18）。全国 31 个省份的空气质量指数的均值约为 -0.10，中位数为 0，标准差约为 2.18，变异系数约为 -22.54，表明数据的离散程度较高，地区间空气质量差异较大。

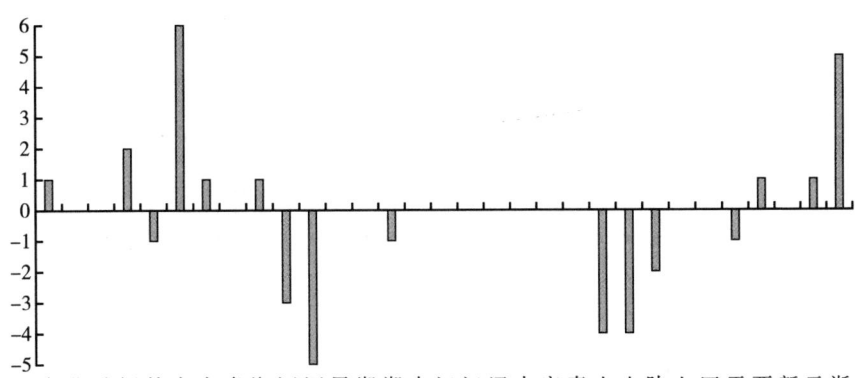

图 18　2023 年全国 31 个省份的空气质量指数

资料来源：《2023 年 12 月和 1—12 月全国环境空气质量状况》。

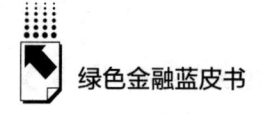

7. 空气质量变化指数

空气质量变化指数根据生态环境部公布的《2023年12月和1—12月全国环境空气质量状况》数据，统筹考虑某一地区所有下辖城市，位列168个重点城市空气质量变化前20名城市计正分，后30名城市计负分，其余不计分。空气质量变化指数可用于反映不同省份在改善空气质量方面的进展。空气质量变化指数作为正向指标，其数值越大，反映相应省份的空气质量改善程度越高，在一定程度上表明地方产业绿色化成效更显著。

2023年，空气质量变化指数表现最优的省份是河南（见图19）。全国31个省份的空气质量变化指数的均值约为0.13，中位数为0，标准差约为2.22，变异系数约为17.18，表明数据的离散程度较高，地区间重点城市的空气治理成果差异较大。河南在此项指标上的突出表现得益于其近年来深入强化细颗粒物和臭氧协同治理，推进氮氧化物和挥发性有机物协同减排，持续推进污染治理和清洁能源替代，大气环境质量明显改善。

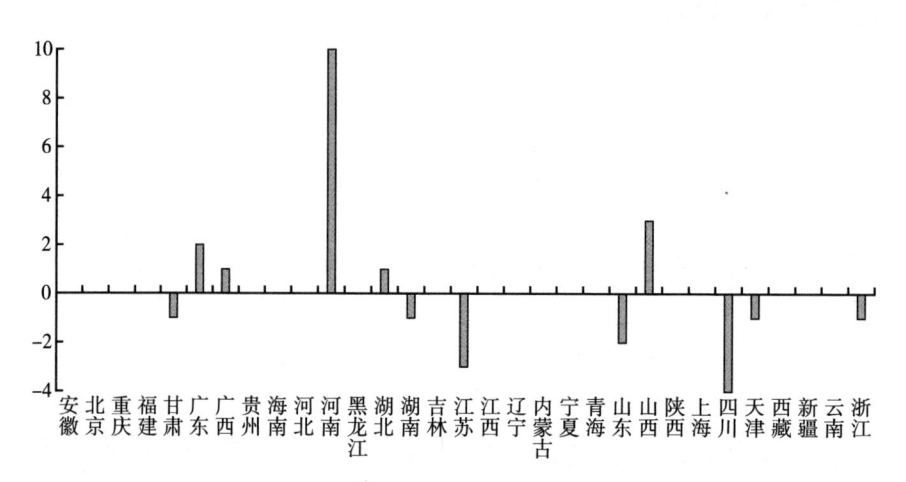

图19 2023年全国31个省份的空气质量变化指数

资料来源：《2023年12月和1—12月全国环境空气质量状况》。

（八）可持续发展

地区上市企业 ESG 表现是对地区上市企业在环境（Environmental）、社会（Social）和公司治理（Governance）三个方面的综合评估，数据主要来源于中央财经大学绿色金融国际研究院 ESG 数据库。地区上市企业 ESG 表现作为正向指标，其数值越大，反映相应省份的企业在绿色环保、履行社会责任方面的贡献越多，可持续发展水平越高，当地的绿色产业发展水平越高。

2023 年，地区上市企业 ESG 表现较为突出的省份是天津（见图20）。全国 31 个省份的地区上市企业 ESG 表现的均值约为 48.05，中位数约为 48.29，标准差约为 5.23，变异系数约为 0.11，表明数据的离散程度较低。具体来看，黑龙江近年来深入践行绿色发展理念，有力的政策支持为企业绿色发展营造了良好环境。2022 年 1 月，黑龙江发布《黑龙江省"十四五"工业节能与绿色发展规划》，对工业企业的节能降耗、能源管理、资源高效利用、清洁生产和绿色制造等重

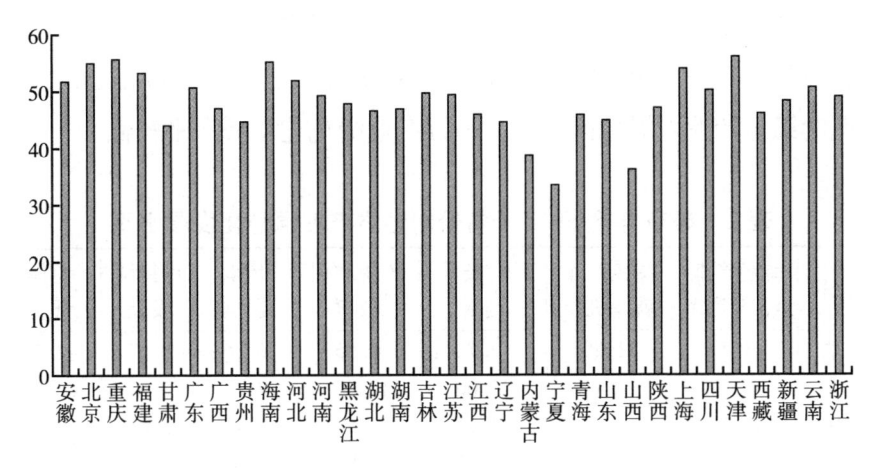

图 20　2023 年全国 31 个省份的地区上市企业 ESG 表现

资料来源：中央财经大学绿色金融国际研究院 ESG 数据库。

点环节的具体措施作出进一步明确。根据工业和信息化部于2023年10月公示的2023年度国家级绿色制造名单，黑龙江共有38家企业入选绿色工厂、3家企业入选绿色供应链管理企业；其中，绿色工厂数量位列东北三省一区第一。

三 产业绿色化发展水平总结

总体来看，广东、江苏、北京等省份的地方产业绿色化发展水平相对较高，地方产业绿色化发展水平呈现东部省份普遍高于中部、西部省份，沿海省份普遍高于内陆省份的特征。具体来看，广东、江苏、浙江、上海等绿色产业规模较大的省份，其规模以上绿色产业总产值、规模以上绿色产业总产值占地区工业生产总值的比重、规模以上绿色产业平均企业数量、规模以上绿色产业平均企业数量占工业企业总数量的比重等指标也较高。除了上述省份之外，四川、湖南、吉林、河南等省份在绿色产业经济贡献、绿色产业就业机会、环境影响等方面的分项指标表现上有强有弱，总体处于全国中等水平（见表2）。海南、贵州、青海、黑龙江等省份由于主要依靠第一产业和高排放、高耗能的第二产业发展地区经济，地方产业绿色化发展水平较低。

表2 2023年全国31个省份的地方产业绿色化发展水平

省份	绿色产业经济贡献	绿色产业就业机会	绿色技术创新	资源利用效率	环境影响	可持续发展	总体评价
安徽	11.51	11.29	3.74	9.55	6.36	5.67	48.12
北京	12.87	14.12	13.00	12.60	7.71	6.67	66.97
重庆	13.01	12.54	1.17	11.99	7.72	6.88	53.31
福建	12.55	12.90	2.62	10.83	8.07	6.13	53.10
甘肃	1.78	0.92	0.33	9.89	7.18	3.27	23.37
广东	26.34	26.42	11.83	8.29	8.57	5.34	86.79
广西	5.31	6.26	0.84	9.29	8.80	4.20	34.70

续表

省份	绿色产业经济贡献	绿色产业就业机会	绿色技术创新	资源利用效率	环境影响	可持续发展	总体评价
贵州	5.00	3.00	0.45	10.62	7.30	3.47	29.84
海南	1.06	3.40	0.11	11.90	8.08	6.73	31.28
河北	4.56	7.81	1.67	8.45	4.59	5.71	32.79
河南	6.56	8.80	2.12	9.57	7.33	4.89	39.27
黑龙江	2.87	2.36	1.12	7.67	6.61	4.45	25.08
湖北	11.12	9.63	3.24	9.08	6.62	4.05	43.74
湖南	9.49	8.80	2.85	9.29	7.07	4.16	41.66
吉林	10.96	6.60	0.89	10.72	7.36	5.03	41.56
江苏	20.95	20.10	10.88	6.70	5.40	4.93	68.96
江西	11.10	11.76	0.78	9.93	7.38	3.86	44.81
辽宁	5.36	6.83	2.12	9.13	5.71	3.44	32.59
内蒙古	0.77	0.07	0.33	7.62	5.40	1.62	15.81
宁夏	2.70	1.26	0.22	7.76	5.42	0.00	17.36
青海	3.50	0.56	0.11	9.94	7.44	3.84	25.39
山东	6.81	9.24	5.19	7.77	4.05	3.54	36.60
山西	1.62	1.96	0.95	9.80	6.10	0.84	21.27
陕西	6.27	5.54	2.57	10.79	7.32	4.22	36.71
上海	15.13	13.47	4.80	11.87	7.43	6.35	59.05
四川	9.83	7.26	3.24	10.06	7.77	5.19	43.35
天津	7.97	9.63	1.56	11.76	6.86	7.00	44.78
西藏	0.00	0.29	0.00	8.55	6.91	3.91	19.66
新疆	2.20	0.69	0.33	3.82	6.48	4.60	18.12
云南	5.11	2.71	0.56	10.24	8.06	5.33	32.01
浙江	14.73	20.09	6.97	9.77	7.40	4.82	63.78

注：按各省份拼音排序。

B.3 地方绿色金融政策推动评价报告*

吴倩茜 傅奕蕾 周洲**

摘 要： 本报告在2022年地方绿色金融发展指标体系的基础上，继续完善对政策维度相关指标数据的收集和选取，更加关注绿色金融政策内容及框架、绿色金融战略合作、绿色金融细分领域或前沿领域的政策进展等，以期展现政策的系统性、前瞻性。总体来看，2023年，全国31个省份绿色金融相关政策数量均有一定增长，在政策内容方面更为细化、聚焦，多将经济双循环与环保等方面作为主要导向，注重产业高质量发展、节能减排及生态环境保护的协同推进。另有多个省份在绿色金融政策制定上展现出创新性和前瞻性，不仅出台了针对信贷、债券、保险等绿色金融产品的创新激励，还鼓励开展了针对转型金融产品及服务的探索，以及强化了信息披露、绿色投资评估和风险防控等方面的制度保障。此外，绿色金融政策中的"区域特点"更加明显，多结合当地资源禀赋和产业结构特点，制定差异化的绿色金融发展策略，并且注重加强银企合作、促进绿色发展。

---

* 本书如无特殊说明，数据来源均为中央财经大学绿色金融国际研究院所建设的地方绿色金融数据库；本报告的评价方法详见本书技术报告部分。

** 吴倩茜，中央财经大学-北京银行双碳与金融研究中心高级研究员，研究方向为地方绿色金融、区域绿色发展战略、绿色投融资工具创新、绿色普惠金融、生态产品价值实现等；傅奕蕾，中央财经大学绿色金融国际研究院研究员，研究方向为绿色产业、绿色金融工具、转型金融；周洲，中央财经大学绿色金融国际研究院研究员，研究方向为绿色保险标准、绿色金融产品创新、转型金融、绿色保险、ESG等。

关键词： 绿色金融政策　绿色金融激励措施　绿色金融配套设施　地方绿色金融

一　省级绿色金融政策推动情况

（一）省级绿色金融综合类政策引领

1. 省级绿色金融综合类政策

各省份重点从体制建设、转型创新等方面强化绿色金融综合引领。根据统计，自"双碳"目标提出后，各地政府对这一领域的重视程度显著提升。在这一背景下，2021年与2022年成为绿色金融综合类政策密集出台的关键时期。截至2023年末①，全国31个省份均已出台绿色金融相关政策，总计118项（见图1）。这些政策涵盖支持产业高质量发展、生态文明建设、乡村振兴等方面，旨在支持经济绿色转型、推动"双碳"目标的实现。从政策发布的趋势来看，2023年综合类政策的发布总量与之前相比有所放缓。这一变化既体现了政策发布实施的周期性特点，也反映了在绿色金融政策体系逐步构建的过程中，各省份开始更加注重细分政策的实际执行，以及对既有政策效果的全面评估。此外，在国家级政策落地传导方面，各省份还开始关注在总体指引下，如何通过优化政策内容来提升绿色金融在本地的发展质量和效率，而非仅仅追求政策数量的简单增长。

北京、上海等省份细化绿色金融发展目标与重点领域的执行要求，推动示范区建设与行业标杆形成。北京印发《北京地区银行业

---

① 本报告所有数据的收集时间均截至2023年12月31日，未特别标明收集起止时间的数据即对既往存量数据均做收集。

绿色金融蓝皮书

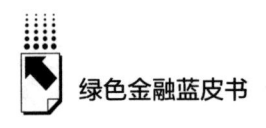

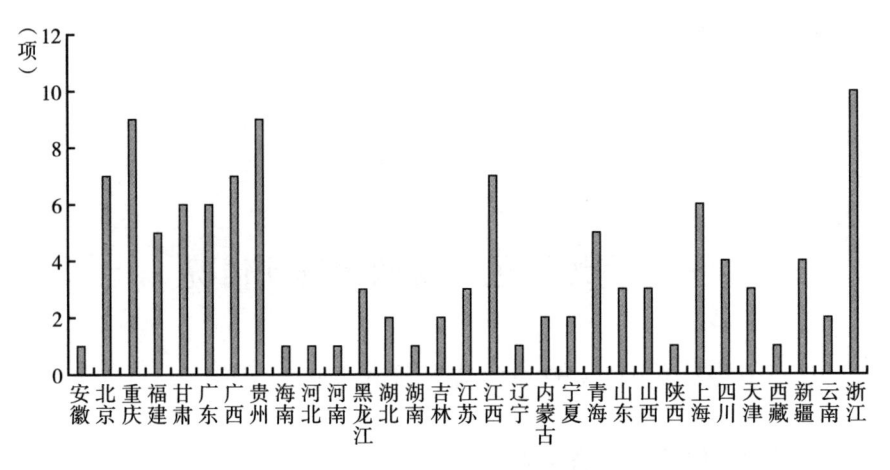

图1 截至2023年末全国31个省份累计发布省级绿色金融综合性指导文件的数量

资料来源：中央财经大学绿色金融国际研究院整理。

保险业绿色金融体制机制建设指引（试行）》，提出要更好地服务国家绿色发展示范区建设，鼓励辖区内机构在通州区（北京城市副中心）设立绿色金融特色机构，同时将机构开展绿色金融体制机制建设情况纳入监管评价体系，对发挥积极示范作用的机构给予一定正向激励。上海发布《上海银行业保险业"十四五"期间推动绿色金融发展 服务碳达峰碳中和战略的行动方案》，提出到2025年，上海银行业保险业将基本建成与碳达峰相适应的绿色金融生态服务体系，形成一批绿色金融行业标杆。在此基础上，浦东新区依托良好金融生态，将在多个关键领域发挥更为显著的作用。特别是在推动国内外绿色金融标准趋同以及提升绿色金融创新能力方面，浦东新区将扮演重要角色，以期支持上海构建国际一流的绿色金融环境、建设国际金融中心以及打造长三角生态绿色一体化发展示范区。

浙江、重庆、四川等省份的政策强化了协同性。一是部门协同。浙江发布《关于金融支持减污降碳协同的指导意见》，提出要统筹多领域减污降碳协同要求，坚持法治化、市场化和商业可持续原则，发挥多部门政策合力，综合运用绿色金融工具，持续加大对减污降碳协同领域的金融支持，着力构建减污降碳协同增效多元激励机制，提升金融服务适配性、普惠性。二是区域协同。重庆以成渝共建西部金融中心为契机，发布《重庆市建设绿色金融改革创新试验区实施细则》，利用长江经济带的优势，推动跨区域生态补偿机制、跨省份绿色金融合作与信息共享，并开展绿色金融国际合作。三是省内协同。四川依据已经进行省级绿色金融创新试点的经验优势，为更突出地方特点、增强产融衔接，发布《关于扩大四川省绿色金融创新试点区域的工作方案》，力争在2025年全省新建成5个左右省级绿色金融创新试点地区，通过创新试点地区的示范与带动，推动四川绿色金融的市场体系、产业融合、基础设施和政策保障更加完备与成熟。

2. 省级转型金融政策框架

在当今全球气候变化和可持续发展的大背景下，转型金融逐渐成为重点话题，作为与绿色金融的有效衔接，构成可持续金融的重要组成内容。转型金融的概念最早由经合组织（OECD）在2019年提出，指在经济主体向可持续发展目标转型的进程中，为其提供融资以帮助其转型的金融活动。随后，全球范围内越来越多的政府、组织与机构陆续加入制定转型金融领域标准和框架的研究工作。在国际层面，多家国际组织密切跟进转型金融发展并发布了系列指导意见。在国家层面，各国相关部门或机构也在积极开展转型金融领域政策框架的制定工作。

通过对过往政策数据的回顾，发现自2020年起，已有个别省份开展了前瞻性探索，在政策文件中提及金融促进绿色转型以及传统产业高质量发展等内容。例如，山西在2020年出台《金融机构支持山西资源型经济转型发展实施意见》，其中虽未直接提及"转型金融"概念，但政策中已经体现了"以金融促转型"的理念。从发布数量及时间来看，2020~2023年省级层面共发布35项涉及金融支持产业经济转型的相关政策（见表1）。其中，2021年北京、江苏、广西三地在相关政策文件中明确提及，加大金融支持、促进地方产业绿色转型。2022年共有15个省份在相关政策中提及了转型议题，这与各地制定的"双碳"路线图、产业转型升级规划以及绿色金融体系的深化延伸趋势保持了高度一致。

2023年是转型金融领域政策发布主题最为密集的一年，共有8个省份的总计11项政策落地。其中，江苏、山东、广东、宁夏在原有政策基础上再次强调了金融在推进经济高质量发展方面的引导与支持作用。值得注意的是，上海、河北、重庆、天津等省份均于2023年发布了首项专门针对转型金融的指导意见或实施方案，标志着这些地区在推动金融支持传统产业绿色转型和高质量发展方面迈出了实质性步伐。这些政策不仅细化了转型金融的支持范围、融资工具、激励机制和风险防范措施，还明确提出了要建立转型金融项目库、完善信息共享机制、加强政银企合作等具体措施，以确保政策的有效落地和实施。

表1 2020~2023年省级层面涉及金融支持产业经济转型的相关政策

省份	政策类型	政策名称	发布年份
上海	"转型金融"专项政策	《上海市转型金融目录（试行）》	2023
河北		《河北省钢铁行业转型金融工作指引(2023—2024年版)》	2023
重庆		《重庆市转型金融支持项目目录（2023年版）》	2023
天津		《天津市化工行业重点领域转型金融实施指南》	2023
山西	金融支持转型类政策	《金融机构支持山西资源型经济转型发展实施意见》	2020
		《山西省推进资源型地区高质量发展"十四五"实施方案》	2022
北京		《金融支持北京市制造业转型升级的指导意见》	2021
广西		《广西传统产业转型升级高质量发展总体方案》	2021
江苏		《省政府办公厅关于印发江苏省"十四五"金融发展规划的通知》	2021
		《江苏省人民政府关于金融支持制造业发展的若干意见》	2023
		《江苏省金融支持制造业绿色转型发展行动方案》	2023

续表

省份	政策类型	政策名称	发布年份
河北	金融支持转型类政策	《河北省加快推进钢铁产业高质量发展的若干措施》	2022
		《实施绿色低碳转型战略工作方案》	2022
浙江		《深化建设绿色金融改革创新试验区探索构建低碳转型金融体系的实施意见》	2022
湖南		《湖南省工业领域碳达峰实施方案》	2022
		《湖南省制造业绿色低碳转型行动方案（2022—2025年）》	2022
天津		《天津市金融服务绿色产业发展推动碳达峰碳中和工作若干措施》	2022
甘肃		《关于实施金融"四大工程"激发市场活力的意见》	2022
江西		《江西省绿色金融发展规划（2022—2025年）》	2022
山东		《关于推动碳减排支持工具落地见效　助力山东省绿色低碳转型的若干措施》	2022
		《国务院关于支持山东深化新旧动能转换　推动绿色低碳高质量发展的意见》	2022
		《山东省碳金融发展三年行动方案（2023—2025年）》	2023
		《山东省人民政府办公厅关于加强财政金融协同联动支持全省经济高质量发展的实施意见》	2023
河北		《河北省制造业高质量发展"十四五"规划》	2022
		《河北省加快推进钢铁产业高质量发展的若干措施》	2022
河南		《实施绿色低碳转型战略工作方案》	2022
广东		《广东省人民政府办公厅关于印发广东省发展绿色金融支持碳达峰行动实施方案的通知》	2022
		《2023年广东金融支持经济高质量发展行动方案》	2023
湖北		《关于金融支持湖北省绿色低碳转型发展的实施意见》	2022
云南		《云南省产业强省三年行动（2022—2024年）》	2022
辽宁		《辽宁省促进工业经济平稳增长若干措施》	2022
宁夏		《宁夏银行业保险业支持经济社会发展全面绿色低碳转型的指导意见》	2022
		《金融服务实体经济质效提升年活动实施方案》	2023
内蒙古		《关于金融支持内蒙古绿色低碳转型发展的通知》	2022
黑龙江		《关于深入推进绿色金融　助力工业绿色低碳发展的通知》	2023

资料来源：中央财经大学绿色金融国际研究院整理。

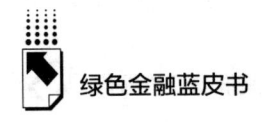

2023年，各省份密集出台转型金融领域政策并进行试点探索，表明转型金融与绿色金融的衔接正在加速。未来，随着转型金融政策的不断完善和落地实施，金融在促进传统产业绿色转型和高质量发展方面的作用将更加凸显，为构建绿色低碳、可持续发展的经济体系提供更有力的保障。

3.省级绿色金融政策联动

（1）跨部门协同推进情况

金融业的演进植根于实体经济的沃土之中，绿色金融作为新兴力量，需要综合考虑产业、环境、经济等方面的因素。在此背景下，省级金融管理部门与其他行业主管部门的政策协同机制显得尤为重要。从实践来看，政策联动机制的构建，也是影响地方绿色金融发展水平的重要方面。从26个省份发布绿色金融联动政策的情况来看，与上一统计周期相比，2023年全国范围内共有13个省份继续推动了新的跨部门联动政策的颁布，协同推进绿色金融发展仍是当前推进绿色金融发展的重要做法。

从政策联动发布的主要方向来看，2023年的工作重点主要聚焦于碳达峰、碳中和目标及特定区域（如京津冀协同区域、长三角一体化区域、粤港澳大湾区、成渝双城经济圈等）的绿色高质量发展战略板块。在地方实践层面，以山东为例，为深化推进新旧动能转换重大工程，山东省财政厅与中国人民银行济南分行协同设立碳减排政策工具，通过再贷款和财政贴息，赋能地方法人银行机构加大对绿色低碳领域的信贷投放力度，拓宽绿色信贷供给渠道，有效缩减贷款成本，从而激发绿色金融的内生动力与发展潜力。在区域合作层面，京津冀地区的相关部门联合发文，共同推进绿色金融协同战略的落实，为高质量发展注入金融活水。

从联动参与主体来看，除了金融监管局（包括原银保监局）之外，发展改革委、生态环境局等部门也联合发布了绿色金融相关政策。此类跨部门协作机制能够汇聚各部门的资源优势与专业特点，发挥政策协同效应，确保政策制定过程中均衡考量其对社会结构、经济运行、环境保护等领域的深远影响，进而保障政策的可持续性及可落地性。以上海为例，为强有力支撑上海国际金融中心的战略定位，印发了《上海银行业保险业"十四五"期间推动绿色金融发展 服务碳达峰碳中和战略的行动方案》。该方案深度触及金融领域的多个核心要素，围绕积极规划绿色金融发展战略布局、加快完善绿色金融推进机制、全力服务重点领域绿色发展、主动深化绿色金融创新实践、深入探索绿色金融合作模式、持续健全绿色金融风险防控体系、逐步推动绿色金融标准体系建设、营造良好绿色金融发展外部环境等八大核心任务，进行了工作安排。

（2）省级"双碳""绿色金融"相关主题工作会议

随着"双碳"目标的渐进实施，各省份为加速相关政策落地，纷纷组织召开聚焦"双碳"议题与"绿色金融"策略的专题工作会议，积极筹划并推进相关工作。根据政府公开的数据查询结果，2023年，全国31个省份累计召开与"双碳""绿色金融"主题相关的政府专题工作会议101次，与上年的96次相比略有提升，表明对绿色发展持续的高度重视（见图2）。

从会议内容来看，各省份主要从自身出发，聚焦经验分享和专业意见交流等，协同与会各方探索绿色金融在地方层面的创新应用路径。部分地区将如何运用政策杠杆和市场机制的双重驱动力，作为绿色金融主题会议的重要议题，充分调动社会各界力量，积极参与并推进绿色低碳转型进程。2023年，江苏召开省委常委会，强调要坚持生态优先、绿色发展，推动长江经济带江苏段的高质量发展，充分发挥常州新能源产业的优势，打造具有国际竞争力的新能源产业高地。黑龙江召开绿色低碳发展金融座谈会，讨论推动绿色金融发展的策略，交流各金融机构的绿色信贷工作进展，并加大对企业绿色金融政策的宣传力度，提前介入绿色项目申报和投融资需求对接，做好资格预审工作。内蒙古自治区政府召开常务会议，提出要优化营商环境，提升办事效率，推动呼包鄂乌一体化发展，构建绿色低碳能源体系，强化金融监管，壮大市场主体。

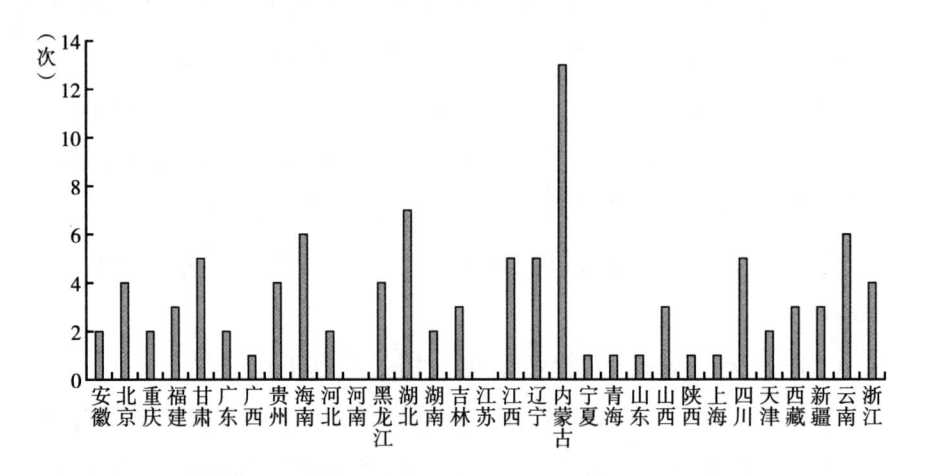

图2 2023年全国31个省份绿色金融累计召开与"双碳""绿色金融"主题相关的政府专题会议召开次数

资料来源：中央财经大学绿色金融国际研究院整理。

4. 省级绿色金融战略合作

2023年，全国各省份在绿色金融领域的战略协同合作显著深化，多个省级政府部门与市场主体（企业或非营利机构）开展绿色金融战略合作并达成协议（见表2），旨在推动绿色金融产品及服务的创新进程，力图在实现经济可持续增长与生态环境保护双重目标的同时，精准对接绿色项目的融资诉求，加快绿色金融的实践转化。

表2　2023年省级政府部门与市场主体（企业或非营利机构）开展绿色金融战略合作并达成协议的省份

省份	战略合作主题
上海	绿色智能交通、绿色低碳建设
广东	粤港澳大湾区建设、海洋经济
江苏	生态环境基础设施
河北	绿色金融产品
河南	绿色金融产品
天津	绿色金融、绿色转型
浙江	绿色金融、自然资源
湖南	生态保护与修复
安徽	清洁能源、乡村振兴
重庆	绿色金融改革创新试验区、绿色金融创新
湖北	绿色金融
福建	绿色经济、绿色转型升级
四川	绿色低碳产业发展
山西	生态保护、荒漠化综合防治
辽宁	绿色金融
黑龙江	绿色发展、绿色金融、绿色保险
贵州	绿色发展基金、低碳经济
云南	乡村振兴、绿色经济
海南	绿色金融、乡村振兴
宁夏	荒漠化综合防治
内蒙古	荒漠化综合防治、绿色低碳服务
西藏	绿色金融

资料来源：中央财经大学绿色金融国际研究院整理。

从合作内容来看，各省份在绿色金融战略合作中普遍关注乡村振兴、生态保护、绿色转型等国家持续推进的重点战略领域，也在一定程度上反映了我国绿色金融体系内涵的丰富。部分地区聚焦区域发展探索绿色金融合作新路，如广西凭借地缘优势拓展与东盟的能源合作，在国际贸易上寻求突破；广东锚定"粤港澳大湾区建设"，深化与香港、澳门的绿色金融合作，筹建国际商业银行和国际海洋开发银行，推动三地互联互通机制。部分地区聚焦重点问题深化市场交流，

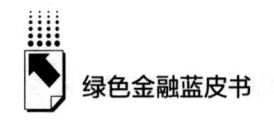

如山西、宁夏、内蒙古等省份将"荒漠化综合防治"作为绿色金融的合作重点，天津、福建等省份也将"绿色转型"列入绿色可持续发展目标。

从合作方来看，各省份合作方包括商业银行、政策性银行、金融机构以及相关企业等；同时，部分省份围绕海洋经济、绿色发展基金等主题同券商、基金公司等金融机构达成战略协议，共同推动基于可持续发展目标的金融产品创新。

（二）省级绿色金融专项引导类政策

1. 省级绿色金融专项引导性政策

与2022年相比，2023年各省份在绿色金融领域的专项引导性政策发布数量呈现更为显著的增长态势。多聚焦于经济双循环、贸易高质量发展、节能减排及生态环保等主题。

（1）绿色金融工具类专项指导文件

绿色金融工具类专项指导文件主要是指省级政府部门发布的与绿色信贷、绿色债券、绿色保险、绿色信托、绿色基金、环境权益市场相关的具体支持文件。这类文件构成了绿色金融实践操作的详细指南，为绿色金融的具体应用提供了明确的指导和支持。截至2023年末，全国31个省份累计发布的省级绿色金融工具类专项指导文件共计195项。

从各省份发布文件的情况来看，地区间绿色金融工具类专项指导文件的发布情况差异较大；部分省份在政策发布方面表现出较高的积极性。其中，山东以发布26项绿色金融工具类专项指导文件居全国首位；此外，上海、吉林、江苏等省份也表现突出，这四个省份发布绿色金融工具类专项指导文件共计62项，占政策总数的近1/3（见图3）。

从文件类型来看，绿色金融工具类专项指导文件主要集中在绿色信贷、绿色债券、绿色保险、绿色基金等领域。其中，涉及绿色信贷的专项指导文件数量最多，这与我国绿色金融市场中绿色信贷业务的

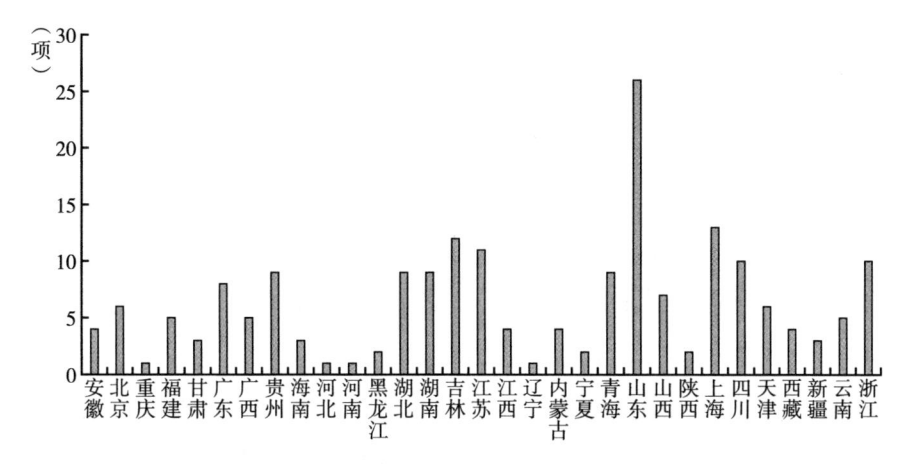

图3 已发布省级绿色金融工具类专项指导文件的数量

资料来源：中央财经大学绿色金融国际研究院整理。

广泛性密切相关。在政策层面，地方通过出台针对绿色信贷的专项指导文件，对绿色信贷的认定标准、业务流程、风险管控机制及激励措施进行了规范与明确，进一步推动了绿色信贷市场的扩容与升级。

相比之下，虽然绿色债券、绿色保险等领域的专项指导文件数量略少，但亦呈现稳步增长的趋势。例如，浙江于2023年3月印发《关于金融支持减污降碳协同的指导意见》，意见中重点强调了支持发行绿色债券这一重要举措，号召各金融机构充分运用债券融资工具，借助信用风险缓释凭证、担保增信、交易型增信等模式，降低相关企业融资发债的难度和成本，依托绿色债券、转型债券等创新金融工具，以保证减污降碳项目顺利进行。江西于2023年发布《关于加快金融发展的实施意见》，对建设具有江西特色的绿色金融体系提出了重要的工作部署；其中重点强调需大力发展绿色保险，积极探索环境污染强制责任保险、环境保护商业保险、农业保险等绿色保险新举措，加快扩大江西全省绿色保险覆盖范围，丰富江西省绿色保险相关产品。同时，积极引导保险资金作为耐心资本进入生态环保项目，以

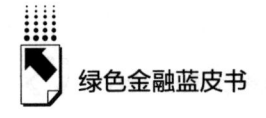

支持更多新经济企业和绿色企业发展。

（2）绿色金融支持产业发展类专项指导文件

绿色金融支持产业发展类专项指导文件，是针对特定产业领域的绿色金融专项政策，旨在通过金融资源的精准配置，有效满足绿色产业在发展过程中的需求。2016年，中国人民银行等七部门发布《关于构建绿色金融体系的指导意见》，强调构建绿色金融体系的主要目的是动员和激励更多社会资本投入绿色产业，同时更有效地抑制污染性投资，并加快我国经济向绿色化转型，支持生态文明建设，促进环保、新能源、节能等领域的技术进步，加快培育新的经济增长点，提升经济增长潜力。如何利用绿色金融驱动绿色生产力的发展，始终是绿色金融发展的重要目标。

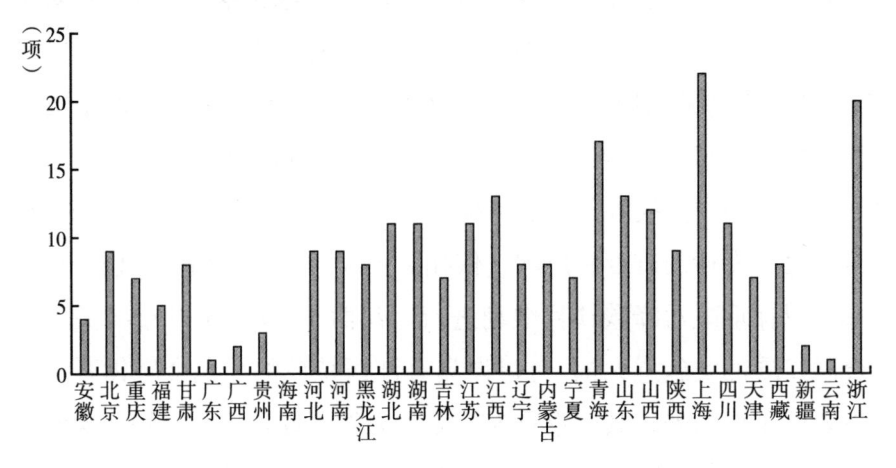

从发布数量来看，截至2023年末，全国31个省份累计发布263项省级绿色金融支持产业发展类专项指导文件（见图4）。其中，上海发布了22项绿色金融支持产业发展类专项指导文件，数量最多且涵盖了10多个产业领域。

图4 截至2023年末全国31个省份累计发布省级绿色金融支持产业发展类专项指导文件数量

资料来源：中央财经大学绿色金融国际研究院整理。

从地域分布来看，绿色金融支持产业发展类专项指导文件的发布呈现显著的区域差异。具体而言，上海、浙江与青海三地的表现突出，累计发布了59项相关政策文件。同时，山东与江西等省份在促进新旧动能转换、利用绿色金融手段助力产业转型升级等方面政策活跃度较高。

图5展示了1998~2023年全国31个省份绿色金融支持产业发展类专项指导文件发布情况。从发布时间来看，自2021年以来，各省份在省级层面积极行动，频繁发布绿色金融支持产业发展类专项指导文件。在已发布的263项相关政策文件中，初期发布的文件的核心策略是引导金融机构采纳"环保一票否决"原则，并优先为经济效益突出且环保表现优异的企业、产品及项目提供信贷资金支持。2020年之后，随着"双碳"目标的明确，产业绿色化发展的路径愈发明晰，这一宏观导向在某种程度上加速了相关政策的出台与落地。尤为值得注意的是，自2021年以来，绿色金融支持产业发展类专项指导

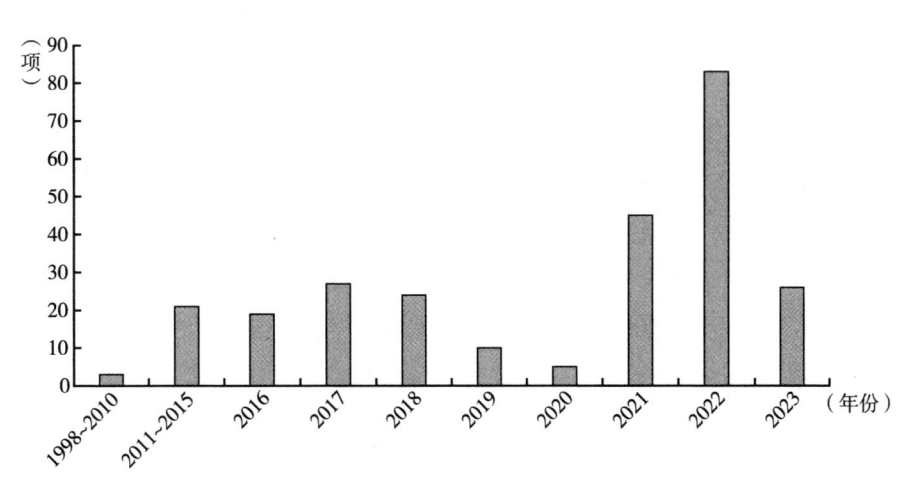

图5　1998~2023年全国31个省份绿色金融支持产业发展类专项指导文件发布情况

资料来源：中央财经大学绿色金融国际研究院整理。

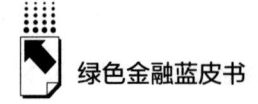

文件的发布数量呈现迅猛增长，仅2021~2022年，累计发布的文件数量就达到了128项。2023年，全国31个省份发布相关文件26项。

从发布内容来看，绿色金融支持产业发展类专项指导文件覆盖面广泛，涉及低碳与节能减排行业、生态环境与资源保护行业、污染防治行业、农业、服务业等领域。部分省份围绕某个亟待发展的特定行业出台专项办法，如上海发布的《上海市公共机构合同能源管理项目管理办法》，鼓励金融机构创新绿色金融产品业务，通过优化绿色信贷服务、创新绿色保险产品、促进绿色和可持续发展领域的投资等方式，对节能服务公司采用绿色信贷、绿色保险等绿色金融方式予以支持鼓励，形成了公共机构绿色化改造的金融市场化、专业化运作模式。

（3）省级绿色金融激励类专项指导文件

省级绿色金融激励类专项指导文件利用财政或货币激励措施为绿色金融工具提供贴息补助，或直接面向绿色产业、绿色企业、绿色项目提供奖励优惠，有助于调动地方金融机构和企业主体开展绿色经济活动的积极性。截至2023年末，全国已有30个省份累计发布省级绿色金融激励类专项指导文件115项。由于不同省份存在奖补措施、资金管理政策定期修订、废止，奖补实施细则未公开发布等现象，故本部分数据仍属于不完全统计，下文主要基于有政策依据、公开渠道可查询等原则进行统计分析。

图6展示了截至2023年末全国31个省份发布的省级绿色金融激励类专项指导文件数量。从发布省份来看，北京、山东、江苏在省级绿色金融激励类专项指导文件的发布方面整体处于领先地位，累计发布45项政策。这与当地良好的经济生态基础存在较大关联。同时，上海与湖南分别发布了7项与5项绿色金融激励政策。值得注意的是，国家级绿色金融改革创新试验区所在省份共计发布了16项绿色金融激励政策，有效发挥了政策示范与引领作用。

与往年相比，2023年各省份发布的绿色金融激励类政策在内容

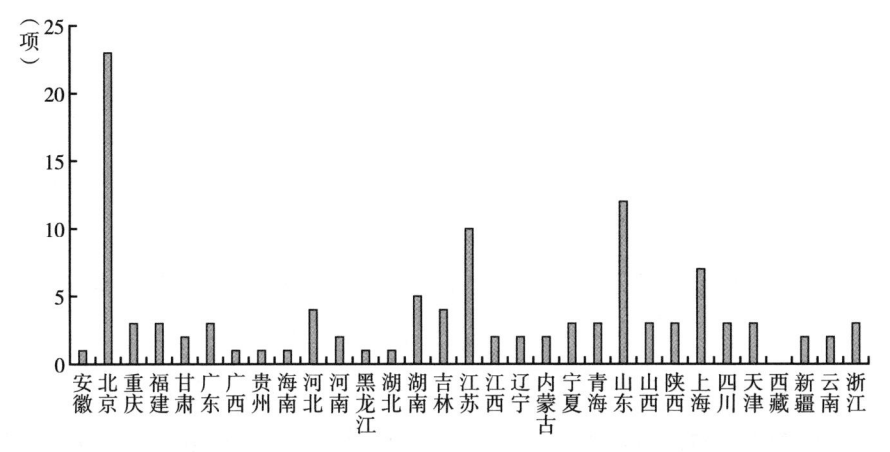

图6　截至2023年末全国31个省份发布的省级绿色金融激励类专项指导文件数量

资料来源：中央财经大学绿色金融国际研究院整理。

上更加细化。激励政策不再局限于宏观层面的指导和要求，而是深入具体领域、具体产品和具体项目。例如，一些省份的政策明确了对绿色债券、绿色信贷、绿色保险、绿色基金等绿色金融产品的具体激励措施，包括税收优惠、财政补贴、风险补偿等。2023年，国家金融监督管理总局北京监督局联合中国人民银行北京市分行等部门印发《北京地区银行业保险业绿色金融体制建设指引（试行）》；另外，北京市通州区对新设立或新迁入的绿色金融机构给予筹备、租购房等多方资金支持，对于从业人员给予相应配套人才服务。辽宁则通过增加重点领域再贷款再贴现额度，扩大"辽绿贷""绿票通"等绿色金融工具使用规模，激发市场活力，促进绿色产业快速发展。

2. 省级绿色金融有关标准

绿色金融有关标准的制定是推动可持续发展的核心机制，它不仅能够增强资本向环保和低碳项目投放的有效性，而且有助于利用标准降低投资风险、增强市场透明度、促进技术创新和国际合作，促进更多资源集聚。2018年9月，全国金融标准化技术委员会成立绿色金融标准工作组，确立了绿色金融标准制定工作顶层架构，随后国家七部委联合出台了《绿色产业指导目录（2019年版）》并持续更新，为绿色信贷、绿色债券以及地方绿色金融标准等的制定、更新和修订提供了统一基础和权威参考，我国绿色金融驶入发展快车道，标准体系日趋完善。

从发布数量及内容来看，2023年共有59项绿色金融有关标准发布，以规范类文件、评价标准类文件和实施细则类文件为主。59项标准中，共有15项标准与绿色金融直接相关，其余大多是对各行业、企业或产品设定的绿色标准（见表3）。行业绿色标准数量最多，其中建筑行业以10项绿色标准位居第一，除此之外还涉及物流、旅游等行业。虽未直接涉及投融资活动，但这些标准的制定也有助于引导投资者和金融机构将资本投向更环保的企业或产品，提供了评估和管理环境风险的工具，有助于降低投资绿色项目的风险，提高资金的安全性。

表3 2023年新增绿色金融有关标准

省份	绿色金融有关标准
北京	《北京地区银行业保险业绿色金融体制机制建设指引(试行)》
	《北京市企业和项目绿色绩效评价指南(试行)》
	《北京市减污降碳协同增效实施方案》
	《北京市特定地域单元生态产品价值(VEP)核算及应用指南(试行)》
上海	《绿色数据中心评价导则》
	《机关办公建筑绿色更新评价规范》
广东	《绿色保理项目认定》
	《广东省绿色低碳企业评价规范》
	《绿色低碳县城评价指南》
	《广东省碳达峰实施方案》
	《广东省2023年度碳排放配额分配方案》
江苏	《江苏省绿色融资主体认定评价标准》
	《绿色港口评价指标体系》
山东	《绿色建材评价标准》
	《工业园区绿色低碳循环发展评价细则》

续表

省份	绿色金融有关标准
河北	《绿色公路建设评价指南》
	《绿色建筑设计标准》
河南	《河南省绿色金融产品手册》
浙江	《绿色港口评价指标体系》
	《智能制造可视化平台建设与绿色低碳管理规范》
	《浙江省建筑工程绿色施工评价标准（试行）》
	《绿色建筑能耗评价规范》
	《绿色智慧城市评价指标体系》
	《绿色产品认证机构认可方案》
	《银行个人客户碳账户服务指南》
	《银行业金融机构ESG评价管理》
湖南	《绿色融资企业及绿色融资项目评价规范》
	《转型金融支持目录分类指南》
安徽	《机关办公建筑绿色更新评价规范》
	《绿色勘查技术规范》
天津	《天津市绿色发展"领跑者"企业评选实施办法》
	《绿色公共机构评价技术规范》
	《绿色商贸物流标准体系》
重庆	《重庆市林业碳汇预期收益权抵(质)押贷款业务指南（试行）》
	《重庆市排污权抵(质)押融资业务指南（试行）》
	《重庆市绿色金融服务绿色汽车供应链指南（试行）》
	《重庆市建设绿色金融改革创新试验区实施细则》
吉林	《绿色债券支持企业筛选标准》
甘肃	《碳减排支持工具管理实施细则》
江西	《绿色产品评价　照明产品》
	《绿色低碳轨道交通评价标准》
	《绿色建材产品评价通则》
	《绿色债券信用评级指引》
	《绿色产品认证机构认可方案》
湖北	《绿色建筑产业贷款实施规程》
	《湖北省绿色融资企业评价指南（试行）》
	《湖北省绿色融资项目评价指南（试行）》
	《林业生态产品清单》

续表

省份	绿色金融有关标准
辽宁	《商贸物流企业绿色管理规范》
	《绿色城市配送运营规范》
黑龙江	《黑龙江省绿色建筑设计标准》
青海	《绿色算力基础设施等级评定规范》
贵州	《绿色旅游景区评价要求》
海南	《海南省生态产品总值(GEP)核算技术规范(试行)》
宁夏	《绿色建筑工程验收标准》
	《绿色生态居住区评价标准》
	《绿色建筑设计标准》
内蒙古	《绿色公路评价规范》
新疆	《绿色公路建设技术指南》

资料来源：中央财经大学绿色金融国际研究院整理。

从标准的区域分布来看，浙江和江西分别以10个和7个绿色标准领跑全国。北京、广东、山东、重庆、湖北和宁夏等省份也高度重视绿色标准的建设，拥有4~5项标准（见图7）。与2022年相比，有14个省份在绿色金融标准制定方面实现了从无到有的突破。

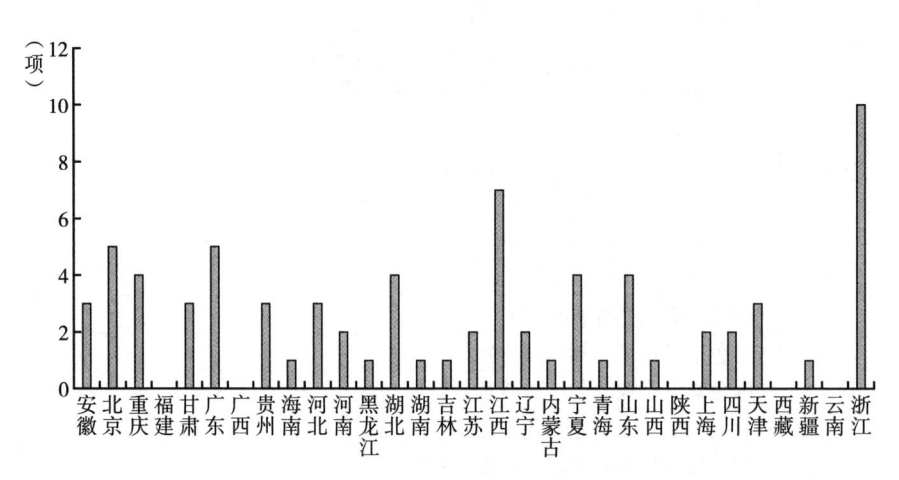

图7 截至2023年末全国31个省份的省级绿色金融有关标准数量

资料来源：中央财经大学绿色金融国际研究院整理。

3. 环境权益交易类市场政策体系构建

（1）碳排放权交易

自2021年7月全国碳排放权交易市场正式上线以来，市场整体运行情况稳中向好，参与碳交易企业的数量和活跃度不断提升，企业减排降碳能力得到切实提高，市场正在加强对资源环境要素的有效配置。党的二十大报告中提出："完善碳排放统计核算制度，健全碳排放权市场交易制度。"目前，全国碳排放权交易市场已成为全球覆盖温室气体排放量最大的碳市场，纳入重点排放单位2257家，碳减排成效逐步显现，市场扩容工作持续深化。截至2023年末，全年碳排放配额成交量和成交额分别达到2.12亿吨和144.44亿元，碳价达到79.42元/吨[1]。随着被纳入重点排放单位数量的增加，全国31个省份陆续发布多项碳排放权交易相关文件，大力支持全国碳市场的完善和建设。

截至2023年末，全国31个省份中已有24个省份累计出台省级碳排放权交易市场建设或规范类文件共94项；其中北京发布省级碳排放权交易相关文件19项，居于全国首位，上海、广东分别发布16项、15项相关文件。从发布地区来看，北京、上海、广东及重庆等作为碳排放权交易的先行试点城市，其省级碳排放权交易市场建设或规范类文件数量较多，居于全国前列（见图8）。

从发布时间来看，2023年上海、重庆等省份新发布省级碳排放权交易相关文件共5项，与2022年相比增速有所放缓（见图9）。随着党的二十大报告中再次重申实现碳达峰、碳中和任务的重要性，宁夏、广西陆续发布首个省级碳排放权交易相关政策文件，进一步提升对碳排放权交易的重视程度。

---

[1] 《IIGF专刊 | 2023中国碳市场年报》，"中央财经大学绿色金融国际研究院"微信公众号，2024年1月30日，https://mp.weixin.qq.com/s/di_8xvcqta5lZoryW6tegQ。

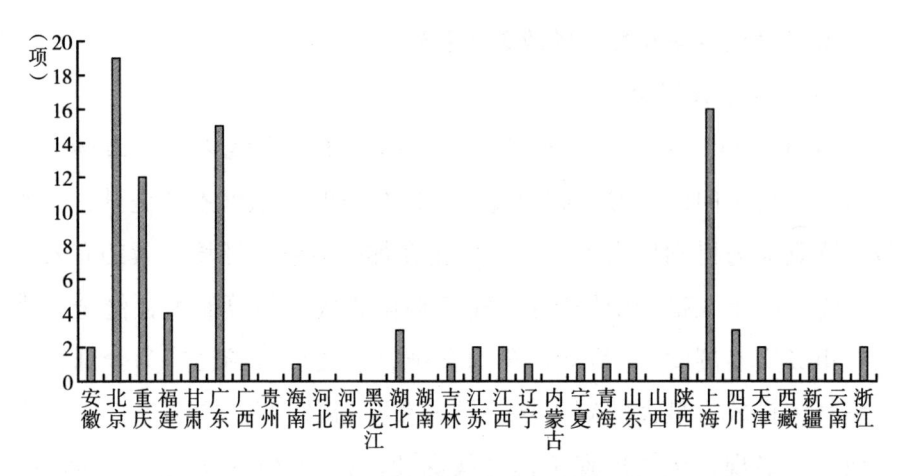

图 8 截至 2023 年末全国 31 个省份省级碳排放权交易市场建设或规范类文件数量

资料来源：中央财经大学绿色金融国际研究院整理。

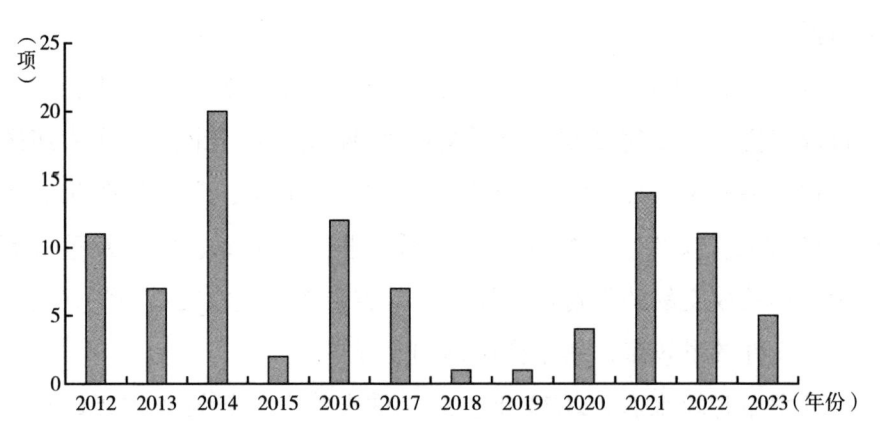

图 9 2012~2023 年省级碳排放权交易相关文件新发布情况

资料来源：中央财经大学绿色金融国际研究院整理。

从发布内容来看，文件涵盖碳排放核算及配额管理、碳排放权交易实施、林业碳汇开发等方面，主要涉及区域内碳排放权交易制度的完善、碳排放交易市场创新等内容。例如，重庆市人民政府印发的《重庆市碳排放权交易管理办法（试行）》中，详细地对当地碳排放权交易及相关活动的管理及监督办法做出了规定，包括碳排放配额分配和清缴，碳排放权登记、交易、结算，温室气体排放报告与核查等。

（2）排污权交易

20世纪80年代，从上海市闵行区完成首笔水污染排放指标的排污权交易开始，截至目前我国排污权交易的实践探索已有30余年的发展历史。2002年，上海、山东、山西等7个省份率先开启排污权交易试点工作。2007年，江苏、天津、浙江、湖北、重庆、湖南、内蒙古、河北、山西、河南、陕西等11个省份被设定为排污权交易试点地区。此后，排污权交易试点不断扩容，全国各省份陆续推出相关配套政策以保障排污权交易的顺利开展。2022年1月，国务院印发《"十四五"节能减排综合工作方案》，进一步强调完善资源要素市场化配置的重要性，方案中提出："培育和发展排污权交易市场，鼓励有条件的地区扩大排污权交易试点范围。"2023年3月，中华人民共和国生态环境部发布《关于公开征求〈排污许可管理办法〉（修订征求意见稿）意见的函》，标志着排污许可制度的可操作性和可持续性得到了进一步增强。

截至2023年末，全国31个省份中已有29个省份累计发布省级排污权交易市场建设或规范类文件共91项（见图10），其中浙江、上海、天津、安徽新出台4项排污权交易相关政策文件。

从整体来看，全国31个省份累计发布的省级排污权交易市场建设或规范类文件的分布较为平均，第一批排污权交易试点地区发布的省级排污权交易相关政策相对多于其他省份，体现了我国排污权交易试点工作开展以来的显著成果。全国绝大多数省份出台了排污权交易市场建设或规范类文件，标志着排污权交易在我国各省份普及度得到了提高，排污权交易市场得到了扩大和完善。

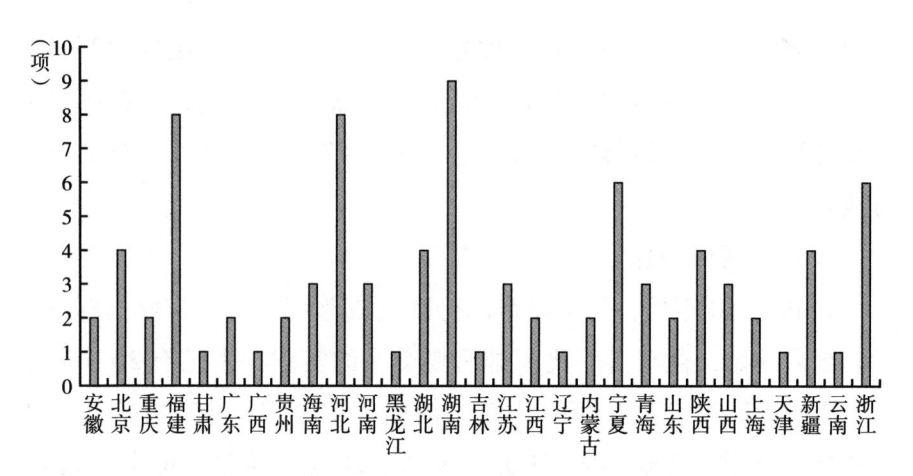

图10 截至2023年末全国31个省份累计发布的省级排污权交易市场建设或规范类文件数量

资料来源：中央财经大学绿色金融国际研究院整理。

从发布内容来看，2023年新出台的省级排污权交易市场建设或规范类文件大多集中于国家已设定的排污权交易试点地区，聚焦对目标省份原有污染物排放管理制度的健全和完善。例如，上海市生态环境局2023年5月印发《关于优化建设项目新增主要污染物排放总量管理 推动高质量发展的实施意见》，结合当地时代化、个性化需求，对2012年和2016年主要污染物总量管理政策文件进行调整，内容包括对建设项目主要污染物总量、新增总量削减替代实施范围的调整，新增总量削减替代豁免政策的优化等。

4. 风险管理与信息披露

在极端天气事件频发、生态环境恶化、生物多样性减少、气候变化加剧的大背景下，气候与环境风险已成为影响全球经济社会长期可持续发展的重要因素之一。目前在应对气候与环境相关风险方面，主要存在宏观审慎框架与微观审慎框架两种监管模式。宏观审慎框架聚焦于气候与环境相关风险对金融体系可能造成的系统性影响，旨在提高金融体系应对相关风险的韧性与弹性，以提升金融体系防范并化解相关系统性风险的能力。微观审慎框架则立足于个体金融机构，通过对金融机构资本、杠杆率等必要指标的监管，确保金融机构有能力应对气候与环境风险可能造成的损失。

为更好地应对气候与环境变化对我国经济社会造成的物理风险和转型风险，不断增强我国在经济发展过程中的韧性与活力，全国各省份陆续出台多项气候与环境相关风险管理政策文件，助力完善气候与环境相关风险管理顶层设计、构建中国特色绿色金融体系。截至2023年末，全国31个省份均已出台金融机构应对气候与环境风险，环境、社会与治理风险的预警、防范及处理的相关政策。与2022年相比，安徽、重庆、湖北等7个省份首次出台气候与环境相关风险管理政策文件。

从发布内容来看，我国各省份发布的气候与环境相关风险管理政策强调气候压力测试、信息披露要求的重要性，开始注重提升风险识别和管理能力。例如，重庆市人民政府办公厅于2023年初印发的《重庆市建设绿色金融改革创新试验区实施细则》将构建绿色金融风险防范化解机制作为具体措施中的十大方面之一，提出建立健全绿色金融风险预警机制、支持地方金融机构开展环境风险压力测试、利用"长江绿融通"系统建立环境风险信息披露机制、加强绿色金融创新过程中的监测评估与处置。吉林省生态环境厅也于2023年9月发布《关于印发〈吉林省适应气候变化行动方案〉的通知》，提出要不断提升气象及金融服务保障能力，鼓励金融机构披露高碳资产风险敞口并建立气候相关风险及突发事件应急披露机制、支持有条件的金融机构探索开展气候风险压力测试、鼓励金融机构加强气候变化相关金融风险预警机制建设。

从发布数量来看，我国2023年气候与环境相关风险管理政策已实现全国31个省份的全覆盖，与2022年末的24个省份相比有显著提升，这与绿色金融深化发展的必然要求，以及2021年12月31日中国人民银行发布的《宏观审慎政策指引（试行）》等政策相关。此外，金融机构环境信息披露作为助力绿色金融风险管理的手段，2023年与其相关的专项指导文件发行情况和金融机构环境信息披露覆盖情况，与2022年相比都呈现显著提升趋势。

在2022年7个省份出台环境信息披露相关政策文件的基础上，2023年北京、江西、湖北、江苏4个省份也出台了推动环境信息披露的专项政策。从金融机构环境信息披露覆盖情况来看，截至2023年12月31日，全国31个省份共有1148家金融机构开展环境信息披露，同比增长105.4%。其中广东省辖内共有306家金融机构开展环境信息披露，浙江、湖南、贵州、广西等省份金融机构环境信息披露数量位于前列（见图11）。从总体来看，我国南部省份在环境信息披露方面落实程度较好。

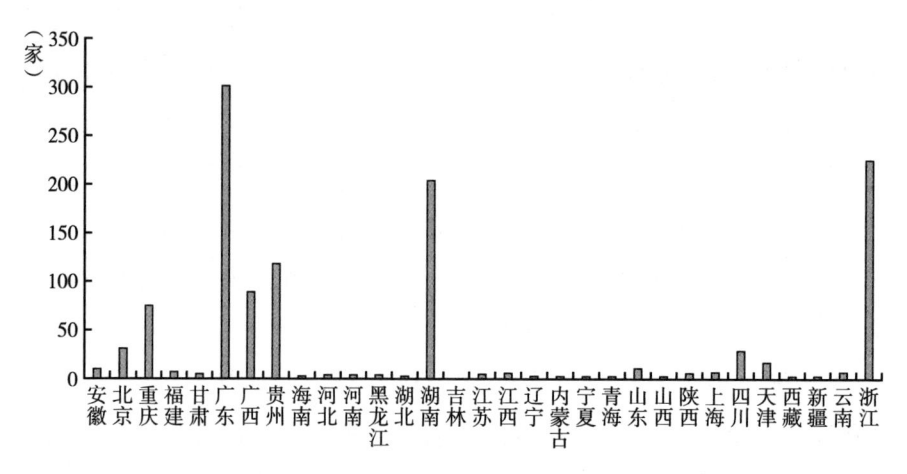

图11 截至2023年末全国31个省份已开展环境信息披露的金融机构数量

资料来源：中央财经大学绿色金融国际研究院整理。

从机构类型来看，当前国有银行、股份制银行、城商行以及农商行均积极开展环境信息披露。其中农商行所披露的环境信息报告共

180项，约占环境信息披露报告总量的49%，城商行披露占比27%（见图12）。

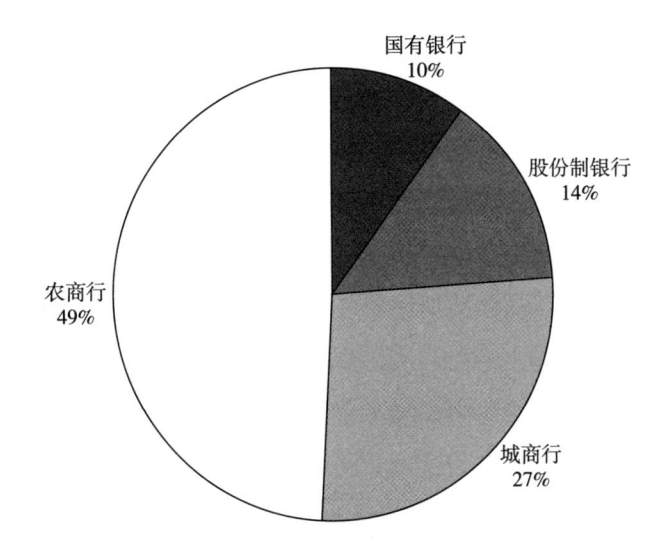

图12 截至2023年末全国31个省份开展环境信息披露金融机构分类占比

资料来源：中央财经大学绿色金融国际研究院整理。

二 所辖市区绿色金融政策推动情况

（一）所辖市区绿色金融综合类引导政策

1. 市级绿色金融综合类政策

市级绿色金融综合类政策是市级层面为推动绿色金融发展形成的系统性政策，可以通过专门政策对国家级及省级综合指导文件精神与要求进一步细化的同时，结合市级实际情况，提供更为具体的指导，对于推动市级绿色金融的规范化、系统化发展以及实践应用有积极作用。截至2023年12月末，全国范围内已有27个省份

（约占总省份数的87%）下辖市出台了市级绿色金融综合政策，累计发布政策达179项，同比增长16.2%。其中，广东在此领域表现活跃，以46项市级绿色金融综合政策的发布量居全国首位（见图13）。

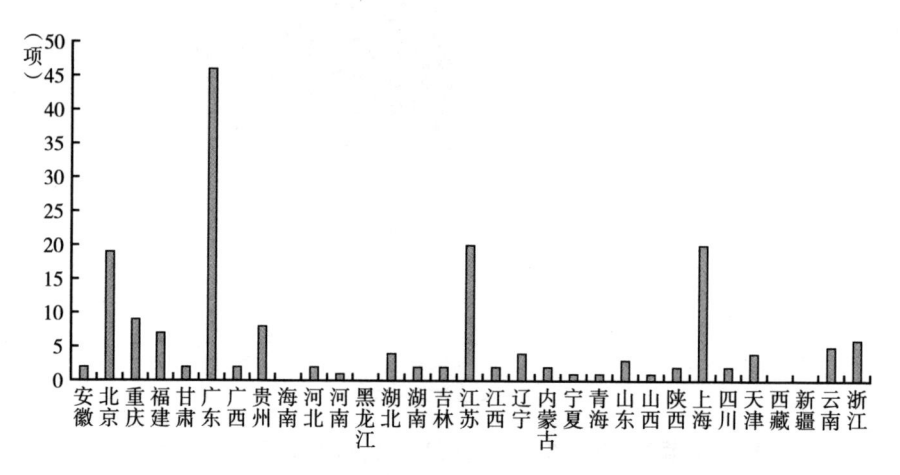

图13　截至2023年末全国31个省份已发布的市级绿色金融综合性指导文件数量

资料来源：中央财经大学绿色金融国际研究院整理。

2022年是我国首批绿色金融改革创新试验区收官之年，五年间首批"五省（区）八市（区）"绿色金融改革创新试验区结合自身区位优势，开展了深度探索与实践。随着绿色金融改革创新试验区再度扩容，示范带动效应进一步增强，2023年有23个省份在当年政府工作报告中提及绿色金融发展（见图14）。

从发布数量来看，2023年全国31个省份累计新出台市级绿色金融综合性指导文件25项，与2022年相比，增长速度有所减缓但仍处于高位状态（见图15）。2021年3月，《中华人民共和国国民经济和社会发展第十四个五年规划和2035年远景目标纲要》发布，提出"大力发展绿色金融"，为"十四五"期间绿色金融高质量发展明确

地方绿色金融政策推动评价报告

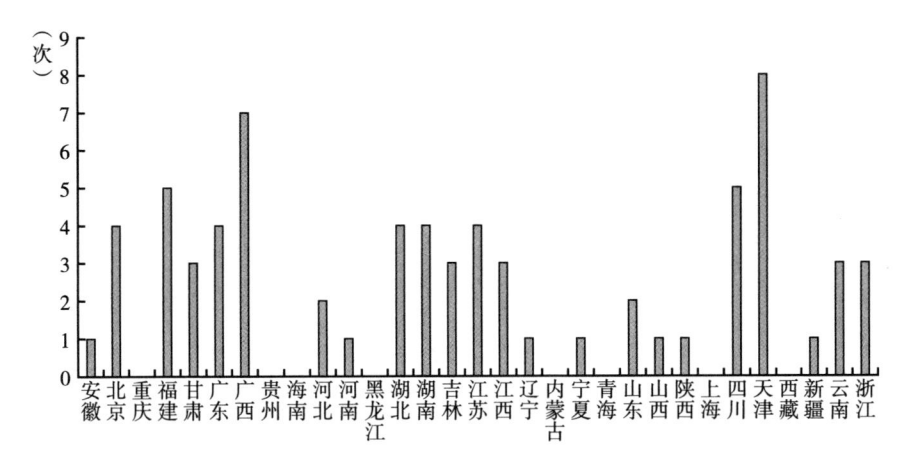

图14　2023年全国31个省份政府工作报告提及绿色金融发展的次数

资料来源：中央财经大学绿色金融国际研究院整理。

了目标和方向。我国绿色金融的推进具有"自上而下"政策驱动的特点，在顶层制度不断强化的背景下，绿色金融相关改革创新开始不断下沉。各市级单位依据上级规划并结合区域发展特点，积极出台市级绿色金融综合性指导文件。2022年新出台政策45项，创历史新

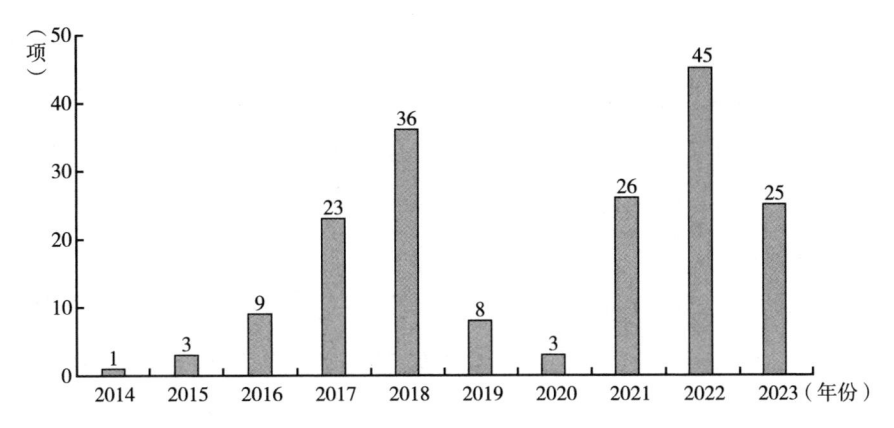

图15　2014～2023年全国31个省份累计新出台市级绿色金融综合性指导文件发布数量

资料来源：中央财经大学绿色金融国际研究院整理。

077

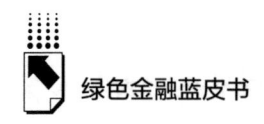

高。随着党的二十大的召开，经济社会发展呈现显著的绿色化低碳化趋势，进而针对绿色金融催生出更具时代化、多元化的需求，2023年12个省份出台多项市级绿色金融综合性指导文件，不断丰富我国绿色金融政策框架，加快绿色金融相关政策落地实施。

从政策内容来看，2023年新出台的25项市级绿色金融综合性指导文件主要聚焦于绿色发展中的资金管理、绿色金融改革创新试验区建设、实体经济高质量发展支持等方面。市级绿色金融综合性指导文件中对绿色金融相关工作部署更为具体，如《2023年广州金融支持实体经济高质量发展行动方案》提出具体工作目标，同时结合广州金融发展特点推出30条保障措施。部分省份通过市级绿色金融综合性政策支持区域内绿色金融改革创新试验区建设，如重庆针对下辖7个区相应出台绿色金融改革创新试验区工作方案，切实有效地推动绿色金融高质量发展的下沉落地。

2. 绿色金融改革创新试验区的政策进展

（1）国家级绿色金融改革创新试验区政策进展

继2022年8月重庆入选后，截至目前尚未有新的试验区获批。首批"五省（区）八市（区）"绿色金融改革创新试验区收官之后，相关创新实践活动并未因此停滞，转而以创建绿色金融改革创新示范区为新的发展动力，持续深化绿色金融改革，在政策支持体系及市场机制建设等领域持续创新，不断探索绿色金融与可持续发展相融合的新路径。

2023年，浙江以湖州、衢州两大绿色金融改革创新试验区为先行引导，围绕绿色金融的改革深化及新兴议题的前沿探索，开展了政策与市场的多维实践。湖州作为首个在地方层面构建了相对完整的转型金融发展框架的地区，在2022年度的工作基础上，2023年评价周期内进一步优化了转型金融领域的政策框架，进一步为金融机构开展转型金融市场实践提供了明确指引，为地方层面推动绿色金融与转型金融的有效衔接提供了经验参考。2023年，衢州在生物多样性风险管理领域做出率先尝试，以《银行机构生物多样性风险管理标准》的出台为金融机构规避生物多样性风险、减少项目开发对生物多样性影响提供了方法准则。此外，衢州在绿色特色分支机构评价标准、银行机构"ESG+共同富裕"评价体系等方面也开展了系列实践。

江西在2023年持续推进绿色金融改革创新试验区建设，着重强化绿色金融与数字经济的融合发展战略，旨在促进数字绿色金融的崛起与繁荣。江西省绿色金融改革创新工作领导小组办公室发布文件《2023年江西省绿色金融改革创新重点工作》，明确了2023年新增绿色贷款力争达到1500亿元，发展绿色直接融资，推动绿色企业上市挂牌融资，鼓励设立绿色产业基金等具体目标。南昌市人民政府发布《关于打造区域金融中心　加快金融业高质量发展的实施意见》，从发展目标、发展布局、推动金融业量质齐升、深化金融服务实体经济、构建多层次金融市场体系、推动科技金融上新台阶、发展绿色金融、提升普惠金融特色服务水平、推动全市金融业区域统筹发展、构建金融配套服务体系等方面作出具体部署，鼓励企业利用债券市场融资并出台奖励举措。

广东在2023年评价周期内，持续统筹全省绿色金融发展与绿色金融安全，探索绿色低碳投融资新模式、新路径，为省内产业经济绿色转型提供坚实的金融支撑。广东省住房和城乡建设厅等六部门联合发布《广东省住房和城乡建设厅等关于加快推动绿色建筑产业与绿色金融协同发展的通知》，旨在推动绿色建筑产业与绿色金融的协同发展，提出了探索优化绿色金融支持绿色建筑发展的体制机制、促进建筑领域绿色信贷增长、发挥建筑业绿色保险作用等具体措施，并设定到2025年的发展目标，如全省城镇新建建筑全面执行绿色建筑标准，星级绿色建筑占比达到30%以上。

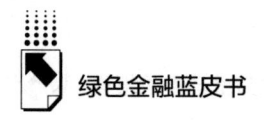

新疆各试验区以自身产业基础为依托，积极探索构建转型金融政策框架，加大绿色跨境融资支持力度，为西部地区绿色金融纵深发展提供了有益借鉴。以昌吉州为例，2023年，中国人民银行昌吉州分行联合昌吉州发改委、工信局等8个部门，在新疆率先出台《昌吉州降碳转型升级项目目录（2023年）》《金融支持昌吉州降碳转型升级项目认定办法》《金融支持昌吉州降碳转型升级企业认定办法》，推动金融机构探索转型金融支持碳密集型行业低碳发展创新模式，引导更多的信贷资金支持高碳经济活动向低碳转型。昌吉州申报的《新疆昌吉转型金融服务标准》于2023年11月获批国家标准化管理委员会国家级服务业标准化试点，有效推动金融支持经济绿色低碳转型发展。

贵州贵安新区以构建西部地区经济增长极为目标，以国家级绿色金融改革创新试验区为建章立制、开创革新的依托，积极发展绿色经济。2023年贵州省发展改革委印发《黔中城市群高质量发展规划》，明确提出加快提升金融服务功能，以筑城核心、观山湖区和贵安新区为重点，扩容建设贵阳贵安绿色金融改革创新试验区，打造西部绿色金融中心。此外，贵阳市人民政府也在2023年发布了《贵安新区高质量发展三年攻坚实施方案（2023—2025年）》，明确提出要紧扣西部地区重要经济增长极和内陆开放型经济新高地的发展定位，实施包括重点产业突破、科技创新赋能、对外开放引领在内的八大行动。为支持贵安新区的发展，市级财政将每年提供社会事务补助，并争取省级专项资金对贵安新区进行单独列支，以进一步优化资源配置，推动贵安新区的高质量发展。在绿色金融改革创新经验复制推广方面，贵安新区表现突出。自2022年贵州省启动省级绿色金融改革创新发展试点县建设以来，在贵安新区引领带动下，绿色金融试点县建设取得了积极成效，促进了全省绿色金融改革创新的协同发展。2023年11月，贵州省地方金融监督管理局向各试点县印发了《关于开展省级绿色金融试点县评估的通知》，对试点县的自评情况进行省级复核，并根据得分对试点县进行排名，以排名结果作为省级金融业态发展奖补资金分配的重要依据。

甘肃省兰州新区自获批以来，围绕深化金融供给侧结构性改革的核心，不断强化财政与金融的联动机制，优化金融资源配置，并出台了一系列绿色金融政策制度，包括出台 23 项政策激励措施，以吸引金融机构集聚，同时鼓励信贷投放、基金投资、债券承销等活动。此外，兰州新区对绿色企业和项目提供了贷款贴息、风险补偿等支持，有效激发了市场主体的绿色投资活力。2023 年，兰州新区管理委员会印发了《兰州新区扶持金融业发展的若干措施》，统筹安排 10 亿元专项资金，以推动经济向绿色低碳、高质量发展的方向迈进；同年，结合国家"双碳"目标及绿色金融、气候投融资领域的最新政策要求和形势，兰州新区对现有的绿色项目和绿色企业的认证及评级办法进行了修订，并于 2023 年 11 月 13 日正式印发执行修订后的绿色金融标准。

重庆于 2023 年正式印发《重庆市建设绿色金融改革创新试验区实施细则》，该细则明确了六大主要目标：构建更健全的绿色金融发展体系，强化绿色金融支持绿色低碳发展的力度，促进绿色金融与绿色产业的深度融合，完善绿色金融数字化基础设施，提升绿色金融跨区域合作成效，以及高效服务碳达峰碳中和战略。为了进一步推动工业的绿色化发展，中国人民银行重庆营业管理部、重庆市经济和信息化委员会于 2023 年 7 月联合印发了《金融支持重庆工业绿色发展十条措施》，包括优先满足再贷款和再贴现需求、提供全额报账支持、利用碳减排工具进行定向支持、建立多层次银企对接机制、合理满足续贷需求等，同时还加大了绿色金融产品和服务的创新力度，优化了金融机构内部政策安排，并强化了产业链和供应链的金融服务。此外，措施还涵盖了提升债券融资支持、发挥股权融资作用以及充分利

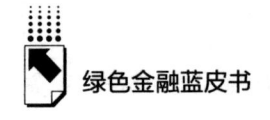

用跨境融资渠道等方面。同时，为了细化绿色金融业务的操作指南，中国人民银行重庆营业管理部在2023年还对外公布了《重庆市林业碳汇预期收益权抵（质）押贷款业务指南（试行）》《重庆市排污权抵（质）押融资业务指南（试行）》《重庆市绿色金融服务绿色汽车供应链指南（试行）》等绿色金融指南，详细阐述了林业碳汇预期收益权、排污权等环境权益融资工具的业务操作流程，为绿色金融的实践提供了有力的支持。

（2）市（县）级绿色金融改革创新试验区政策进展

随着国家级绿色金融改革创新试验区改革进程的持续深入，各地通过设立省级及市（县）级的区域性绿色金融改革创新试验区的形式开展基于地方的实践探索。在这一过程中，各地探索并形成了一系列具有鲜明地方特色的绿色金融发展模式，不仅有力地推动了当地经济的绿色转型升级，还为全国绿色金融的深化应用贡献了宝贵的实践经验。

截至2023年底，全国已有17个省份59个市县陆续开展绿色金融改革创新试验区建设。随着2017年国务院批准设立的第一批绿色金融改革创新试验区已满五年，五省（区）八市（区）通过发展具有自身区位特色的绿色金融发展模式，为在全国范围内落实绿色金融改革创新积累了丰富的宝贵经验。从整体来看，全国范围内市县级绿色金融改革创新试验区设立的高峰期主要集中在2017年、2020年、2022年前后，与国家级绿色金融改革创新试验区扩容时间点大致重合。

2017年前后，四川、广西、湖北、山西、河南、安徽、甘肃、青海、北京率先响应国务院号召，在辖区内开展绿色金融改革创新试验区先行先试工作，因地制宜助推绿色金融发展。首批国家级绿色金融改革创新试验区落成5年后，通过自主探索出具有地方特色的绿色金融多元化发展道路，为全国范围内推广绿色金融改革创新打造了值得借鉴的样本。随着国家级绿色金融改革创新试验区于2019年、2022年两次扩容，江苏、贵州、四川、云南、广西、黑龙江、福建、山西、内蒙古、湖南相继在省份内颁布市（县）级绿色金融改革创新试验区名单，不断丰富具有中国特色的绿色金融发展实践经验（见表4）。

表4 截至2023年末全国各省份市（县）级绿色金融改革创新试验区分布

所在省份	市（县）级绿色金融改革创新试验区	设立年份
安徽	合肥市庐阳区	2017
北京	北京市通州区	2017
福建	三明市、南平市	2020
甘肃	武威市	2017
广西	河池市南丹县、南宁市、柳州市、桂林市、贺州市	2018、2020
贵州	观山湖区、赤水市、正安县、六枝特区、关岭县、大方县、金沙县、江口县、思南县、雷山县、都匀市、贞丰县	2022
河南	南阳市	2017
黑龙江	双鸭山市、齐齐哈尔市、伊春市	2021
湖北	京山市、黄石市	2017
湖南	湘乡市	2021
江苏	徐州市、宜兴市、南京江北新区、溧阳市、昆山高新区、邳州市、泰兴市、扬州市江都区、东台市、盐城市亭湖区、连云港徐圩新区、如皋市、沭阳县、扬中市	2022、2023
内蒙古	鄂尔多斯市	2020
青海	格尔木市柴达木盆地	2016
山西	大同市	2020
陕西	安康市、汉中市西乡县	2016
四川	成都市、广元市、南充市、雅安市、阿坝州、宜宾市、攀枝花市	2018、2023
云南	普洱市、曲靖市、红河州、蒙自市	2021

资料来源：中央财经大学绿色金融国际研究院整理。

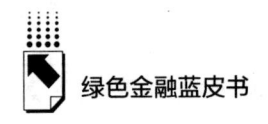

专栏1　江苏省南京市江北新区省级绿色金融创新改革试验区发展

2023年，江苏省南京市江北新区成功入选江苏省首批省级绿色金融创新改革试验区，成为南京市唯一入选的地区。这一举措标志着江北新区在绿色金融领域迈出了重要一步，致力于构建低碳、环保、可持续的金融生态环境。江北新区自成立以来，便高度重视绿色金融体系建设，积极推进"双碳"产业发展与新金融业态创新。为了推动绿色金融的深入发展，江北新区成立了绿色金融发展领导小组，并出台了包括"绿金十条"、绿色银行星级评定办法等在内的多项专项政策。此外，江北新区还落地了中研绿色金融研究院等智库与平台，挂牌了绿色金融业务部及"星级绿色银行"等专营机构，从而构建起多维度、全方位的绿色金融发展生态。在绿色金融实践方面，江北新区表现突出。江北新区连续五年发布《绿色发展指数研究报告》，并每年至少举办一场大型绿色金融专题峰会。经过多年积累，江北新区已培育出一批绿色园区和绿色工厂，并成功发行了一批多样化绿色债券，在全市乃至全国范围内发挥了首单带头作用。2023年，随着省级绿色金融创新改革试验区建设工作的正式启动，江北新区进一步完善建设方案实施细则和配套政策，持续落实绿色企业名录库和"星级绿色银行"评定工作。同时，江北新区还将加强绿色产业全过程配套服务，加快绿色金融服务模式和产品创新，努力成为绿色低碳城市建设的先行者，为构建人与自然和谐共生的现代化江苏贡献可复制、可推广的新区样本。

3. 气候投融资试点地区的政策进展

从政策层面来看，2023年各地政府高度重视气候投融资工作，纷纷制定并发布气候投融资试点实施方案、行动计划等文件，明确试点目标、任务、保障措施等关键要素。

例如，浙江省生态环境厅等八部门联合印发了《浙江省促进应对气候变化投融资的实施意见》，提出了包括指导思想、发展目标、定义和支持范围等在内的三大总体要求，并明确了包括加大气候投融资重点领域支持力度、积极创新气候金融产品和服务模式、持续提升气候投融资项目执行效能、引导民间投资与外部资金进入气候投融资领域、建立完善气候投融资推进政策机制在内的五大重点举措。

北京市密云区生态环境局公布《北京市密云区气候投融资试点行动计划（2023—2025年）（征求意见稿）》，明确包括减污降碳、扩绿增长、金融创新、科技赋能、全民参与在内的共五大类15个小项的重点措施；制定包括强化组织领导、政策协同、宣传引导、队伍建设、跟踪督办在内的五大保障措施。

北京城市副中心（通州区）在2023年气候投融资政策发布会上公布了《北京城市副中心（通州区）气候投融资项目库管理办法（试行）》《北京城市副中心（通州区）企业气候信息披露指引（试行）》《关于加快推进北京城市副中心（通州区）气候投融资试点建设的若干措施（试行）》《北京城市副中心（通州区）应对气候变化审核管理办法（试行）》《北京城市副中心（通州区）气候投融资长效评估工作方案（试行）》《北京城市副中心（通州区）气候投融资副中心指数评估办法（试行）》等文件，标志着通州区气候投融资"1+6"政策标准体系基本完成构建。

成都市印发《成都市气候投融资支持项目目录（试行）》（以下简称《目录》）和《成都市气候投融资项目认定规范（试行）》（以下简称《认定规范》），《目录》全面对接国家《绿色产业指导目录》，强化入库项目与绿色产业的对应关系，推动气候投融资与绿色金融协同发展。《认定规范》明确了气候投融资项目入库评价流程、要求及评分细则，将项目业主（或实控股东）注册地在成都市且项目实施地在重庆市的项目纳入申报范围，与重庆两江新区联动打造成渝地区双城经济圈气候投融资示范先行区。

另外，长治市、广州市南沙区等地也于2023年印发了促进气候投融资试点工作发展的行动计划及若干措施。长治市积极推进试点工作，建立动态更新的"长治市气候投融资重点项目库"，并将182个项目纳入其中。同时，长治市人民政府办公室印发《长治市2023年气候投融资试点工作行动计划》，提出8项重点任务。2023年10月9日，为加快推动南沙气候投融资试点体制机制创新，广州南沙开发区管委会办公室和广州市南沙区人民政府办公室印发《广州南沙新区促进气候投融资发展若干措施》。

为加强政策实施的协调性和系统性，部分地区还成立了气候投融资促进中心、气候投融资平台等专门机构，负责统筹推进气候投融资工作。例如，成都市构建气候投融资综合服务平台，项目业主可通过平台开展线上申报、认定、公示及入库，入库项目将向在蓉金融机构推荐，优先运用现行绿色金融等政策予以支持。粤港澳大湾区气候投融资平台则基于人工智能学习等前沿数字化技术，将气候友好型评价体系与科创投资评价体系相结合，提供政策解答、兑现申请等惠企全链条政策服务平台业务，覆盖债权融资与股权融资。该平台参与主体包括银行、券商、保险、基金等金融机构，为企业提供各成长周期的投融资需求服务。

4. 市级绿色金融战略合作

各地市级政府与金融机构、企业及研究机构合作，通过政策创新和金融产品开发，推动城市的低碳经济转型和可持续发展。截至2023年末，全国市级政府部门与市场主体（企业或非营利机构）开展绿色金融战略合作并达成协议的数量共计163项（见图16）。从整体来看，我国西部地区以"引入绿色金融活水，助力经济高质量发展"为中心，将绿色金融支持民生与产业基础设施建设列为合作重点，中西部地区则重点关注产业转型升级、绿色农业、节能环保等领域，其中重庆与广东下辖区市的战略合作较多，重庆市辖各区分别与商业银行、保险公司等金融机构就推动乡村振兴、产业改造、城市建设等方向签署合作协议，广东辖内各地市则重点与农行广东分行积极合作，聚焦绿美生态建设展开战略合作，在市级层面绿色金融改革创新继续取得积极进展；合作涵盖了绿色信贷、绿色债券、绿色保险等领域，旨在支持生态保护、节能环保和绿色产业发展，促进城市经济与环境协调发展。

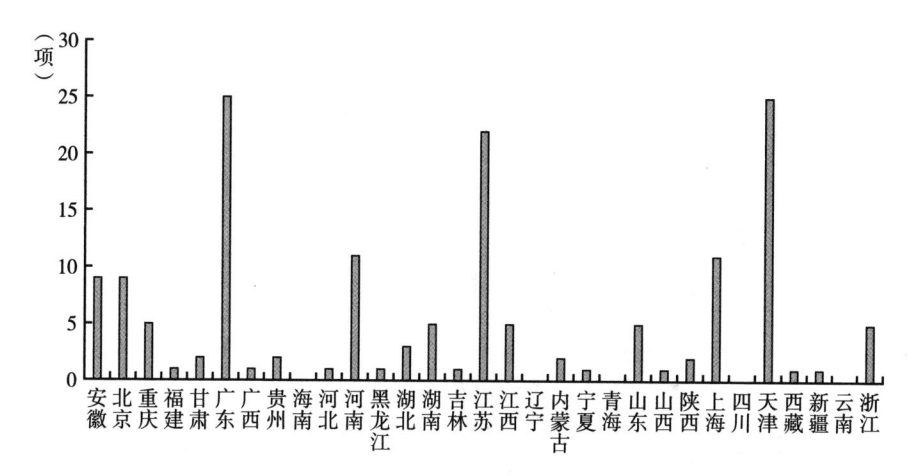

图 16　截至 2023 年末全国市级政府部门与市场主体（企业或非营利机构）开展绿色金融战略合作数量

资料来源：中央财经大学绿色金融国际研究院整理。

各地市（州）立足区域实际，加强银企合作促进绿色发展。太原正在加快建设全国资源型城市转型升级示范区、现代化太行山水名城，全力打造文旅康养"五大品牌"，市政府与浦发银行太原分行签署战略合作协议，地方政府持续优化营商环境，落实各项优惠政策，浦发银行注重加大金融支持力度，深度参与、高效服务制造业振兴、绿色低碳发展、城市数字化转型等领域建设，双方将探索多样化合作模式，在基础设施建设、产业发展、资产管理、支持民营经济与普惠金融、信息交流、财务顾问等领域深入开展合作。巴音郭楞蒙古自治州（以下简称"巴州"）人民政府与哈密市商业银行股份有限公司，签订了全面深化金融战略合作协议，为地方经济社会建设提供有力资金保障。哈密市商业银行将于2023~2025年分批次为巴州授信50亿元。

（二）所辖市区绿色金融专项类引导政策

1. 市级绿色金融相关专项政策

总体来看，市级绿色金融专项类引导政策大体可以分为三类，分别为绿色金融工具类专项指导文件、绿色金融支持产业发展类专项指导文件和绿色金融激励类专项指导文件。截至2023年末，全国共出台市级绿色金融专项类引导政策文件共905项，其中市级支持产业发展类专项指导文件共384项，占比42%（见图17）。

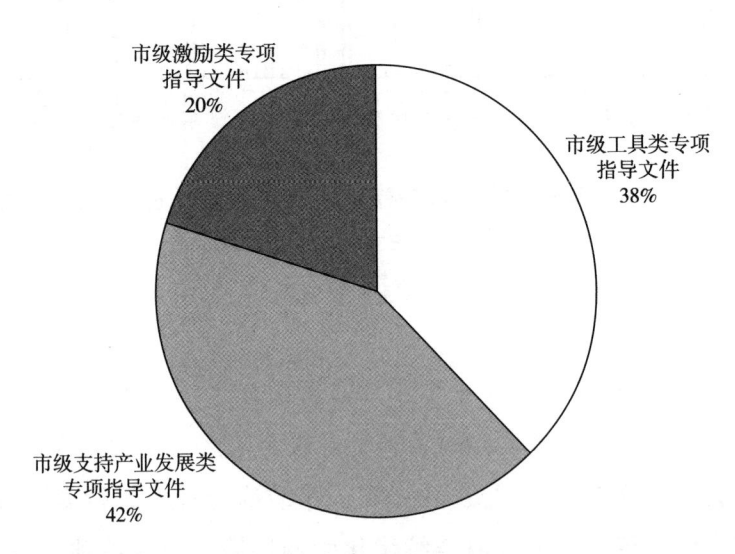

图17 截至2023年末全国31个省份发布的市级绿色金融专项类政策引导文件类型

资料来源：中央财经大学绿色金融国际研究院整理。

地方绿色金融政策推动评价报告

目前，全国31个省份的下辖市（区）中均有单独发布绿色金融政策的情形，甘肃下辖市政策发布较多，达82项（见图18），其中绿色金融工具类专项指导文件数量达40项（见图19）。与2022年相比，2023年全国累计已发布市级绿色金融专项类引导政策数量增长34%，其中绿色金融工具类专项指导文件增速最快。

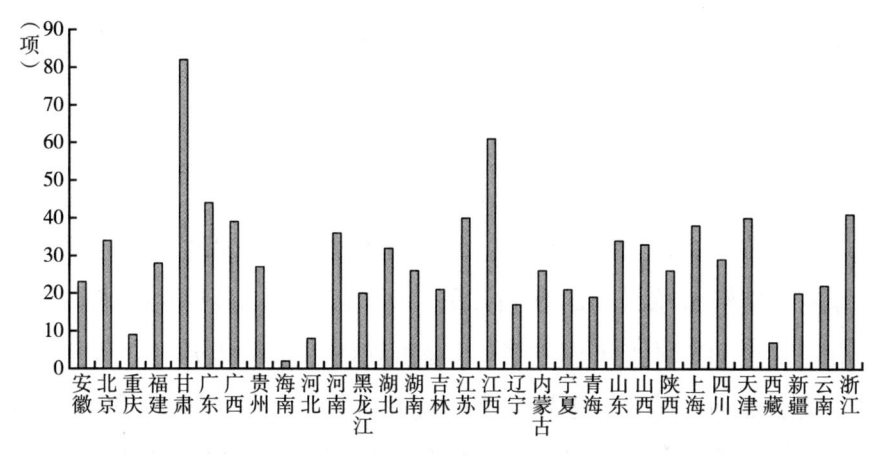

图18 截至2023年末全国31个省份发布的市级绿色金融专项类引导政策数量

资料来源：中央财经大学绿色金融国际研究院整理。

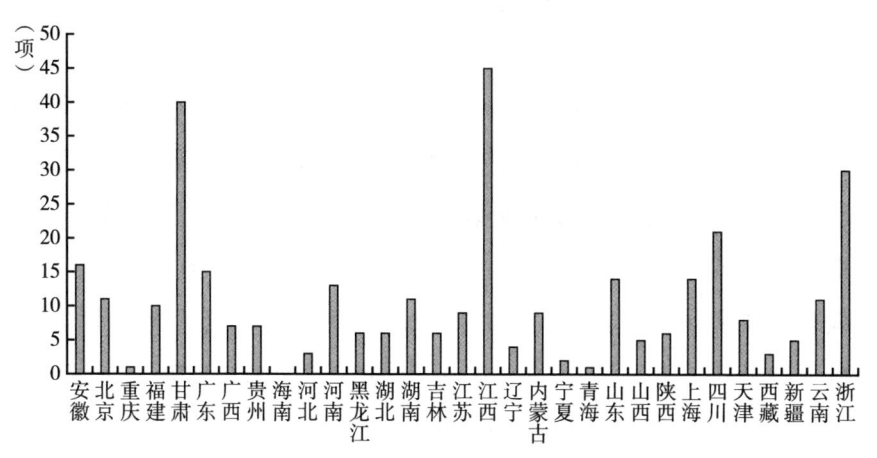

图19 截至2023年末全国31个省份发布的市级绿色金融工具类专项指导文件数量

资料来源：中央财经大学绿色金融国际研究院整理。

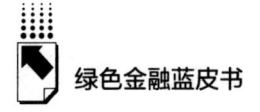

从政策内容来看，市级绿色金融工具类专项指导文件覆盖了绿色信贷、绿色债券、绿色保险、绿色基金、绿色信托等绿色金融工具，鼓励金融机构持续深化对绿色金融产品及服务的创新，引导金融机构加大对清洁能源、资源节约、碳减排、污染治理、绿色建筑、绿色转型等产业项目的金融支持力度。各地区发布数量差异较大，得益于绿色金融改革创新的显著成果，率先实施省级绿色金融创新试点的省份，例如江西、浙江等，市级政策的出台更加积极，绿色金融的普及度更高。

在市级绿色金融支持产业发展类专项指导文件中，气候投融资试点地区的政策有代表性。例如，浙江省丽水市为保障经济社会发展全面绿色低碳转型总目标的顺利开展，于2023年1月出台《浙江省丽水市气候投融资试点工作方案》，提出在丽水市组织开展气候投融资地方试点活动，结合当地资源禀赋优势，开展"中国碳中和示范区"创建行动，积极创新气候投融资项目及模式，进而稳步推动当地碳金融市场有序发展，实现产业升级、绿色高质量发展、金融支持的良性循环。截至2023年末全国市级绿色金融支持产业发展类专项指导文件数量如图20所示。

在市级绿色金融激励类专项指导文件中，除货币碳减排政策工具外，贴息或风险补偿类政策较多。例如，济南在《济南市"十四五"节能减排工作实施方案》中明确提出，用好中国人民银行的碳减排支持工具，支持符合条件的绿色产业企业上市挂牌，通过增发股票等方式和利用公司债、银行间市场债务融资工具再融资，支持重点行业领域节能减排。北京发布的《关于金融促进未来科学城创新发展的若干措施》中指出，支持科创企业发行绿色公司债、绿色票据等直接融资产品，按照融资额度给予企业资金支持。截至2023年末全国市级绿色金融激励类专项指导文件数量如图21所示。

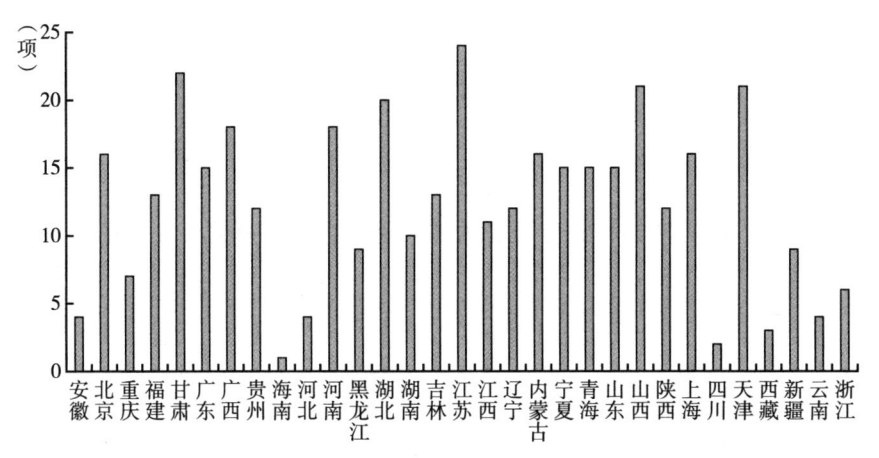

图20　截至2023年末全国市级绿色金融支持产业发展类专项指导文件数量

资料来源：中央财经大学绿色金融国际研究院整理。

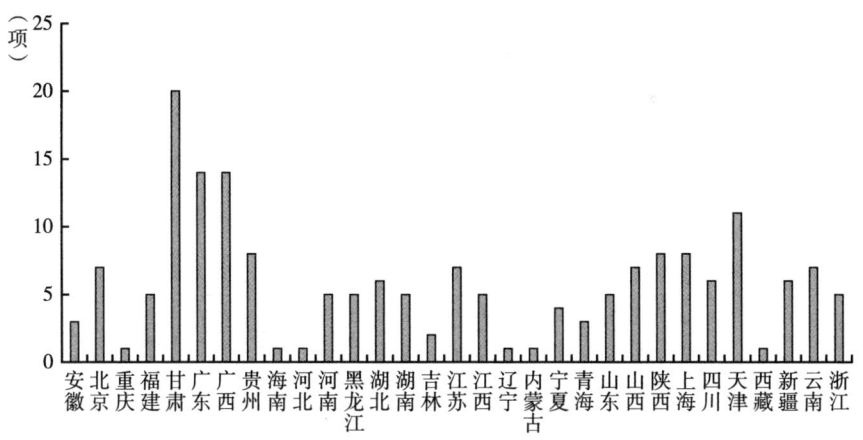

图21　截至2023年末全国市级绿色金融激励类专项指导文件数量

资料来源：中央财经大学绿色金融国际研究院整理。

2. 市级绿色金融有关标准

截至2023年末，共有16个省份的市级行政单位发布了绿色金融有关标准（见表5），比2022年增加了5个省份，其中浙江省下辖市发布绿色金融标准的数量最多。从发行数量来看，2023年新增的绿

091

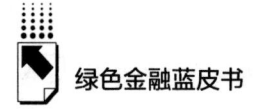

色标准共有23项。其中浙江省内共发布6项绿色标准，广东省内共发布5项（见表6）。从总体来看，我国绿色金融标准体系建设地区差异较大，呈现市级绿色金融发展水平仍不均衡的特点。

表5　截至2023年末全国已发布市级绿色金融有关标准的省份

单位：项

省份	数量
上海、广东、江苏、山东、浙江、江西、四川、福建、甘肃	49
河北、河南、湖北、广西	5
辽宁、新疆、西藏	5

资料来源：中央财经大学绿色金融国际研究院整理。

表6　2023年新增市级绿色金融有关标准

省份	绿色金融有关标准
上海	《静安区减污降碳协同增效实施方案》
	《嘉定区减污降碳协同增效实施方案》
广东	深圳《绿色低碳产业认定评价导则》
	深圳《金融机构绿色投融资环境效益信息披露指标要求》
	深圳《海洋碳汇核算指南》
	深圳《深圳市绿色投资评估指引》
	广州《广州市碳普惠自愿减排实施办法》
江苏	常州《常州市绿色建造评价标准》
	南通《南通市银行业金融机构绿色金融发展能力评估规范(试行)》
	宜兴《宜兴市绿色企业认定管理办法》
山东	青岛《青岛市绿色低碳高质量发展重点项目管理暂行办法》
河北	保定《保定市气候投融资项目指引目录》
河南	信阳《信阳市生态产品总值核算技术规范》
浙江	湖州《区域绿色低碳创新示范建设规范》
	湖州《生物多样性保护与可持续发展利用基地评价规范》
	湖州《特定地域单元生态产品价值评估技术规范》
	湖州《碳普惠　纯电动汽车出行碳减排量核证规范》
	衢州《银行机构生物多样性风险管理标准》
	丽水《生物多样性公众科普示范区建设与评价》

续表

省份	绿色金融有关标准
四川	内江《绿色建筑全装修技术标准》
辽宁	大连《绿色智慧建筑评价规程》
广西	柳州《柳州市气候投融资项目分类评价标准（试行）》
新疆	乌鲁木齐《绿色建筑室内环境污染物控制规范》

资料来源：中央财经大学绿色金融国际研究院整理。

从内容来看，各市级绿色金融有关标准覆盖范围较广。其中，重点关注了碳减排工作，共8项标准涉及低碳建设与碳减排核算有关内容。在新增的23项标准中，直接与绿色金融相关的共6项，覆盖了评估规范、信息披露要求与风险管理标准等方面，如河北保定和广西柳州两地发布了有关气候投融资的绿色标准；除此之外，浙江湖州、浙江衢州与浙江丽水发布了有关生物多样性保护的绿色标准，为金融带动生物多样性保护提供了项目识别、风险管理等方面的便利。

三　便利绿色金融市场主体的配套设施

（一）绿色金融信息共享机制的建立

绿色金融信息共享平台旨在提高绿色项目和资产的信息透明度，降低金融机构参与绿色金融活动的风险和成本，并鼓励更多资金流向环保和可持续发展领域。建设绿色金融信息共享平台，有助于充分利用企业环境信息的激励约束功能，帮助金融机构准确识别企业的环境友好水平，精准支持企业的绿色低碳发展。目前，浙江、江苏、上海、湖北、贵州等省份已经建立了绿色金融信息共享平台（见表7）。

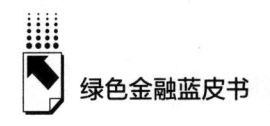

表7 目前各省份已有绿色金融信息共享平台情况统计

省份	平台名称	主要功能
江苏	江苏省绿色金融综合服务平台	提供绿色信贷、绿色保险、绿色债券等多种绿色金融产品的信息和服务
上海	上海绿色金融服务平台	平台提供绿色政策、标准、技术、服务机构等绿色信息服务,帮助企业和项目对接绿色资金,并设有信息披露平台
湖北	湖北绿色金融综合服务平台(鄂绿通)	平台旨在为有投融资需求的绿色项目主体提供全方位的创新型金融服务
贵州	贵阳贵安绿色金融服务平台	建设一个标准明晰、系统开放、信息可溯、数据累加、动态跟踪、投融结合的综合服务管理平台,从基础设施角度推进贵州绿色金融工作的发展
福建	福建省金融服务云平台	平台提供绿色金融支持、绿色工业专区、林业金融专区、碳金融专区等服务
四川	绿色金融综合服务平台(绿蓉融)	四川联合环境交易所研发了具有绿色企业(项目)申报、融资信息对接、金融产品宣传等基本功能的"绿蓉融"绿色金融综合服务平台,包括了"一平台、二系统、三入口、四支撑、五个数据库"
重庆	"长江绿融通"绿色金融大数据综合服务系统	提供绿色企业和绿色项目的资金对接服务,具有绿色项目智能识别、环境效益测算和碳核算等功能
山西	山西省绿色金融综合服务平台(绿晋通)	绿晋通致力于构建资金供需信息与资金融通服务平台,实现企业融资需求与金融机构资金供给的精准对接,为企业提供一站式、全方位的金融服务
辽宁	"辽绿通"绿色金融服务平台	提供绿色项目的入库审核、项目展示、金融产品、增信服务、政策咨询、招商引资、银企对接等综合服务,推动绿色企业申报入库并开展绿色企业评价认定
黑龙江	龙江绿金云服务平台	龙江绿金云平台利用"互联网+绿色融资主体+金融机构+第三方认证"的创新模式,以"绿色金融+大数据"的应用方式,提供从需求端到供给端的完整服务

续表

省份	平台名称	主要功能
浙江	湖州绿色金融综合服务平台	湖州市按照"统一数据底座、集成应用服务、多跨高效协同"的原则,构建了具有湖州特色的"数字绿金"体系,打造了"1+4+N"的数字绿金综合服务平台
广东	深圳市绿色金融公共服务平台	主要涵盖绿色融资主体库、环境信息披露、绿色投资评估、绿色金融统计、绿色金融咨询等服务
广西	南宁市绿色金融综合服务平台	主要涵盖金融超市、股权投资、绿色金融、信易贷和绿色供应链等服务

资料来源：中央财经大学绿色金融国际研究院整理。

以重庆为例，2023年7月，重庆市涪陵区建设绿色金融改革创新试验区，推进绿色数字基础设施建设，充分利用"长江绿融通"平台作用，以加强项目储备并实现动态收集项目清单，缓解信息不对称的问题。同时，依托平台建设，重庆还进一步健全了绿色金融统计监测与评估考核体系，为监管部门实施差异化监管与政策激励提供了依据。

专栏2 "长江绿融通"绿色金融大数据综合服务系统

"长江绿融通"绿色金融大数据综合服务系统（以下简称"长江绿融通"）是重庆绿色金融改革创新的信息共享中心、安全连接中心、业务创新中心和监测评估中心，并获国家金融科技认证中心认证。

（一）"三大"优势实现安全可控、持续迭代、开放共享

目前，长江绿融通系统已具备"三大"优势，助力绿色金融大数据服务。一是自主开发，保证安全可控。组建"业务+技术"研发团队，以自主研发架构为基础，掌握开发迭代主动权。二是模块化设计，实现持续迭代升级。划分独立功能模块，根据业务需要快速叠加

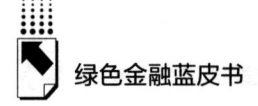

优化。三是开放共建共享。与多方技术合作开发，不断丰富应用场景。

（二）"五大"功能全面支撑试验区建设

已形成"五大"功能全面支撑试验区建设，初步成为推进试验区建设的信息共享中心、安全连接中心、业务创新中心和监测评估中心。一是绿色数据逐笔归集实现信息深度挖掘。二是人工智能运用实现绿色项目智能识别、环境效益测算和碳核算。三是绿色融资平台实现项目全流程跟踪对接。建立绿色项目库、气候投融资项目库、碳减排支持项目库等，推动市级部门、区县政府按标准持续推送各类绿色项目，实现"政银企"精准对接和监测反馈。四是政策信息管理实现货币政策工具精准投放。五是多元数据交互实现绿色金融相关信息全面共享和集成创新。

重庆将根据金融创新支持绿色低碳发展的应用场景变化和用户需求变化，持续开发完善"长江绿融通"，进一步发挥绿色金融信息共享中心、安全连接中心、业务创新中心和监测评估中心的功能作用。

（二）大型绿色金融配套建设

绿色金融的快速发展，提升了金融业的适应性、竞争力和普惠性，为应对气候变化和治理环境污染提供了有力资金支持和综合性金融服务，成为我国参与全球经济金融治理的重要领域和亮点之一。中央与地方政府均在积极打造绿色金融发展配套基础设施，旨在提升绿色金融市场的效率和透明度，促进绿色资金的有效配置，同时降低金融机构参与绿色金融活动的风险。绿色金融基础设施建设的不断加强，使绿色金融的实践活动获得了更强劲的支持，更好地引导了社会资金投入绿色项目，支持经济的可持续发展。

在市场交易和工具应用层面，完善产融对接是配套机制建设的重要方向，除上述提及的建设信息共享平台外，多地也在通过实施专项行动、打造实体平台、鼓励第三方市场发展等形式增进多方对话。例如，2023年2月，北京城市副中心建设国家绿色发展示范区国家级绿色交易所正式启动，绿色交易所作为北京发展绿色金融的关键平台，为北京致力于建设成为全球绿色金融和可持续金融中心提供保障；也为服务实体经济绿色低碳高质量发展提供实用的双碳管理公共平台。

四　推动绿色金融的能力建设活动

（一）绿色金融相关协会设立

我国绿色金融相关协会包括绿色金融专业委员会、绿色金融发展中心等，这些协会由政府、金融机构、学术界和非营利组织等组成，旨在助力政策和标准制定、增进市场对话等。

中国金融学会绿色金融专业委员会（以下简称"绿金委"）是我国的绿色金融专业性协会，以推动绿色金融发展、加强金融政策与产业政策的协调配合为目的，严格控制对高耗能高污染行业、环境违法企业的资金支持，引导各金融机构创新绿色金融产品和服务，加大对绿色产业、节能环保等领域的支持力度。

截至2023年9月，绿金委成员单位已达313家，包括国内各大银行、券商等金融机构，研究所和高校，相关协会及企业，比2022年新增29家成员单位。其中，理事会常务理事单位共40家，包括大型国有银行和证券基金等金融机构、研究机构与协会等；理事单位共255家，涵盖更加多元的类型，包括律师事务所、地方性银行及部分实体经济类企业。此外，还有包括世界银行、气候债券倡议组织等在

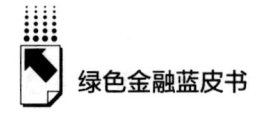

内的27家国际特邀单位。从成员单位注册地分布来看，常务理事单位与理事单位分布于全国各省份。

从地方绿色金融相关协会设立情况来看，截至2023年12月底，全国已有18个省份共设立了23个省级的绿色金融相关协会；综合来看，绿色金融改革创新试验区中相关组织的数量明显优于其他地区。

（二）绿色金融研究能力建设

绿色金融相关研究机构的建立与发展，在一定程度上可以体现相关区域对绿色金融、碳中和、低碳等相关问题的重视程度，同时也反映了地方市场的绿色金融认知和当地绿色金融发展的活跃程度。截至2023年12月，全国31个省份均设置了1个及以上的绿色金融相关研究机构，总数量为215个，与2022年相比增加了19个，同比增加了9.69%，其中北京和上海的绿色金融研究机构发展最快（见图22）。

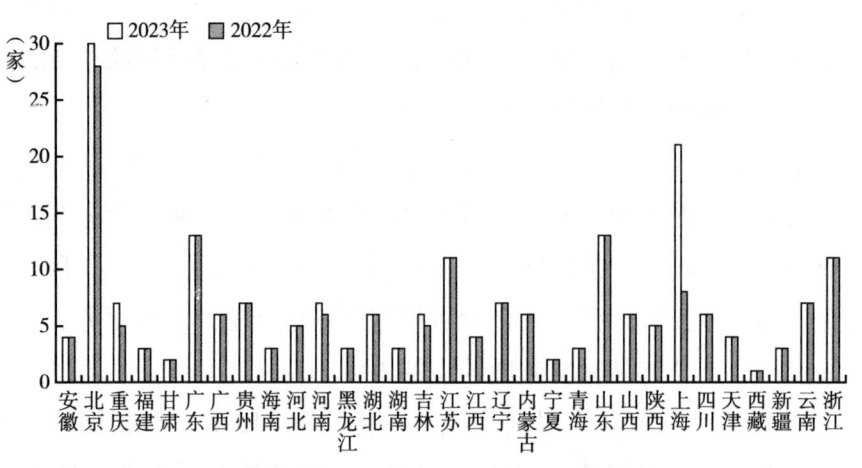

图22 2022~2023年全国31个省份既有绿色金融相关研究机构数量

资料来源：中央财经大学绿色金融国际研究院整理。

根据地理区位分析，依托地方科研实力和经济实力，研究机构集聚效应在京津冀、长三角、粤港澳等经济集聚地区表现显著。例如，依托于地方知名高校实力和行业协会聚集，2023年北京继续在能源研究和数字碳中和转型方向持续发力，区域内研究机构专注于绿色金融和气候金融等多个领域的研究。长三角地区以上海、浙江和江苏为核心，凭借其经济实力和活跃的金融市场，吸引了众多金融机构或研究中心设立绿色金融研究机构或分支机构。绿色金融研究机构的集聚有助于政策制定和执行机制的完善，吸纳不同领域的专业人才，建立政府、企业、机构之间的沟通平台，从而更好地推动绿色金融政策的制定和执行。

（三）绿色金融培训活动开展

绿色金融培训活动包括专题讲座、绿色金融主题研讨会以及相关专业培训，由政府、金融机构以及市场主体主办。绿色金融培训活动能够有效促进绿色金融基础知识的普及与成果的推广应用，有利于深化地方政府、金融机构、企业对绿色发展理念和绿色金融政策的理解，强化金融机构与企业的绿色发展意识，促进行业交流与信息共享。

我国各地绿色金融培训活动开展力度差距较大，其中，北京、湖南、上海、浙江等地相关活动开展较多。2023年全国共开展绿色金融公开学术与培训活动167场（见图23）。

从政府主导开展的活动内容来看，2023年全国共举办39场，相关主题的学术研究活动主要围绕"绿色"与"转型"进行，如2023年9月25日湖南长沙举办"践行绿色金融 助力转型发展"绿色金融专场活动；2023年11月28日至29日在广东深圳举办《深圳经济特区绿色金融条例》颁布三周年暨绿色金融2023年度论坛。除了绿色金融主题之外，转型金融也是交流的重点方向；2023年9月5日在山东滨州举办转型金融研讨会，旨在拓宽融资渠道创新融资方式，满足企业多样化转型金融需求。

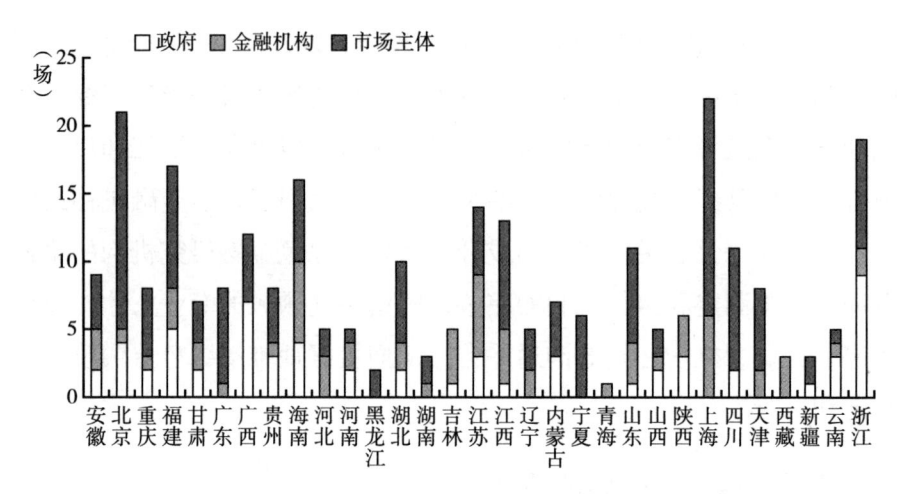

图23　2023年31个省份开展绿色金融培训活动的数量

资料来源：中央财经大学绿色金融国际研究院整理。

从金融机构主导开展的培训活动统计数据来看，服务地方产业成为重要方向。例如，2023年6月9日，中国工商银行湖南省分行在湖南省永州市开展"金融支持永州地方经济社会发展之绿色低碳"专题讲座；2023年8月8日，兴业银行在浙江杭州举办"绿色金融万里行—新能源产业绿色金融杭州峰会"。

从市场主体组织的培训活动来看，有研讨、评比、讲座等多样化的形式，主题更加丰富。例如，上海于2023年12月10日举办2023绿色金融北外滩论坛，以"践行绿色低碳发展理念，打造国际绿色金融枢纽"为主题，探讨中国绿色金融体系的建设与完善，推动上海国际绿色金融枢纽建设和服务能级提升；北京新京报零碳研究院举办以"中国式现代化的绿水青山之路"为主题的生态日研讨会。

B.4
地方绿色金融市场效果评价报告*

金子曦 傅奕蕾 周洲**

摘　要： 在政策的引导和推动下，地方绿色金融市场也在加快发展，同时基于实践的不断深化，在涉及领域、亮点工作等方面呈现新的特征。总体来看，经济发展基础较好、金融生态优势突出的地方，绿色金融市场的活力和多样性发展也更强和更快，如京津冀、长三角等地区的绿色信贷规模以及市场主体在发行绿色债券方面的表现均更为突出；浙江、广东、贵州、甘肃、新疆、重庆等地在绿色保险产品创新方面表现出高度的积极性，其他地区整体活跃度与去年相比有所提升；在环境权益市场中，部分地区开展了碳资产抵质押融资和碳债券的相关探索，但用能权交易方面的创新较少，仅有浙江和山东在用能权指标质押贷款方面做出了创新，广东和宁夏则在水权质押贷款的创新方面进行了积极尝试。在市场新兴举措方面，以长三角与珠三角经济圈为中心的沿海一带企业在企业社会责任报告、ESG披露报告方面也更为领先。同时，许多地区更加注重国际合作，地方绿色金融市场总体保持前进向好的势头。

---

* 本书如无特殊说明，数据均来源于中央财经大学绿色金融国际研究院所建设的地方绿色金融数据库。本报告的评价方法详见本书技术报告部分。本报告所有数据收集时间均截至2023年12月31日。未特别标明收集起止时间的数据即为对既往存量数据均做收集，特别标明起止时间的数据则以标注为主。

** 金子曦，中央财经大学绿色金融国际研究院研究员，研究方向为产业经济、碳金融、绿色产业；傅奕蕾，中央财经大学绿色金融国际研究院研究员，研究方向为绿色产业、绿色金融工具、转型金融；周洲，中央财经大学绿色金融国际研究院研究员，研究方向为绿色保险标准、绿色金融产品创新、转型金融、绿色保险、ESG等。

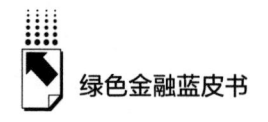

关键词： 绿色金融市场　绿色信贷　绿色证券　环境权益

一　地方绿色信贷进展分析

（一）各地绿色信贷市场规模

从全国层面来看，截至2023年，我国绿色贷款余额达30.08万亿元，同比增长36.5%，比2022年低2个百分点（见图1），高于各项贷款增速26.4个百分点，全年增加8.05万亿元，突破30万亿元，绿色贷款余额占各项贷款余额比例达12.7%。近年来，绿色贷款余额及其占各项贷款余额比例均稳步增长。

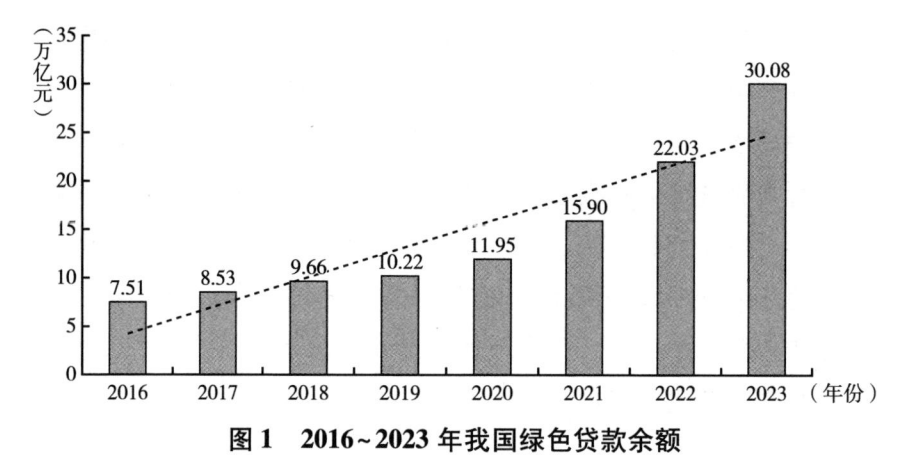

图1　2016~2023年我国绿色贷款余额

资料来源：中央财经大学绿色金融国际研究院，余同。

从地方层面来看，规模上与2022年一致，2023年绿色贷款余额超过3万亿元的仍然是江苏、浙江、广东三个省份；此外，北京、山东、上海、湖北、四川超过了1万亿元，绿色贷款规模位于1万亿~3万亿元的省份数量比2022年增加了2个，湖北和四川的绿色贷款余额首次突破1万亿元（见图2）。

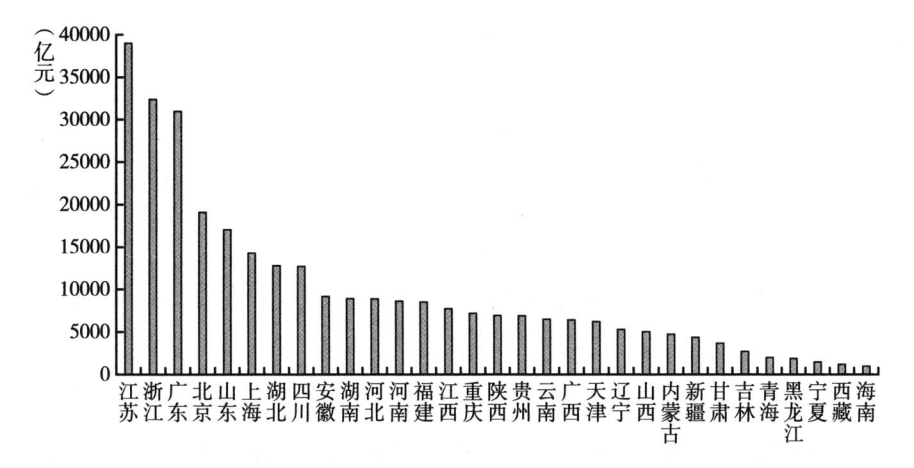

图 2　2023 年我国各地绿色贷款余额

注：数据根据公开资料整理，受数据可得性因素影响，图中四川、湖南、新疆三省份的绿色贷款余额为截至 2023 年第三季度数据，天津的绿色贷款余额为截至 2023 年第二季度数据，其余各地绿色贷款余额均为截至 2023 年末数据。

在增速方面，绝大多数省份的绿色贷款维持在 30%左右的增速，发展趋势向好。江苏在规模及增速上均表现较优，2023 年绿色贷款余额为 3.9 万亿元，成为全国绿色贷款余额最多的省份，也以 42%的增速水平位居全国前列。

（二）地方法人银行绿色金融进展

部分地方性银行绿色金融发展迅速。本报告结合不同省份各个地方法人银行发展情况及绿色金融信息披露情况进行综合筛选，每个省份筛选出了一家具有发展领先性和规模代表性的地方法人银行作为代表，进行区域间绿色金融进展的比较。从各省份代表性地方法人银行的信息披露情况来看，2023 年除了内蒙古和宁夏两省份之外，其余各省份代表性地方法人银行均在年报、社会责任报告或其他公开渠道披露了当年绿色贷款余额等相关情况。

从总量来看，各省份的绿色金融发展之间具有一定差距，北上广及长三角地区的代表性地方法人银行绿色金融进展较快，代表性地方法人银行绿色贷款余额均超过500亿元，其中江苏、北京、上海三省份的代表性地方法人银行绿色贷款余额超过1000亿元；而青海、福建、黑龙江、海南、西藏等省份的绿色金融发展规模相对较小，绿色贷款余额不足100亿元。在机构间进行比较，与平安银行、广发银行、华夏银行等绿色贷款余额处于1000亿~3000亿元的股份制银行相比，江苏、北京、上海等省份的代表性地方法人银行之间的绿色金融发展水平已较为趋近，但是与中国银行、中国工商银行、中国农业银行等国有银行相比，由于机构性质不同带来的资金管理规模、业务范畴等差异，不同性质银行的绿色金融发展水平间仍有显著差异，国有银行绿色贷款余额平均达3万亿元。

从占比来看，与我国2023年末绿色贷款余额占各项贷款余额12.7%的平均比例相比，仅江苏、广东、河北、山西、湖北等省份的所选代表性地方法人银行绿色贷款占本行贷款余额比例超过了该平均水平，超70%省份的代表性法人银行绿色贷款余额占比不足10%，近30%省份的绿色贷款余额占比不足5%，而股份制银行，特别是国有银行的绿色贷款余额占比水平则相对更高。值得注意的是，河北唐山银行、山西晋商银行的绿色贷款余额占本行贷款余额的比例较高，均在25%左右，超过兴业银行（14.86%）、中国银行（15.63%）、中国建设银行（16.81%）、中国农业银行（17.95%）、中国工商银行（20.70%）等股份制银行和国有银行，地方产业结构绿色转型和绿色发展是地方法人银行打造特色绿色金融运营机构、积极贯彻落实绿色产业项目融资的潜在原因。

从增速来看，所选代表性地方法人银行绿色贷款平均增速可观，达到45.46%，高于股份制银行和国有银行30%~40%的可比增速。这主要是由于部分代表性地方法人银行绿色金融发展起步较晚，绿色产业项目增量空间较大；此外，随着乡村振兴、美丽乡村构建步伐加快，地方层面在雨污分流、农村土地综合治理、人居环境改善等方面仍具有较大的绿色融资需求，代表性地方法人银行逐渐成为绿色贷款的重要发行主体之一。2023年，上海、安徽、四川、天津、吉林、福建、西藏的代表性地方法人银行绿色贷款余额同比增速均超过50.00%，西藏银行由于处于绿色金融的布局初期，绿色贷款余额较少，绿色业务拓展空间及潜力较大，绿色贷款同比增速达到358.21%（见表1）。

表1 各省份代表性地方法人银行2023年绿色贷款情况

单位：亿元，%

省份	代表性地方法人银行	绿色贷款余额	绿色贷款余额占本行贷款余额比例	同比增速
江苏	江苏银行	2870.00	16.42	42.50
北京	北京银行	1560.00	7.76	41.47
上海	上海银行	1030.00	7.48	58.12
安徽	徽商银行	824.04	9.43	50.99
浙江	杭州银行	682.00	8.45	26.22
广东	广州银行	620.00	13.33	8.36
湖南	长沙银行	429.30	8.79	31.60
河北	唐山银行	414.84	26.59	—
四川	成都银行	405.08	6.75	53.90
山西	晋商银行	378.00	24.85	9.50
重庆	重庆银行	361.00	9.25	30.56
广西	桂林银行	345.60	11.75	28.46
湖北	湖北银行	340.25	13.04	27.56
河南	中原银行	336.91	4.72	24.17
贵州	贵阳银行	313.41	9.67	11.08
江西	江西银行	311.96	10.50	37.46
山东	青岛银行	261.35	6.83	24.90
天津	天津银行	243.50	6.60	51.25
云南	富滇银行	210.26	9.86	—

续表

省份	代表性地方法人银行	绿色贷款余额	绿色贷款余额占本行贷款余额比例	同比增速
吉林	吉林银行	196.22	4.61	73.05
新疆	昆仑银行	149.37	6.80	0.55
陕西	长安银行	142.71	4.84	35.00
甘肃	兰州银行	127.66	5.92	35.30
辽宁	大连银行	123.00	4.74	44.00
青海	青海银行	73.15	10.16	—
福建	厦门银行	71.11	3.39	72.14
黑龙江	哈尔滨银行	31.00	0.96	0.35
海南	海南银行	23.20	4.00	2.25
西藏	西藏银行	9.60	3.92	358.21
内蒙古	蒙商银行	—	—	—
宁夏	宁夏银行	—	—	—

注：绿色贷款余额及同比增速数据由各行报告直接披露。绿色贷款余额占本行贷款余额比例由绿色贷款余额除以各行客户贷款及垫款总额计算所得，其中各行客户贷款及垫款总额均未加应计利息及未减贷款减值准备。

资料来源：各银行2023年度报告、可持续发展报告或社会责任报告。

（三）地方绿色专营机构部署情况

地方绿色专营机构部署进一步扩大。对国家金融监督管理总局的备案机构进行搜集，发现当前浙江、四川、甘肃、广东、北京、湖北、河南、河北、湖南、青海、西藏等省份均已开设绿色、气候、双碳专营银行分支机构。

浙江的金融机构积极尝试特色分支行建设，在规模及领域方面已有一定程度的扩大和较为广泛的探索，截至2022年末，浙江省各地市累计已建立绿色专营机构（包含非挂牌但已投入运营的机构）共148家，包含绿色银行专营机构142家和绿色保险专营机构6家，总量居全国首位，2023年特色分支行建设的工作持续推进。例如，中国工商银行丽水分行、华夏银行湖州分行等多家银行聚焦气候投融资等加快特色分支行建设试点，打造绿色标杆行。在气候投融资试点领域，中国工商银行围绕《关于浙江银行业保险业支持丽水气候投融资试点建设的指导意见》，积极支持丽水分行打造气候投融资试点分行。华夏银行推进绿色机构建设，坚持"总行中心推动、分行边缘革命"的要求，进一步深化区域绿色金融品牌建设，2023年7月湖州分行被湖州原银保监纳入湖州市第二批"碳中和"银行建设试点机构。2023年6月浦发银行杭州分行成立浦发系统首家国际、国内双认证的"零碳"银行网点湖州安吉支行；2023年7月中信银行湖州分行挂牌"绿色金融示范行"，专门设置绿色金融部，安吉支行更名为湖州安吉绿色支行，德清支行申报建设系统内首家碳中和网点。中国农业银行浙江省分行持续完善绿色金融"1+2+10+N"服务体系，其中已建成绿色示范支行60家，2023年新增15家；绿色特色支行56家，2023年新增15家；湖州、衢州绿色专营支行绿色信贷占比分别达到92%、54%，绿色示范支行平均绿色信贷占比33%，绿色特色支行平均绿色信贷占比42%，远高于全行平均水平。

此外，2023年，广东、山东、重庆、北京等省份也积极推动绿色金融机构设置，将鼓励设立绿色金融特色机构等纳入政策指引。《2023年广东金融支持实体经济高质量发展行动方案》指出要推动法人金融机构加快绿色转型，实施"零碳"（低碳）机构网点建设，鼓励有条件的法人金融机构组建绿色金融专业部门、建设特色分支机构。《银行业保险业贯彻落实〈国务院关于支持山东深化新旧动能转换推动绿色低碳高质量发展的意见〉实施意见》也鼓励有条件的银行机构设立绿色金融事业部、特色分支机构，旨在从战略高度推进绿色金融。同时，《重庆市建设绿色金融改革创新试验区实施细则》鼓励银行、证券、保险、金融租赁等全国性金融机构进一步完善试验区内分支机构的绿色金融服务功能，鼓励银行保险机构建立绿色

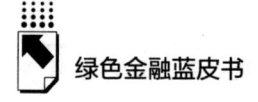

金融专业条线或部门、设立绿色特色分支机构。此外，北京市通州区人民政府在《关于印发北京地区银行业保险业绿色金融体制机制建设指引（试行）的通知》中通过具体的激励举措，进一步引导绿色金融特色机构的落地，如给予新设立或新迁入机构一次性开办筹备支持等。

二 地方绿色证券进展分析

（一）绿色证券

在2023年评价周期内，全国共有27个省份参与绿色债券市场，在2022年评价周期内未发行绿色债券的青海、宁夏在今年均有绿色债券发行案例。由于2023年中国境内绿色债券发行规模与上一年度绿色债券市场增速相比有所放缓，部分地方绿色债券发行规模也有所减小。

从绿色债券发行规模来看，总量占优的省份为北京、上海、福建。相较于上一评价周期，北京绿色债券发行规模仍居于全国首位，但发行规模略有减小。上海、福建、山东的绿债发行规模增长显著，而广东作为上一评价周期绿债发行规模第二的省份，2023年发行规模有明显减小（见图3）。从2023年评价周期内各省份绿色债券发行规模来看，京津冀、东部沿海等经济发达地区的省份绿色债券发行规模普遍较大。

从发行数量来看，在2023年评价周期内，全国各省份共发行普通绿色债券（贴标绿债，不含资产ABS）332只，与全国绿色债券发行数量相比有明显减少。发行数量占优的省份为江苏、北京、上海、广东、云南，其中江苏共发行49只，与上一评价周期相比有所增加，而北京、广东的发行数量则较上一评价周期有明显下滑，这5个省份的绿色债券发行总量占据了全国超一半的新发行绿色债券数量。此

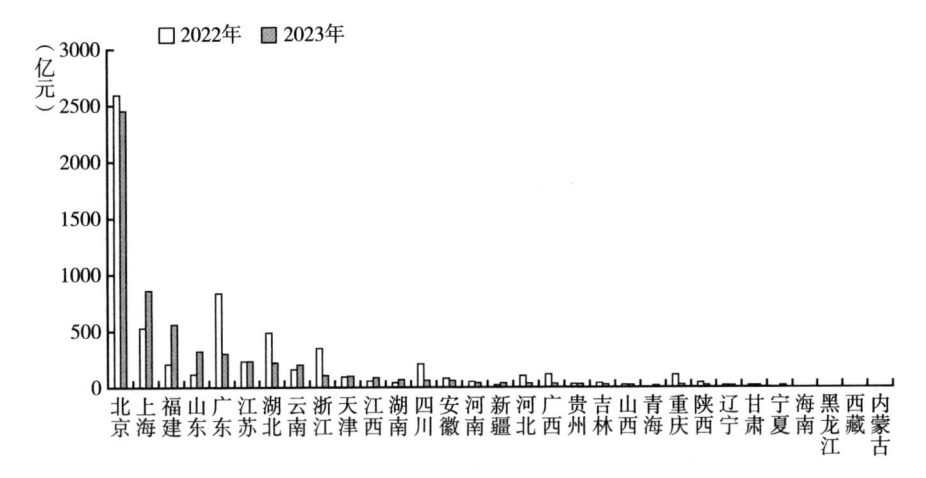

图3　2022年和2023年评价周期内全国31个省份绿色债券发行规模（不含ABS）

资料来源：中央财经大学绿色金融国际研究院。

外，福建、浙江、四川、重庆等省份绿色债券发行数量均有显著下降（见图4）。

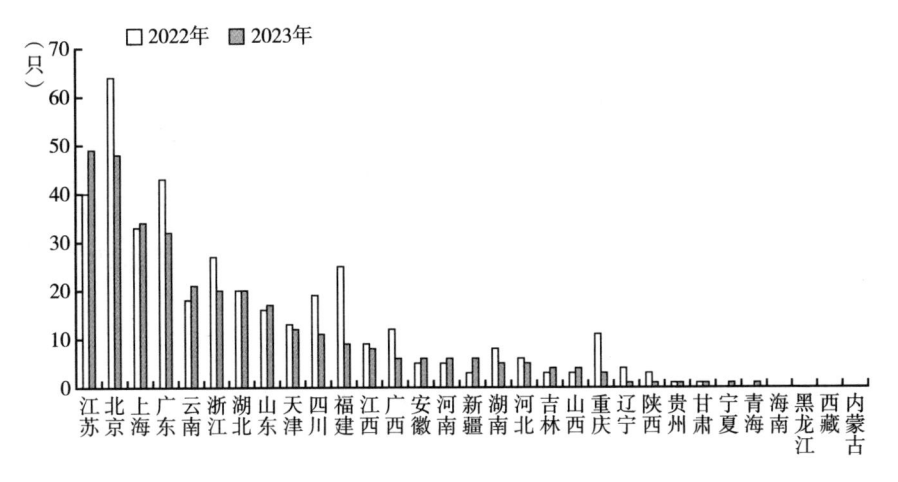

图4　2022年和2023年评价周期内全国31个省份绿色债券发行数量（不含ABS）

资料来源：中央财经大学绿色金融国际研究院。

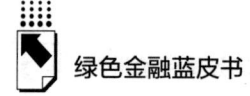

在2023年评价周期内，全国共有220家企业通过绿色债券解决自身在绿色发展过程中面临的融资问题。与上一评价周期相同，江苏、北京、广东是绿色债券发行机构数量最多的三个省份，且与上一评价周期相比数量均有上升。另外，浙江和山东分别有18家和14家企业在2023年发行过绿色债券，但浙江的绿色债券发行机构数量与上一评价周期相比有所减少。这5个省份的绿色债券发行机构占全国总数的超一半。值得注意的是，湖北的绿色债券发行机构数量与上一评价周期相比有显著增长（见图5）。从绿色债券市场普及情况来看，绿色债券市场参与者的多样性有待进一步提高，这将对市场健康、稳定扩张起到积极作用。

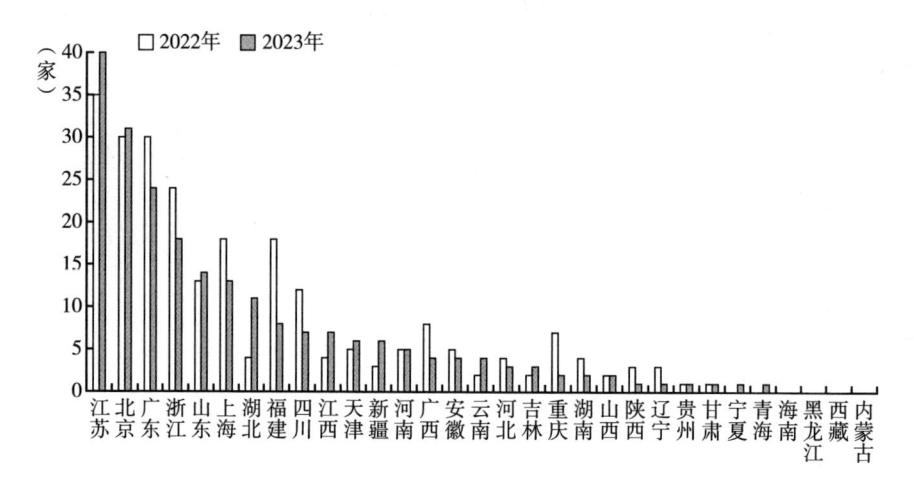

图5 2022年和2023年评价周期内全国31个省份发行绿色债券的机构数量

资料来源：中央财经大学绿色金融国际研究院。

与普通绿色债券相比，绿色资产支持证券（ABS）的产品结构更为灵活且发行要求更为宽松，是企业获取绿色融资的另一条重要渠道。2016年，我国首单绿色资产证券化产品成功落地。此后，我国绿色ABS市场呈现强劲的扩张势头。在2023年评价周期内，我国共有来自14个省份的企业发行了142单绿色ABS产品，与上一评价周期相比，绿色ABS产品发行数量增长明显，但在上一评价周期内有绿色ABS产品发行案例的贵州、江西等省份在2023年并未发行绿色ABS产品，而在上一周期内未发行绿色ABS产品的重庆、青海等省份在2023年新增发行绿色ABS产品。绿色ABS产品发行数量最多的5个省份分别为上海、广东、北京、天津、江苏，除了北京之外，其余4个省份的绿色ABS发行产品数量均有显著增加（见图6）。

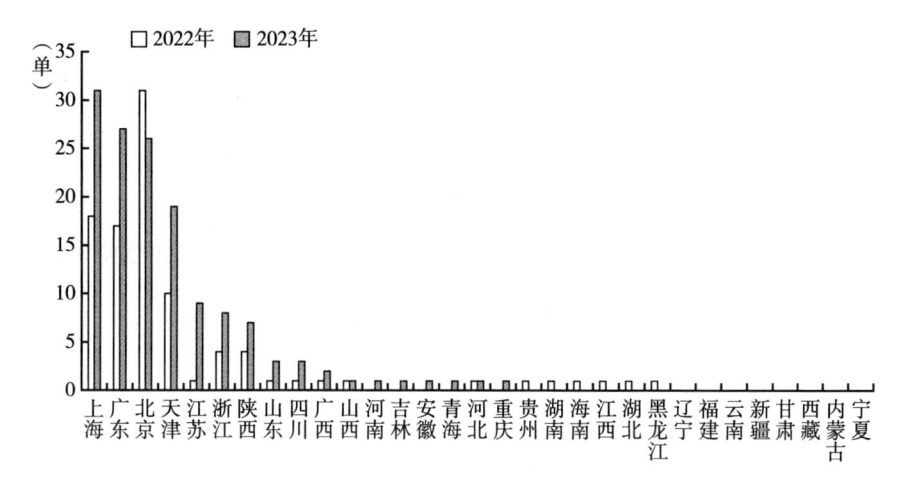

图6 2022年和2023年评价周期内全国31个省份绿色ABS发行数量

资料来源：中央财经大学绿色金融国际研究院。

为进一步推动我国经济社会低碳化转型，自2021年以来，中国银行间市场交易商协会和上海证券交易所陆续推出"可持续发展挂钩债券""低碳转型公司债券""低碳转型挂钩公司债券""转型债券"等四种转型类债券。绿色债券的资金受限于绿色经济活动，而转型类债券的募集资金可以被应用于高碳、高排放转型的场景，更契合企业的低碳转型需求。在2023年评价周期内，全国共有14个省份合计发行了42只转型类债券，募集资金规模约

341.02亿元，其中山东发行数量最多，上海发行规模最大（见图7、图8）；浙江、青海等省份尽管有转型类债券发行案例，但数量不多，债券品种有限。转型类债券能有效缓解高碳、高排放企业

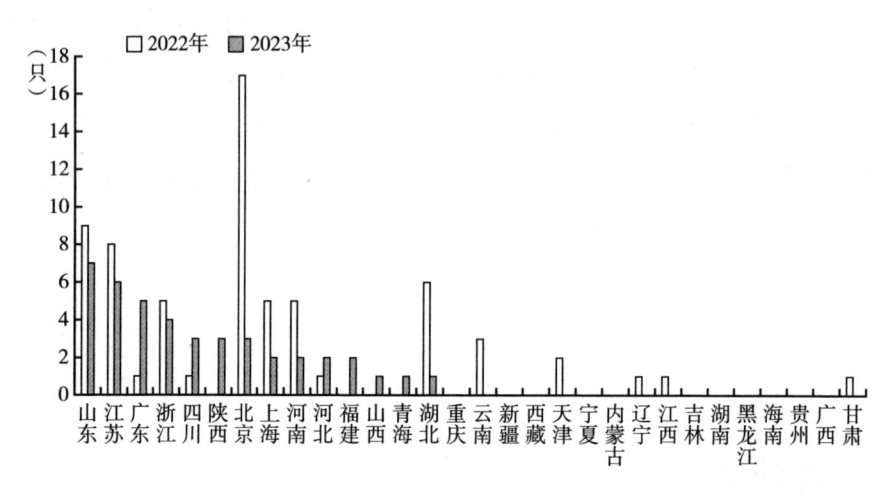

图7　2022年和2023年评价周期内全国31个省份发行转型类债券数量

资料来源：中央财经大学绿色金融国际研究院。

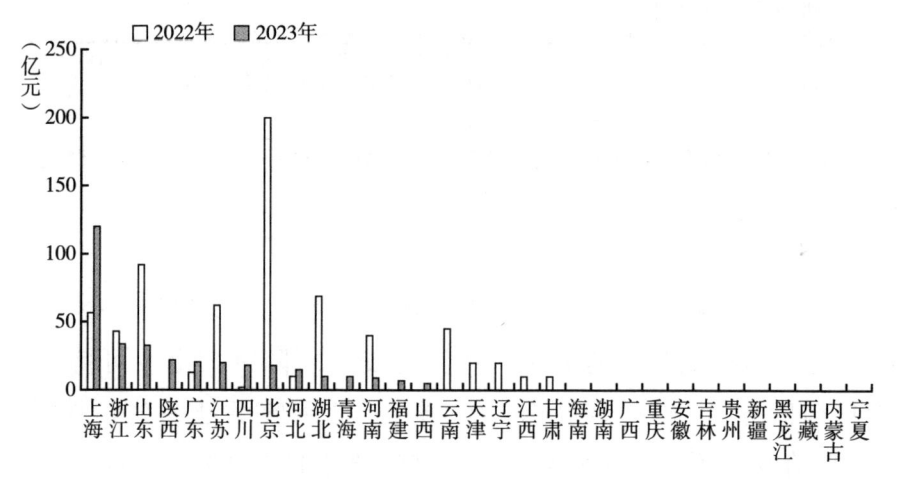

图8　2022年和2023年评价周期内全国31个省份发行转型类债券规模

资料来源：中央财经大学绿色金融国际研究院。

低碳转型过程中的融资难题，对推动"双碳"目标的达成有重要意义。

(二)绿色股票

由于我国尚未对绿色股票形成明确的定义和标准，并且考虑到绿色产业覆盖范围较广且绿色相关上市企业较多，本报告在保证科学性的基础上，综合考虑数据可获得性、延续性与可对比性，对2023年度绿色上市企业及其绿色股票的样本筛选方法进行调整。由原先参考中国环境保护产业协会、中央财经大学绿色经济与区域转型研究中心发布的《A股环保上市企业景气报告》中的方法学，调整为依据国家统计局发布的《战略性新兴产业分类(2018)》，选取新能源产业与节能环保产业两大领域的上市企业作为研究样本。

在绿色股票数量情况方面，与2022年相比，2023年新上市的节能环保和新能源产业公司的总数有所下降，从53家减少到39家，主要是受到2023年IPO监管收紧影响。其中，浙江、江苏和广东分别上市10家、8家和7家节能环保和新能源产业公司。浙江于2023年有10家新上市公司，比2022年增加了1家，在节能环保和新能源领域保持着较强的吸引力和发展势头。江苏于2023年有8家新上市公司，比2022年减少了5家，尽管数量有所减少，但仍然是该领域的重要参与者之一。广东于2023年有7家新上市公司，比2022年增加了3家，在节能环保和新能源产业方面的活跃度有所提升（见表2）。可以发现，新上市节能环保和新能源产业公司目前仍较多集中在长三角、珠三角两大经济发达、产业密集的地区。

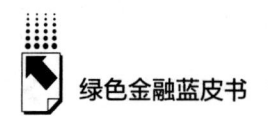

表2　新上市节能环保和新能源产业公司数量情况

单位：家

2023年	新上市节能环保和新能源产业公司数量	2022年	新上市节能环保和新能源产业公司数量
浙江	10	江苏	13
江苏	8	浙江	9
广东	7	上海	6
陕西	2	北京	6
北京	2	广东	4
辽宁	2	湖南	3
湖南	1	山东	2
上海	1	天津	1
河南	1	陕西	1
福建	1	河北	1
新疆	1	安徽	1
宁夏	1	福建	1
安徽	1	甘肃	1
山东	1	新疆	1
总计	39	江西	1
		黑龙江	1
		河南	1
		总计	53

在ESG指数方面，根据中央财经大学绿色金融国际研究院ESG数据库，2023年北京、上海由于金融基础扎实、政策支持度高，绿色金融发展态势良好，资源集聚的同时带动周边地区进一步发展。青海、海南得益于自身环境优势，同时依靠绿色金融政策，注重企业经营的可持续性发展，ESG表现良好。山西、内蒙古和宁夏则由于处在能源聚集区域，传统产业占比较大，ESG表现尚待提升（见图9）。

在发布ESG信息披露报告方面，受到上市企业基数较小的影响，海南、云南、青海等地发布ESG信息披露的企业占比较高。其中海南已发布ESG信息披露报告的上市企业占本地上市企业67.86%，位居

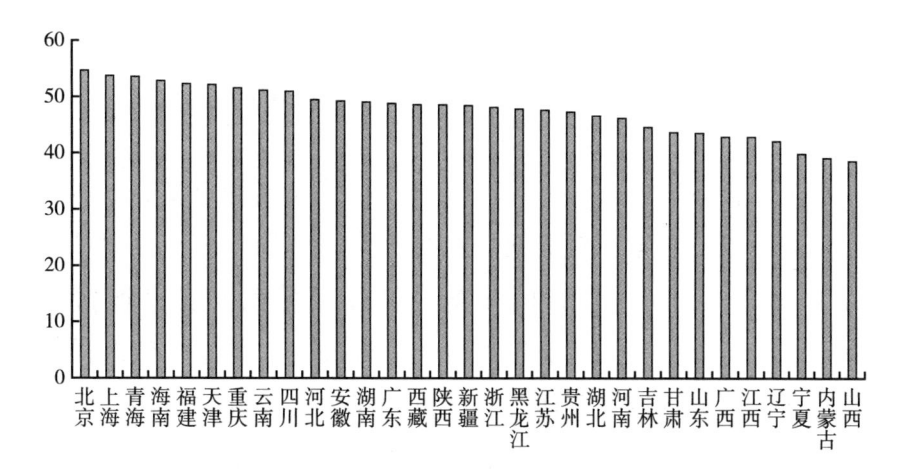

图9 2023年全国31个省份的ESG指数

资料来源：中央财经大学绿色金融国际研究院ESG数据库。

前列，云南和青海分别占比60.98%及60.00%。多数省份的占比集中在30%~50%（见图10）。而上市企业较为活跃的部分省份，如广东、浙江、江苏等，其ESG信息披露相对滞后，这也在一定程度上说明各省份上市企业对ESG的重视程度仍存在显著差距。

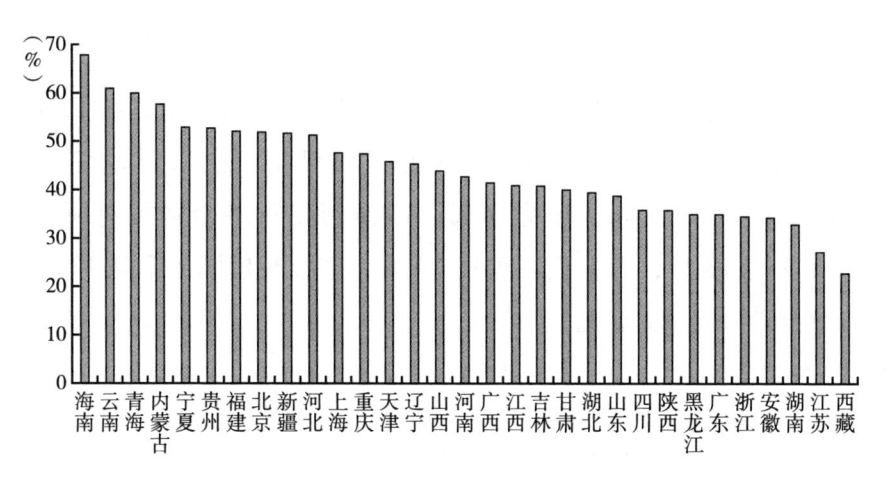

图10 2023年全国31个省份发布ESG信息披露报告企业的占比情况

资料来源：中央财经大学绿色金融国际研究院。

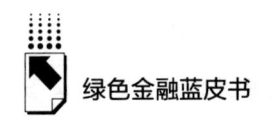

三 地方绿色基金进展分析

从全国整体表现来看，2023年机构持续布局绿色基金，但新增数量和规模较前两年相对放缓。在基金公司布局方面，根据基金业协会于2023年11月发布的《基金管理人绿色投资自评估报告（2023年）》，公募基金在制度建设上全面发力，超过半数的样本机构建立了全面的绿色投资研究、评价和风险监控处置机制，而私募证券投资基金管理人更多对开展绿色投资研究或聚焦新能源等特定绿色产业进行投资，对机制建设的投入相对较少。在绿色证券投资基金[①]方面，根据WIND数据，2023年，WIND绿色相关概念主题基金数量为292只，截至2023年末规模1037.15亿元。从投资类型来看，混合型基金发行数量最多，累计规模最大，共计发行207只，2023年末规模合计901.20亿元；其次是股票型基金，共发行85只，规模合计135.96亿元。绿色基金募集资金金额流向包括绿色节能照明、新能源、建筑节能、环保等绿色领域。此外，受宏观经济趋缓、股票估值下跌、ESG监管趋严等影响，中国2023年ESG基金发行有所放缓。根据WIND数据，2023年共计有38只纯ESG主题基金存续，其中新增8只，总计规模为117.3亿元，基金总数同比增长26.67%（2022年为30只）；但新发行基金数量有所下滑（2022年为13只，含2只清盘）；并且，基金规模同比下降13.00%（2022年为134.82亿元）。

---

① 绿色证券投资基金统计主要包含：WIND碳中和概念主题基金、WIND环保概念主题基金、WIND新能源概念主题基金、WIND风力发电概念主题基金、WIND地热能概念主题基金、WIND垃圾发电概念主题基金、WIND建筑节能概念主题基金、WIND绿色节能照明概念主题基金。重复归类的概念主题基金在发行数量与规模统计上仅记为一项。

地方产业基金稳步发展。面对城市转型和产业升级的迫切性，全国各省份持续加大绿色产业基金发行力度，四川、陕西、内蒙古等省份结合自身发展特点，成立绿色产业基金以支持清洁能源、低碳技术、生态保护等领域发展。例如，攀枝花市于2023年3月成立绿色低碳产业发展股权投资基金中心，产业基金募集规模30亿元，存续期8年，首期募集5亿元。基金重点投资绿色低碳产业，包括钒钛资源综合利用、新能源、新材料、现代制造、现代农业、文化旅游等产业，支持产业链条整合和完善，重大技术成果转化，旨在推动攀枝花绿色低碳产业发展。2023年9月，陕西省政府引导基金、榆林市政府引导基金、前海京兰（深圳）投资公司、中国能源建设集团陕西省电力公司和府谷县国有资产公司共同发起设立陕西绿色能源基金，基金规模为10.7亿元。基金重点投资氢能、智能制造、负碳排放等相关领域，旨在构建陕西省清洁低碳、安全高效的能源体系，加快能源企业绿色转型。

与2022年相比，2023年全国各省份的地方绿色私募基金[①]发展更为均衡。根据中国证券投资基金业协会数据，2023年累计新增绿色私募基金77只，比2022年减少17.20%。从地理区间划分来看，新增绿色私募基金整体呈现华东地区优势明显更为领先、西部及东北地区发展相对较缓的情形，但整体与2022年相比发展更为均衡。在2023年评价周期内，以江苏、山东为代表的华东地区新增绿色私募基金达25只以上；天津、北京等华北地区也稳步发展。从绿色私募基金管理人所在地分布来看，江苏维持领先优势，2023年累计新增绿色私募基金12只，占2023年新增总量的15.58%（见图11）。山

---

① 出于对数据可获得性等因素的考量，本部分绿色基金仅重点分析各省域绿色私募基金的发展情况，通过在中国证券投资基金业协会搜集2023年评价周期内"绿色""环境""低碳""环保"等关键词总相关基金数量，反映地区市场主体设立私募基金支持绿色发展的活跃度。

东、四川分别以11只和7只新增绿色私募基金位居其后，其中四川在2023年积极构建绿色金融体系并推动政策支持试点创新，与2022年相比，新发行基金数量增量显著。值得关注的是，2023年，天津、北京、上海、重庆四个直辖市的绿色私募基金数量增速持续放缓，其中重庆2023年无新增。

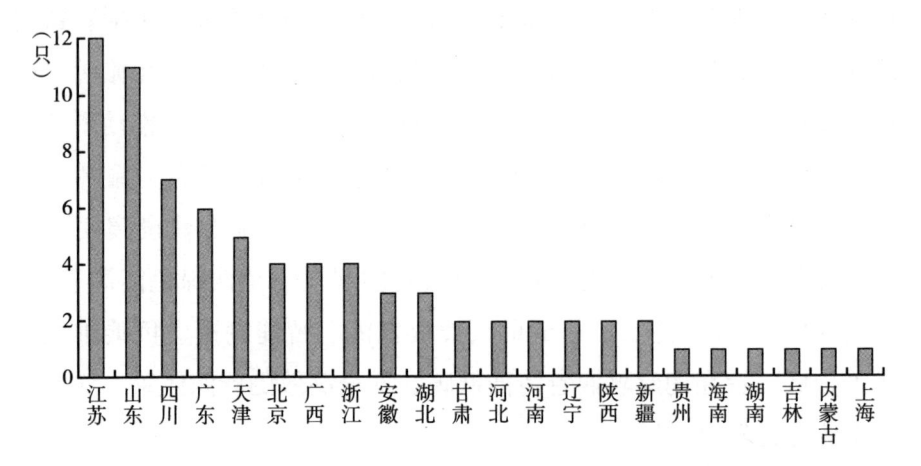

图11　2023年评价周期内全国31个省份累计新增绿色私募基金数量

资料来源：中国证券投资基金业协会，中央财经大学绿色金融国际研究院整理。

四　地方绿色保险进展分析

（一）绿色保险产品发展与应用

自2023年以来，我国绿色保险领域发展提速。保险机构从战略高度推进绿色保险，将ESG理念融入管理与服务、投资与运营，助力实体经济绿色转型。绿色保险产品规模持续增长，在丰富产品种类与创新服务类型方面进行积极探索。根据中国保险行业协会数据，2023年，绿色保险业务保费收入2298亿元，占行业保费的4.5%，共计提供保险保障709万亿元。在产品创新方面，行业头部机构不断丰富绿色保险谱系，拓宽承保覆盖面。

根据自身经济结构和环境基础，2023年湖南、上海、四川、山东、宁夏等省份纷纷出台地方政策，细化落实具有区域特色的环责险（见表3）。湖南、上海等省份从"环责险"迈向"环强险"试点创新，其中湖南在永州市、蓝山县、衡阳县等区域明确环强险投保名单，上海市浦东新区则是规定了强制投保环责险的企业，包括收集、贮存、运输、利用、处置危险废物的单位，以及从事涉及重金属、危险废物、有毒有害物质等环境高风险企业。

巨灾保险因地制宜创新发展。由于全国不同区域地形、水文、气候等自然条件复杂多样，灾害种类多，各省份结合自身发展基础和风险敞口，开展特色化试点。截至2023年底，金融监管总局统计数据显示，全国已有多个省份开展了综合性巨灾保险试点。例如，浙江省宁波市不断扩大保障范围，为人身伤亡提供责任保障，同时创新推出普通国省道营运期巨灾风险保险等；广东应用指数保险的形式，当降雨强度和台风风速达到预设阈值时，保险公司不需要查勘定损即可赔付，支持灾害救助和重建；2018~2023年，广东巨灾保险项目累计支付赔款约32.6亿元（见表4）。

表3 环责险政策概览（省级）

单位：个

类型	数量	省份	具体内容
环境高风险行业试点环责险	19	福建、江西、海南、贵州、天津、上海、河北、山西、黑龙江、浙江、山东、河南、湖北、湖南、云南、甘肃、青海、广西、宁夏	要求在涉重金属、石油化工、危险废物等环境高风险行业推行环责险

续表

类型	数量	省份	具体内容
其他政策条例中推动环责险	4	江苏、辽宁、四川和新疆	·江苏省生态环境厅印发《江苏省环境污染责任保险保费补贴政策实施细则（试行）》，提出省内符合条件的投保环责险的企业给予不超过年度实缴保费的40%的补贴 ·辽宁省印发《关于开展环境污染强制责任保险试点工作的指导意见》，明确开展环责险工作的任务、步骤和机制等 ·四川省生态环境厅发布《四川省环境污染责任保险指南（试行）》，划分属于环境风险较高的行业，规定环境风险管理评估系数，保险费计算公式等 ·新疆维吾尔自治区生态环境厅发布《关于深入推进新疆环境污染责任保险工作的通知》，要求各部门建立环责险的长效机制，并汇总报告当地企业的投保情况

资料来源：中央财经大学绿色金融国际研究院整理。

表4 巨灾保险试点情况概览（省级）

省份	试点情况
吉林	重点围绕农业大灾保险开展试点工作，商业性玉米种植巨灾保险开创了商业性巨灾保险先例
黑龙江	国内首个应用卫星遥感技术和气象监测技术开发的创新型农业指数保险方案，为黑龙江省28个贫困县提供流域洪水、降雨过多、干旱及积温不足等农业巨灾保险保障
浙江	从2022年起开展巨灾保险试点，试点期暂定三年（2022~2024年）。各地可根据本地实际情况，自主开展单一或多种灾因保险试点。省财政将对在试点期内符合试点工作绩效要求的设区市，给予不高于保费30%的资金支持（最高不超过2000万元），由试点市统筹用于推进区域内试点工作。省级层面建立巨灾保险试点专项工作机制，指导开展区域性试点工作，协同推进全省巨灾保险制度建设

续表

省份	试点情况
安徽	综合推进民生保险和政府巨灾保险，一是民生保险选取6市32个县区开展全域覆盖试点，并选取7市14个县区和省农垦集团相关农场的行蓄洪区作为试点。二是政府巨灾保险选取10市进行试点，涵盖农业基础设施、园区财产损失和城市生命线保障三类品种。三是承保机构按照保费总额一定比例提取防灾防损专项费用，民生保险赔款直接给付受益人，政府巨灾保险赔款给付市、县政府
江西	农业巨灾保险试点，逐步构建完善针对粮食生产的财政政策性保险组合包
山东	提出山东省灾害民生综合保险，保险标的为人身、居民住房和基本生活用品，保障范围包括自然灾害、特定意外事故造成的人身伤亡等
河南	2022年印发的《关于开展巨灾保险试点工作的指导意见》中提出，在郑州、安阳、新乡、鹤壁、周口、信阳6个省辖市开展巨灾保险试点工作，其他省辖市、济源示范区结合实际，自主决定开展巨灾保险试点工作
湖南	巨灾保险涵盖了农业、巨灾农房和巨灾人身三类
广东	创新应用指数保险，赔付依据为降雨强度、台风风速指数。当降雨强度和台风风速达到或超过预设的阈值时，保险公司不需要查勘定损，即可将保险赔款支付给相关地市政府，由政府统筹用于灾害救助和重建。2018~2023年，广东巨灾保险项目累计支付赔款约32.6亿元
海南	巨灾保险的保障范围包括台风、海啸、强热带风暴、龙卷风、暴雨、洪水、地震、突发性滑坡、泥石流、水库溃坝及其引起次生灾害造成的居民人身伤亡抚恤、家庭财产（室内财产，不含住宅及附属设备）及巨灾期间抢险救灾人员人身伤亡抚恤费用。建档立卡贫困户、低保户、五保户家庭的部分农作物、牲畜纳入巨灾保险家庭财产保险予以保障
四川	城乡居民住宅地震保险方案，首次形成多层分担机制。风险由"直接保险—再保险—地震保险基金—政府紧急预案"逐层分担。省、市、县三级财政均将保费补贴资金纳入年度预算安排，对普通居民进行60%的保费补贴，对特殊优抚群众进行100%的全额补贴
贵州	毕节市威宁县率先启动地震巨灾保险试点
云南	提出云南地震巨灾创新保障方案。自2015年大理州试点落地以来，该方案已完成7次地震和6次其他自然灾害合计19例理赔，累计赔付金额超1.2亿元，受惠农户约6万户，逐步构建起了以政府灾害救助为基础、政策性保险为基本保障、商业保险为有益补充的三位一体的巨灾风险管理体系

资料来源：中央财经大学绿色金融国际研究院整理。

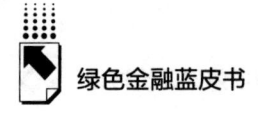

积极探索碳保险特色化发展。随着碳市场的迅速发展，各省份结合区域自然资源，在产品和服务模式方面探索创新。福建作为落地全国首单林业碳汇保险的省份，一直积极探索碳保险试点创新，在2023年优化突破"碳汇保险+"服务模式，保障龙岩市新罗区国有林场及九龙江国有林场碳汇损失风险。山东落地首单新造林碳汇遥感指数保险，利用卫星遥感数据对森林火灾或自然灾害导致的森林退化等进行计量和定损，保障新造林木发生灾害后林业碳汇资源救助、碳源清除、森林资源培育及生态保护修复等。此外，深圳积极创新建立蓝色碳汇保险补偿机制，将"保险机制+生态维护"有机结合，保障全国唯一地处于城市腹地的国家级自然保护区——深圳市福田自然保护区红树林的碳汇量。

（二）绿色保险专营机构部署情况

2023年，北京、浙江、甘肃、湖北等省份新设绿色保险专营机构和创新实验室，旨在结合各省发展特色，完善保险研发和服务组织架构，支持绿色保险创新推广。其中，浙江省衢州市率先成立全国首个绿色保险产品创新实验室，完善绿色保险组织架构，首创多个惠企惠民产品，包括"气象指数保险智能速办"应用，开发气象灾害综合保障险种等。北京设立绿色保险创新实验室，创新开发碳交易损失保险、碳配额质押贷款保证保险、清洁能源发电收入补偿保险、海洋碳汇指数保险等产品。湖北省东湖高新区成立东湖科技风险管理和保险创新实验室，旨在打造科创金融深化改革核心机制的孵化器、科创服务功能生态合作的反应池和科技风险管理机制创新概念验证的试验田，推动科技与金融的深度融合。

五 地方环境权益进展分析

(一)碳排放权

从整体进展来看,全国和地方积极推进全国碳排放权交易市场第二个履约周期的相关工作。在全国层面,2023年全国碳排放权交易市场(以下简称"全国碳市场")活跃度进一步提升,市场已基本理顺从配额分配到监督管理等交易流程中的各关键环节,第二个履约周期的碳配额清缴工作有序展开。与2022年的"量跌价升"态势相比,2023年全国碳市场整体呈现"量价齐升"态势,碳排放配额(CEA)成交量与成交额分别为2.12亿吨和144.44亿元,同比分别上涨317%和416%;CEA收盘价和年内成交均价分别为79.42元/吨和68.15元/吨,同比分别上涨44%和23%。2023年,CEA价格呈现明显波动上升趋势,其中上半年价格总体平稳,日收盘价在50.52~60.00元/吨;下半年价格显著增长,日收盘价从7月3日的60元/吨攀升至10月20日的81.7元/吨的年内最高价,年末则在高位区间内波动。2023年CEA成交量呈现"前冷后热"现象,上半年的成交量仅占全年总成交量的4%,第三、第四季度的成交量占比分别高达25%和71%。从履约情况来看,截至2023年底,2021年、2022年度配额清缴完成率分别为99.61%、99.88%。

在地方层面,全国各省份有序推进重点排放单位参与全国碳市场第二个履约周期的交易和履约工作。2023年,全国各省份纳入全国碳市场的重点排放单位数量共2342家;其中,山东纳入的企业数量最多,共304家,比2022年减少7家;江苏位列其后,共210家,内蒙古和浙江均有超过150家企业入列,共13个省份的企业数量少

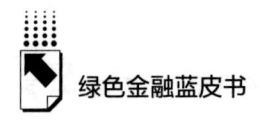

于 50 家。

从实践创新来看，2023 年全国碳排放权金融属性进一步得到开发，广东、辽宁、重庆、吉林等省份开展了以全国碳排放权为基础的碳资产抵质押信贷和债券融资业务。部分省份围绕碳排放权抵质押融资业务出台针对性政策标准。例如，北京出台《北京市碳资产质押融资试点方案》、辽宁出台《关于支持开展碳排放权抵质押贷款业务的意见》，均对可用于质押的碳资产界定、质押融资资金适用范围、碳资产质押融资业务程序、贷后管理等做出了进一步规范和明确。在信贷方面，新疆、广东、辽宁、江苏、重庆等省份涌现出了多个以碳排放权为底层资产的信贷创新案例。在债券方面，2023 年 3 月 20 日，在吉林省生态环境厅支持下，中国人民银行长春中心支行以全国碳市场碳配额为底层资产设计的全国首单碳排放权资产担保债务融资工具在吉林落地。该笔债券由吉林电力股份有限公司发行，中国农业银行和国家开发银行联合承销，注册额度 10 亿元，首单发行 0.62 亿元，票面利率 2.6%，期限 180 天，募集资金将重点投向吉林"陆上风光三峡""吉电南送""氢能走廊"等工程项目建设。

表5 以碳排放权为底层资产的信贷创新案例

银行	案例时间	案例名称	主要特点
兴业银行乌鲁木齐分行	2023 年 12 月	全国碳市场首批跨履约期碳排放权质押融资贷款	该行创新提供跨履约期碳配额质押融资服务方案，与企业约定当前质押在兴业银行的碳排放权可在 2023 年末履约时点解押用于配额清缴，待新一轮履约周期获得碳排放权后及时足额质押在兴业银行,在此期间,企业可提供其他有效担保

续表

银行	案例时间	案例名称	主要特点
交通银行韶关分行	2023年10月	广东首笔基于全国碳排放权交易市场的碳排放权质押贷款	以"碳排放配额质押+固定资产抵押"组合增信,将企业的部分配额通过"中国人民银行征信中心动产融资统一登记公示系统质押登记+中碳登(即全国碳市场注册登记结算机构)动态监控"的模式,为韶关某电力公司提供低于LPR(贷款市场报价利率)55个基点的优惠利率流动资金贷款2000万元,用于支持企业采购发电所需的燃料
盛京银行	2023年9月	辽宁首单突破碳排放权抵质押贷款只能在中国人民银行动产融资统一登记公示系统公示的单一途径的全国碳市场碳排放权质押登记业务	在沈阳环境资源交易所与中碳登共同登记见证下,盛京银行采用以全国碳排放权进行质押融资的方案,为万海能源开发(海城)有限公司提供短期线上流动资金贷款2400万元,用于支持企业采购低价煤炭,以降低冬季供暖成本
中国建设银行苏州分行	2023年3月	采用第三方保证方式,且追加8000吨碳排放权质押	为昆山协鑫蓝天分布式能源有限公司发放流动资金贷款1900万元
中国农业银行重庆分行	2023年2月	全国碳市场首个以碳配额作为底层资产形成财产权信托的碳配额理财融资案例	该行联合农银理财公司为国家电投集团重庆合川发电有限公司成功投放1000万元碳配额理财融资,在融资方式上首次创新通过理财资金受让碳配额财产权信托受益权成功实现企业免费分配获得的全国碳配额资产价值被纳入企业财务报表,进一步盘活了碳配额的金融价值

资料来源:中央财经大学绿色金融国际研究院整理。

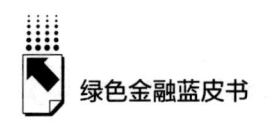

（二）水权

从整体进展来看，全国水权交易市场活跃度有所提升。在全国层面，2023年用水权交易市场成交笔数、成交水量和成交金额均呈现增长趋势。从成交金额和成交价格来看，2023年用水权总体成交水量为5.39亿立方米，同比增长115.4%；总体成交金额为1.42亿元，同比增长69.8%。

在地方层面，2023年山东水权交易成交单数、成交量和成交金额均位列全国第一。从水权交易成交单数来看，2023年成交单数最多的省份为山东，累计交易2002单，山西和湖北紧随其后，分别累计交易1608单和949单。从水权交易成交水量来看，2023年山东是成交量最多的省份，累计交易1.23亿立方米；甘肃紧随其后，累计交易0.92亿立方米；浙江和江苏的成交量同样也超过0.5亿立方米，分别为0.53亿立方米和0.52亿立方米。从水权交易成交金额看，2023年山东也是成交金额最多的省份，累计交易5282万元；浙江和四川的成交金额均超过2000万元，分别为2515万元和2386万元，位列全国第二、第三。宁夏虽在成交量上低于前三个省份，但较高的成交价格大幅提升了其整体成交金额，最终累计交易1800万元，位列全国第四。截至2023年底，除了天津外，所有省份均已开展水权交易实践。从基础设施建设来看，部分省份积极推进地方水权交易系统的建立与运行，进一步推动地方水权交易市场规范化、规模化发展。例如，2023年8月10日，黄河流域水权交易平台正式上线试运行，中国水权交易所以全国水权交易系统为基础开设"黄河流域水权交易电子大厅""黄河流域水权交易监管端"，为支撑黄河流域水权交易的规范、安全、高效运行提供基础保障。2023年12月28日，上海市用水权交易系统正式上线，为推动上海建成更大规模的水权交易市场奠定了坚实基础。

从产品创新来看，2023年，全国多地开展水权质押贷款实践，有效促进了节水行动和企业发展的协同增效。国家级水权交易试点省份①中，湖北在水权质押贷款的绿色金融工具创新方面进行了积极尝试。例如，2023年4月，在对企业取水权进行资产评估后，湖北竹溪农村商业银行按照45%的质押比为竹溪县樟泉饮品有限公司成功发放20万元取水权质押贷款，有效盘活了企业水权资产，解决了企业融资难题。在非国家级试点地区中，重庆和贵州在水权质押贷款的绿色金融工具创新方面取得了较为突出的进展。2023年9月，重庆三峡银行以开州区天白水库每年2317万立方米的准予取水权进行质押预登记，分阶段为该项目发放1.2亿元贷款，支持天白水库项目建设。2023年3月，邮储银行黔南州分行通过"信用+取水权质押"模式，向福泉市某商混企业成功发放贵州邮储系统内首笔"取水贷"200万元，用于缓解企业的资金流转压力。总体来看，地方金融机构不断创新和扩大水权质押融资的应用场景和资金支持规模，为解决企业融资难的问题提供了新路径。

（三）排污权

从整体来看，排污权交易的规范化程度进一步提升。在全国层面，2023年排污权交易重在完善排污许可证的申请核发、质量核查、监督管理等方面的标准与规范，同时加强开发排污权的金融属性，推动排污权抵质押贷款等排污权融资业务发展。例如，《排污许可管理办法》（修订征求意见稿）对排污许可证的登记、申请与审批、排污管理、监督检查、法律责任等相关事宜作出了规定；《排污许可证质量核查技术规范》和《排污许可证申请与核发技术规范 工业噪声》在排污许可证质量核查的方式与要求、核查准备工作及主要核查内容

---

① 国家级水权交易试点包括宁夏、江西、湖北、内蒙古、河南、甘肃和广东。

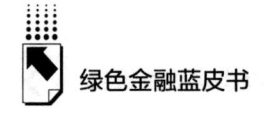

等方面提供了相关指导；《中国证监会 国务院国资委关于支持中央企业发行绿色债券的通知》指出，支持中央企业子公司探索利用碳排放权、排污权等资源环境权益进行质押担保等方式发行绿色债券。

在地方层面，各地统筹推进排污权市场和政策的有序发展。国家级排污权交易试点省份①方面，超过半数的试点省份对其2023年的排污权交易情况进行了相关披露。具体来看，2023年，江苏共完成排污权交易462笔，金额2841万元②；浙江2023年的排污权成交量和成交额规模与2022年几乎保持持平，全年累计成交量15556.29吨，同比增长0.52%，累计成交金额4.12亿元，同比下降2.64%③；2023年，湖南积极开展排污权回购交易，公示了55家企业的排污权回购收储方案，累计拟回购量1131.71吨，拟回购资金2470.01万元④；2023年，重庆排污权累计交易23笔，累计成交金额1190.96万元，成交类型以出让为主、二级交易为辅⑤；2023年，内蒙古排污权交易成交量为1619.03吨，成交金额415.11万元⑥；2023年，陕西排污权交易总量达5027.78吨，交易金额达1.25亿元⑦；2023年，

---

① 国家级排污权交易试点省份包括天津、河北、山西、内蒙古、江苏、浙江、河南、湖北、湖南、重庆、陕西和青岛。
② 《2023年度江苏省生态环境状况公报》，江苏省生态环境厅网站，2024年5月30日，https：//sthjt.jiangsu.gov.cn/art/2024/5/30/art_ 83855_ 11258577.html。
③ 《IIGF观点｜范欣宇：2023年我国排污权交易市场进展情况和政策建议》，中央财经大学绿色金融国际研究院网站，2024年2月20日，https：//iigf.cufe.edu.cn/info/1012/8430.htm。
④ 《2023年省级排污权回购收储方案公示》，湖南省生态环境厅网站，2023年10月25日，http：//sthjt.hunan.gov.cn/sthjt/xxgk/tzgg/gg/202310/t20231026_31720506.html。
⑤ 重庆市生态环境局网站，https：//sthjj.cq.gov.cn/zwgk_ 249/zfxxgkml/hjgl/pwxkjzljp/pwqjy/index.html。
⑥ 内蒙古自治区公共资源交易中心网站，https：//ggzyjy.nmg.gov.cn/jyxx/pwq/。
⑦ 陕西省公共资源交易中心网站，https：//www.sxggzyjy.cn/jydt/001001/001001008/2.html。

湖北统筹推进排污权转让交易，全年累计完成49笔排污权转让交易[1]。

此外，多地出台排污权定价、排污权交易管理等相关政策，进一步规范地方排污权交易市场发展。例如，河北发布《河北省发展和改革委员会河北省财政厅河北省生态环境厅关于制定我省2023—2025年度重金属污染物排放权交易基准试行价格的通知》，山西发布《关于制定颗粒物排污权交易价格及有关事项的通知（征求意见稿）》，湖南发布《湖南省主要污染物排污权网上交易须知》、《湖南省固定污染源排污许可管理规程（试行）》，重庆发布《重庆市排污权交易管理办法（试行）（征求意见稿）》等。

非国家级试点省份的整体排污权交易总量和规模仍然较小，排污权交易尚处于制度建设和初尝初试的探索阶段。例如，宁夏以新改扩建项目为抓手，循序渐进制定排污权交易管理规则。2023年2月17日，宁夏发布《小排放量新（改、扩）建项目排污权交易工作简易流程》，推动2023年内共126个新改扩建项目通过市场交易获得排污权；2023年12月，发布《宁夏回族自治区排污权交易规则》《宁夏回族自治区排污权有偿使用和交易管理办法》，进一步规范排污权交易活动，优化交易流程，强化监管要求。截至2023年底，宁夏累计成交排污权407笔、交易总金额3670万元[2]。青海则以西宁市作为排污权有偿使用和交易关键试点地区推动排污权交易市场建设。2023年11月22日，西宁市生态环境局开展了全市2023年度主要污染物排污权交易竞买会，参加交易企业18家，四项污染物总成交量1035.84吨（包括化学需氧量150.20吨、氨氮

---

[1] 湖北环境资源交易中心网站，https：//www.hberec.com/list/7.html? page=5。
[2] 《IIGF观点 | 范欣宇：2023年我国排污权交易市场进展情况和政策建议》，中央财经大学绿色金融国际研究院网站，2024年2月20日，https：//iigf.cufe.edu.cn/info/1012/8430.htm。

7.68吨、二氧化硫384.55吨、氮氧化物493.41吨），总成交额2001.31万元①。2023年，山东稳步推进排污权市场交易，共完成10笔排污权交易，全年成交规模138.46吨、成交金额397.38万元②。

  从产品创新来看，2023年，排污权抵质押贷款项目在多个省份落地，助力陶瓷、能源等行业企业绿色发展。在国家级试点省份方面，河北、湖北和江苏均开展了排污权抵质押贷款项目，用于支持公司环保项目建设。2023年7月20日，中国建设银行股份有限公司石家庄分行与河北汇力瓷业有限公司签署排污权抵质押贷款合同，与河北新玻尔瓷业有限公司签署排污权抵质押贷款意向，这是石家庄首笔排污权抵质押贷款。2家陶瓷企业以有偿取得排污权为基础抵质押品，中国建设银行股份有限公司石家庄分行实施综合授信，给予优惠信贷利率，共发放1亿元贷款，资金将用于支持2家企业环保绩效创A。2023年7月17日，国家电投湖北公司完成20吨排污权抵质押贷款，实现能源央企首笔排污权抵押贷款。2023年10月，中国银行连云港分行与连云港中星能源有限公司达成协议，成功落地排污权抵押贷款1亿元，实现了连云港市排污权抵押贷款"零"的突破，这也是自2020年《江苏省排污权抵押贷款管理办法（试行）》推出以来，江苏在排污权抵押方面发放金额最大的一笔贷款，为绿色金融的创新打造了新的范例。在非试点省份方面，部分地区围绕排污权抵质押融资业务积极出台政策标准。例如，2023年1月，重庆出台了《重庆市排污权抵（质）押融资业务指南（试

---

① 《西宁市组织开展2023年度排污权交易竞买会》，西宁市生态环境局网站，2023年11月24日，https：//shj.xining.gov.cn/gzdt/hbywx/202311/t20231124_124135.html。

② 山东省公共资源（国有产权）交易中心网站，http：//pwqjy.sdcqjy.com/articlelist/hjnytzgg/hjnycjgg/dict_property_type_sewage。

行）》，在适用领域、申请条件和办理流程等方面对相关业务进行了进一步规范和明确。

（四）用能权

从整体进展来看，用能权交易相关的顶层设计持续强化，但市场活力有待进一步激发。在全国层面，中央多次强调用能权交易市场建设对实现碳达峰碳中和与生态环境保护等目标的关键推动和支持作用。2023年7月，《中共中央 国务院关于促进民营经济发展壮大的意见》印发，指出要支持民营企业参与用能权交易；同月，全国生态环境保护大会强调，要推动有效市场和有为政府更好结合，把用能权等资源环境要素一体纳入要素市场化配置改革总盘子，支持出让、转让、抵押、入股等市场交易行为。在地区层面，宁夏已全面开展用能权改革，浙江用能权市场交易十分活跃。

在政策方面，试点省份持续强化用能权交易的顶层设计。2023年2月，中共河南省委、河南省人民政府印发《河南省碳达峰实施方案》，提出"发挥市场在资源配置中的决定性作用，落实用能权交易、碳排放权交易和生态保护补偿等制度，激发市场主体活力，形成有效激励约束机制""修订用能权有偿使用和交易试点实施方案，完善用能权配额分配办法，推动用能权交易扩围，优化能源资源配置"；2023年11月，四川省人民政府办公厅印发《四川省开发区发展规划（2023—2027年）》，提出要支持开发区企业参与用能权交易；2023年12月，浙江省生态环境厅等17部门联合印发《浙江省深入打好长江保护修复攻坚战工作方案》，提出要推进用能权市场化交易，推动企业绿色发展和提质升级，全面推进全域"无废城市"建设。在非试点省份方面，2023年4月，宁夏全面启动用能权改革，聚焦"控能增产"，坚持"先增量、后存量，先有偿、后交易"的思路，成立自治区用能权改革专项小组和工作专班，制定并印发了

《关于开展用能权有偿使用和交易改革 提高能源要素配置效率的实施意见》《自治区用能权有偿使用和交易管理暂行办法》《自治区用能权有偿使用和交易第三方审核机构管理暂行办法》《自治区用能权市场交易规则》等文件，用能权改革"1+5"政策制度体系基本构建。

从市场实践来看，在试点省份中，2023年浙江用能权交易活跃度较高。从交易规模来看，2023年浙江用能权累计交易53笔，比2022年减少17笔，单笔交易量为730.40吨标煤~12.98万吨标煤。从交易形式来看，2023年的交易形式主要包括政府出让给企业、政府从企业回购以及小规模的企业间二级市场交易。其中申购主体主要为用能企业，少量申购主体为政府，例如湖州市长兴县政府；出让主体主要为政府，少量出让主体为纺织、水泥、橡胶、石油化工等领域企业[①]。此外，截至2023年底，福建累计成交220.91万吨标准煤，成交金额达3445.14万元；河南仅于2023年2月完成1笔用能权出让交易，交易规模10.30万吨标准煤，交易金额206万元[②]。非试点地区用能权交易整体仍处于摸索阶段，其中青岛和宁夏在用能权交易和基础设施建设方面取得一定进展。2023年，青岛完成了6笔用能权交易，共成交92.90万吨标准煤，成交金额达到13934.42万元[③]。2023年11月1日，宁夏回族自治区公共资源交易管理局发布《自治区公共资源交易平台自然资源要素交易市场用能权交易系统试运行通知》，宣布自治区公共资源交易平台自然资源要素交易市场用能权交

---

① 浙江省用能权交易平台，https：//ynqjy.fzggw.zj.gov.cn/ent/gateway/entTransactionNotice。
② 《IIGF观点｜范欣宇：2023年我国用能权交易市场进展情况和政策建议》，中央财经大学绿色金融国际研究院，2024年2月27日，https：//iigf.cufe.edu.cn/info/1012/8463.htm。
③ 青岛产权交易所网站，http：//www.qdcq.net/article/ynqjy/cjgg/。

易系统已建设完成,自2023年11月2日开始试运行(试运行30天),表明宁夏用能权交易基础设施建设进一步完善,有利于进一步提高和扩大宁夏用能权交易的效率和规模。

六 地方对外合作进展分析

(一)联合国负责任投资原则

联合国负责任投资原则(UN Principles for Responsible Investment, UN PRI)于2006年由联合国前秘书长科菲·安南牵头发起,旨在帮助投资者理解环境、社会和公司治理等要素对投资价值的影响,并支持各签署机构将这些要素融入投资战略、决策及所有权。截至2023年底,全球签署UN PRI的机构达5317家,我国已宣布签署UN PRI的机构数量为136家[①]。

(二)负责任银行原则

负责任银行原则(Principles for Responsible Banking, PRB)是由联合国环境规划署金融倡议(UNEP FI)牵头制定的可持续金融原则,旨在鼓励银行在战略、投资组合、交易和所有业务领域融入可持续发展元素,确保符合联合国可持续发展目标和《巴黎气候协定》。截至2023年底,全球签署PRB的机构超345家,我国已宣布签署PRB的机构数量为24家[②]。从地区分布来看,北京的签署机构最多,有8家,占全国签署机构的33%。近年来,随着地方对绿色金融发展的不断重视,选择签署负责任银行原则的机构数量逐步增

---

① https://www.unpri.org/signatories/signatory-resources/signatory-directory.
② https://www.unepfi.org/banking/prbsignatories/.

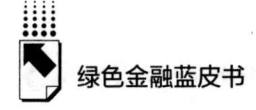

加。截至2023年底，已签署负责任银行原则的中国机构共计24家，其中于2021年、2022年和2023年签署的机构分别有11家、6家和3家，包括中国建设银行、中国银行、中国邮政储蓄银行、中国农业银行等在内的国有银行，以及包括北京银行、南京银行、苏州银行、江苏银行、恒丰银行、吉林银行等在内的股份制银行（见表6）。

表6 截至2023年底已签署负责任银行原则的中国机构名单

序号	机构名称	签署时间
1	华夏银行	2019年9月
2	中国工商银行	2019年9月
3	兴业银行	2019年9月
4	九江银行	2020年4月
5	四川天府银行	2021年1月
6	江苏银行	2021年3月
7	重庆三峡银行	2021年4月
8	中国邮政储蓄银行	2021年4月
9	江苏紫金农商银行	2021年6月
10	恒丰银行	2021年7月
11	中国银行	2021年7月
12	吉林银行	2021年7月
13	中国农业银行	2021年9月
14	浙江安吉农商银行	2021年9月
15	南京银行	2021年10月
16	中国民生银行	2022年4月
17	苏州银行	2022年5月
18	广东佛冈农商银行	2022年5月
19	微众银行	2022年6月
20	北京银行	2022年7月

续表

序号	机构名称	签署时间
21	上海农商银行	2022 年 8 月
22	贵州大方农商银行	2023 年 7 月
23	中国建设银行	2023 年 9 月
24	青岛农商银行	2023 年 10 月

(三)"一带一路"绿色投资原则

"一带一路"绿色投资原则(Green Investment Principles,GIP)是由中国金融学会绿色金融专业委员会和伦敦金融城(现已更名为"中英绿色金融中心")共同发起,旨在推动"一带一路"投资的绿色化和可持续发展,并在自愿的基础上采纳和实施的原则性倡议[①],表 7 展示了签署"一带一路"绿色投资原则的中国机构名单。

表 7 签署"一带一路"绿色投资原则的中国机构名单

序号	机构名称	序号	机构名称
1	中国农业银行	10	招商局港口控股有限公司
2	中国农业发展银行	11	中国进出口银行
3	蚂蚁集团	12	香港上海汇丰银行
4	中国银行	13	香港交易及结算所
5	东亚银行	14	中国工商银行
6	中国建设银行	15	中国平安保险(集团)公司
7	中国国家开发银行	16	丝绸之路基金
8	中国国际金融有限公司	17	新疆金风科技
9	中国国际承包商协会	18	中国再保险(集团)股份有限公司

---

① 《"一带一路"绿色投资原则(GIP)》,https://green-bri.org/%e4%b8%80%e5%b8%a6%e4%b8%80%e8%b7%af-%e7%bb%bf%e8%89%b2%e6%8a%95%e8%b5%84%e5%8e%9f%e5%88%99%ef%bc%88gip%ef%bc%89/。

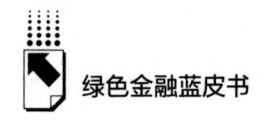

（四）中国金融学会绿色金融专业委员会

中国金融学会绿色金融专业委员会是由中国金融学会成立的，从事绿色金融研究、推动绿色投融资产品与服务创新、在机构投资者中形成绿色投资理念和强化能力建设、推动绿色金融政策落地的非营利性专业委员会。截至2023年底，中国金融学会绿色金融专业委员会理事会常务理事单位共40家[1]，其中注册地位于北京的有33家，占总数的83%。

（五）可持续保险原则

可持续保险原则（Principles for Sustainable Insurance，PSI）由UNEP FI与世界各保险公司于2012年6月在联合国可持续发展大会上共同发起，旨在为全球保险业提供一个应对环境、社会和公司治理（ESG）风险与机遇的实践框架。表8展示了签署可持续保险原则的中国机构名单[2]。

表8 签署可持续保险原则的中国机构名单

序号	机构名称
1	友邦保险控股有限公司
2	中国太平洋保险(集团)股份有限公司
3	鼎睿再保险有限公司
4	中国平安保险(集团)公司
5	中国人寿保险(集团)公司

---

[1] 《中国金融学会绿色金融专业委员会成员单位（2024.1）》，中国金融学会绿色金融专业委员会网站，2024年1月6日，http：//www.greenfinance.org.cn/display news.php？cid=75&id=4236。

[2] https：//www.unepfi.org/insurance/insurance/signatory-companies/。

专题报告

B.5
中国转型金融的主要进展与未来展望

吴倩茜　金子曦　傅奕蕾　周荞*

摘　要： "积极稳妥推进碳达峰碳中和"是中国绿色发展的内在要求，也是中国经济转型升级的行动主线。金融是经济的核心，近年来中国绿色金融加快发展，成为全球绿色金融的引领国之一。随着锚定"双碳"目标的转型活动的不断深化，转型金融作为绿色金融体系中的重要补充，正在成为实现"双碳"目标、推进经济高质量发展的关键抓手。根据《2022年G20可持续金融报告》，转型金融是指在可持续发展目标的背景下，支持经济向低排放和净零排放以及气候韧性转型的金融服务。与聚焦新兴绿色产业等"纯绿"领

---

* 吴倩茜，中央财经大学绿色金融国际研究院研究员，研究方向为地方绿色金融、生态产品价值实现、绿色产业；金子曦，中央财经大学绿色金融国际研究院研究员，研究方向为产业经济、碳金融、绿色产业；傅奕蕾，中央财经大学绿色金融国际研究院研究员，研究方向为绿色产业、绿色金融工具、转型金融；周荞，中央财经大学绿色金融国际研究院特邀研究员，研究方向为能源与产业转型发展、能源金融与转型金融理论与政策。

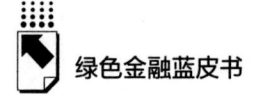

域发展的绿色金融相比，转型金融在推动产业结构优化、能源结构转型、促进碳密集行业绿色技术创新等方面能够发挥更大的作用。当前，转型金融的政策布局尚处于起步阶段，主要以聚焦具体行业、地方自主实践等形式开展。本报告梳理了浙江、江西、河北、上海和重庆等地的多元实践，总结了各地在转型金融目录设置、产品服务创新、信息披露、激励举措及公正转型等方面的经验做法。总体来看，支持转型金融发展的政策环境正在形成，市场实践正在多元化发展。

关键词： 转型金融　转型金融目录　信息披露　公正转型

一　中国地方绿色转型的总体进展

（一）地方绿色转型的政策引导

协同推进降碳、减污、扩绿、增长，是地方绿色转型的共同主线。2022年10月16日，习近平总书记在中国共产党第二十次全国代表大会上的报告中指出，要"协同推进降碳、减污、扩绿、增长，推进生态优先、节约集约、绿色低碳发展"①。近年来，多地围绕"降碳、减污、扩绿、增长"这一主线任务，结合本地实际，积极出台实施方案，推动地方经济实现绿色发展。2023年1月28日，上海市生态环境局等八部门联合印发《上海市减污降碳协同增效实施方

---

① 《习近平：高举中国特色社会主义伟大旗帜　为全面建设社会主义现代化国家而团结奋斗——在中国共产党第二十次全国代表大会上的报告》，人民政协网，2022年10月25日，https://www.rmzxb.com.cn/c/2022-10-25/3229500_6.shtml。

案》，基于上海市"五个中心"的发展定位①和"六大重点工业行业"的产业基础②，提出强化大气污染防治与碳减排协同增效、推动水环境和土壤污染治理与碳减排协同增效、推动农业和生态领域减污降碳协同增效、开展"无废城市"建设推动减污降碳协同增效、利用生态环境源头防控推动减污降碳协同增效、开展试点示范等工作部署，旨在以协同增效为原则推动当地经济与社会绿色低碳发展。2023年8月28日，广东省生态环境厅等七部门联合发布《广东省减污降碳协同增效实施方案》，该方案立足于广东省在推动粤港澳大湾区协同发展过程中的关键角色，全面促进能源系统和产业结构的绿色转型。

2023年9月20日，北京市生态环境局等六部门联合印发《北京市减污降碳协同增效实施方案》，基于北京市"四个中心"功能③和京津冀地区龙头城市的区位特点，提出目标管理协同、重点领域协同、重点任务协同、重点区域协同、重点政策协同、监管措施协同等六项工作部署，旨在到2025年基本形成减污降碳协同推进的工作格局，并在2030年显著提升减污降碳的协同能力。

此外，新疆、四川、贵州等地分别发布《新疆维吾尔自治区减污降碳协同增效实施方案》《四川省减污降碳协同增效行动方案》《贵州省减污降碳协同增效实施方案》，针对源头防控、重点

---

① 《"三个中心""四个中心""五个中心"的提出》，上海党史网，2023年12月6日，https：//www.ccphistory.org.cn/shds/shhm/content/eafd5dfc-1261-4d16-a156-61ab41a2de08.html。
② 《上海市人民政府办公厅关于印发〈上海市战略性新兴产业和先导产业发展"十四五"规划〉的通知》，上海市人民政府网站，2021年6月24日，https：//www.shanghai.gov.cn/nw12344/20210721/d684ff525ead40d8a2dfa51e541a14e4.html。
③ 《"四个中心"、"四个服务"、"三件大事"、"三大攻坚战"》，北京市人民代表大会常务委员会网站，2019年1月16日，http：//www.bjrd.gov.cn/rdzl/rdzc/mcjs/202012/t20201222_2180723.html。

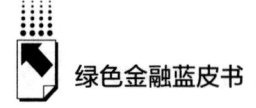

领域、环境治理、模式创新、支撑保障等关键环节的重点工作任务做进一步明确和部署，打造具有地域特色的减污降碳协同增效地区范本。

稳步优化碳排表现与能耗表现，是地方绿色转型成效的生动体现。2023年7月11日，中央全面深化改革委员会第二次会议审议通过了《关于推动能耗双控逐步转向碳排放双控的意见》，进一步明确要从"能耗双控"逐步向"碳排放双控"转变的内在治理要求，对推动"双碳"目标的实现具有重要推动作用。近年来，各地政府以推进地方平稳有序实现碳达峰为政策导向，在相关政策中明确设定非化石能源占比，以及全社会（尤其是重点领域）能耗降低、碳排放减量等短中期目标。例如，2023年1月5日，四川省人民政府发布《四川省碳达峰实施方案》，指出要通过优化产业和能源结构降低化石能源消费总量，提升清洁能源占比，并提出到2025年和2030年，全省非化石能源消费比重分别达到41.5%左右和43.5%左右的目标。针对工业领域，2023年10月31日，四川省经济和信息化厅发布《四川省工业领域碳达峰实施方案》，提出到2025年，规模以上工业单位增加值能耗比2020年下降14%，单位工业增加值二氧化碳排放比2020年下降19.5%，确保全省工业领域二氧化碳排放在2030年前达到峰值，力争有条件的重点行业二氧化碳排放率先达峰。

加快发展方式绿色低碳转型，是地方绿色转型长期推进的内生动力。近年来，各地政府积极响应绿色发展战略，促进战略性新兴产业及绿色产业的培育壮大，以推动传统高耗能产业的绿色低碳转型为核心，依托各地产业基础与资源优势，全面加强顶层设计。各地政府通过制定并实施一系列产业政策、财政政策以及金融政策，增强了对相关领域模式创新与科技研发的支持力度；通过政策激励及机制引导，有效推动了企业深化开展技术创新，加速了科技成果的转化与应用。

这不仅为地方经济注入了低碳转型的新活力，还为实现长期可持续发展奠定了坚实的产业基础，释放了经济增长的新动能。2023年2月7日，河南省人民政府办公厅发布《河南省制造业绿色低碳高质量发展三年行动计划（2023—2025年)》，提出针对化工、建材、钢铁等传统优势产业，要实施节能降碳、科技赋能增效，加快制造模式新变革和"材料+装备+品牌"提升，推动传统产业绿色提质发展；针对新一代信息技术、高端装备、新材料等绿色低碳产业以及氢能与储能、量子信息等未来产业，要建链延链补链强链，壮大绿色低碳产业规模，培育绿色低碳产品供给体系。2023年9月14日，山东省人民政府办公厅发布《关于支持建设绿色低碳高质量发展先行区三年行动计划（2023—2025年）的财政政策措施的通知》，明确要完善财政激励政策以支持冶金、化工、建材等传统支柱产业绿色化高端化发展，实施新产品保险补偿财政政策以支持培育壮大先进制造业、生物医药等新兴产业。

在绿色产业发展方面，各地积极出台政策支持绿色技术创新与成果转化，加速绿色经济的蓬勃发展。例如，2023年1月30日，江西省发展改革委、江西省能源局发布《江西省氢能产业发展中长期规划（2023—2035年)》，围绕江西省的氢能产业布局和可持续发展，提出探索氢能示范应用、统筹氢能产业设施布局、加强氢能产业技术创新、完善氢能发展管理体系等四大重点任务，同时强调开展氢能项目的环境影响和综合效益评价，旨在到2025年，全省氢能产业制度政策环境逐步完善；到2030年，基本掌握氢能产业核心技术和关键设备制造工艺，产业链基本完备，区域集聚、上下游协同的产业体系逐步形成；到2035年，氢能产业发展安全形势稳定，氢能在能源和产业绿色低碳转型发展中起到有力的支撑作用。

在棕色产业绿色低碳转型方面，各地围绕传统高载能行业，出台更为细化、更具操作性的实施方案。例如，2023年10月17日，湖北省人民政府办公厅发布《湖北省冶金产业转型升级实施方案（2023—2025年）》，针对湖北省的支柱产业冶金产业的转型升级，提出打造低碳冶金千亿基地、提升冶金产业链现代化水平、提高钢铁产业集中度、推动价值链高端跃升、推动绿色低碳发展等重点任务，旨在到2025年，冶金产业营业收入超5000亿元，力争实现优特钢产能占比70%左右、全省钢铁企业前4家产能占比超过80%、新增4家省级及以上企业技术中心，同时全省钢铁企业完成超低排放改造，力争80%以上钢铁产能达到A级环保绩效水平、40%以上钢铁及铜冶炼产能达到能效标杆水平。

（二）地方转型的现实成效

整体来看，各省份正稳步推进地方产业绿色化、低碳化发展。根据中央财经大学绿色金融国际研究院地方产业绿色化发展指数，从静态数据来看，2023年，广东、江苏、北京、浙江等省份的地方产业绿色化发展指数较高（见图1）。从地域分布来看，东部、南部及沿海地区的地方产业绿色化发展水平较高。从动态数据来看，一方面，2023年全国31个省份的地方产业绿色化发展指数均值比2022年增长约0.27%，表明全国各地区正在稳步推进地方产业绿色化与低碳转型并取得积极成效；另一方面，经统计分析，在2023年全国31个省份的地方产业绿色化发展指数中，存在约4.91倍的差距，方差①水平比2022年下降约0.08%，极差②水平比2022年下降约2.15%。同时，半数省份的总体表现与2022年基本没有差别，表明除了四川、

---

① 方差是指各个变量值与其均值离差平方的平均数，反映了样本中各个观测值到其均值的平均离散程度。
② 极差又称全距（range），是一组数据中的最大值和最小值之差，是最简单的离散指标。

青海等省份有较为明显的提升之外，全国各省份间的发展差异并不明显。

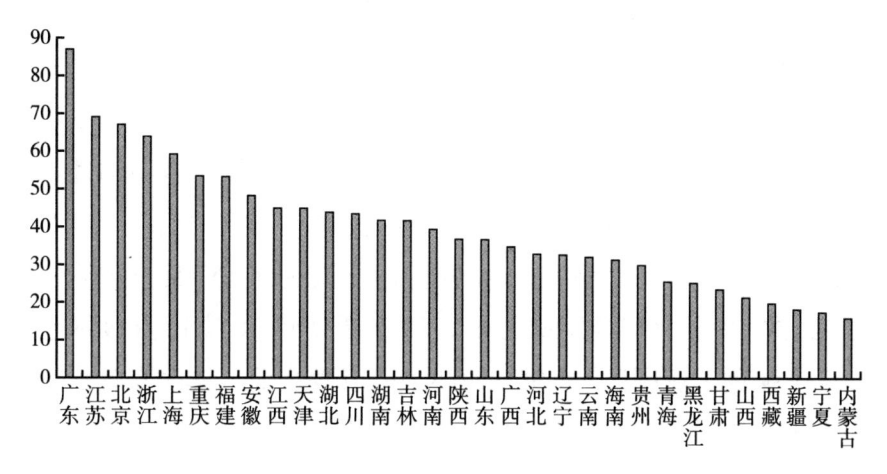

图1　2023年全国31个省份的地方产业绿色化发展指数

资料来源：中央财经大学绿色金融国际研究院。

全国各省份积极推进能耗和碳排放双控，区域间节能降碳成效的历史差异显著缩小，但是进展差异呈现扩大趋势。若对中央财经大学绿色金融国际研究院地方产业绿色化发展指数进行拆分，将能源消费总量、单位GDP能源消耗、二氧化碳排放总量、单位GDP二氧化碳排放强度、地区上市企业二氧化碳排放强度等5项二级指标的表现进行加权平均，可得到各地区在能耗和碳排放总量和强度控制方面的综合指标（以下简称"碳直接相关指标"）评价。从静态数据来看，2023年，北京、海南、重庆、上海等省份的碳直接相关指标的指数表现较为领先（见图2）。从动态数据来看，一方面，2023年全国31个省份的碳直接相关指标均值比2022年增长4.97%，超过2/3省份的碳直接相关指数表现比2022年有所增长，表明全国各地区在控制能源消耗和二氧化碳排放总量和强度方面取得显著进展；另一方面，2023年全国31个省份的碳直接相关指标的极差与方差水平分别比2022年下降5.90%和11.49%。另外，四川、山西、安徽等省份的指数表现也出现了较大变化，表明地区间在能耗和碳排放双控表现方面的历史差异正在缩小，但是进展差异呈现扩大趋势。以该项指标表现较为突出的四川为例，2023年，四川加大对清洁能源供应和企业节能降碳领域的推动和支持力度，并取得积极成效。清洁能源供应方面，2023年全省清洁能源装机容量达到1.1亿千瓦、占比86.70%，其中水电装机容量9759万千瓦，居全国首位；天然气（页岩气）产量达到552亿立方米，居全国首位。在企业节能降碳方面，四川新创建38家国家级绿色工厂、7家绿色工业园区、1家绿色供应链管理企业，同时累计成交国家核证自愿减排量3828.7万吨，居全国第四位，全国碳市场配额清缴履约率达100%[①]。

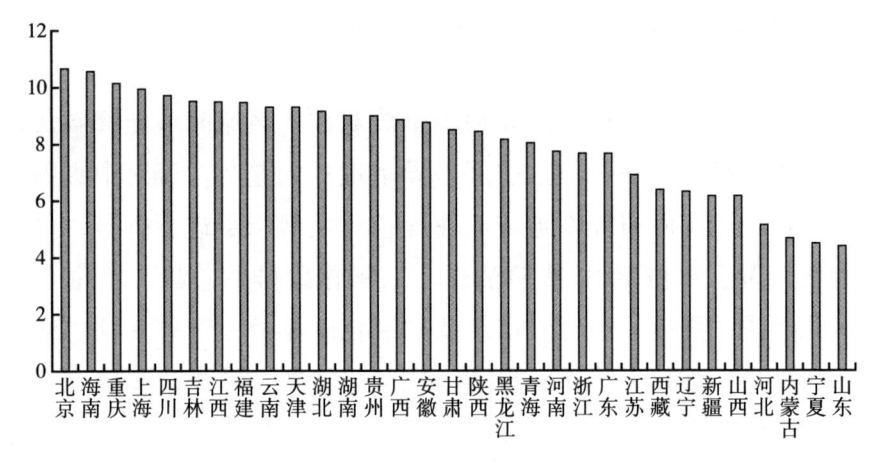

图2　2023年全国31个省份碳直接相关指标的指数表现

资料来源：中央财经大学绿色金融国际研究院。

---

① 《2024年四川省人民政府工作报告》，2024年1月29日，四川省人民政府网站，https://www.sc.gov.cn/10462/c105962/2024/1/29/2e261026895540c38d8008af2e051171.shtml。

二 中国转型金融的总体部署

（一）推动转型金融发展的政策导向

1.《G20可持续金融路线图》为中国转型金融提供行动指引

《G20可持续金融路线图》（以下简称《路线图》）是当前国际上较具有影响力的转型金融指南之一，中国作为G20可持续金融小组的成员参与了《路线图》的编写，《路线图》所形成的转型金融的总体框架也为中国转型金融提供着行动指引。2021年，G20主席国意大利重启可持续金融研究小组，同时邀请中国（中国人民银行）和美国（财政部）担任共同主席。在各方支持下，该研究小组于2021年4月升级为G20可持续金融工作组，形成《2021年G20可持续金融综合报告》，并发布首份《G20可持续金融路线图》，建立转型金融框架是《路线图》中的重要内容之一。《路线图》鼓励各国在未来的可持续金融界定标准中容纳更多可以支持气候转型的经济活动，并提出必须建立支持转型金融活动政策框架以及制定转型金融分类目录。《路线图》形成了转型金融发展的五大支柱，包括转型活动界定的标准与原则、对转型活动与投资的信息披露、有效的转型金融工具支持、转型金融的激励政策以及公正转型。《路线图》中关于转型金融的框架性要求正在影响着国内金融监管部门与金融机构等各主体发展转型金融的政策制定与实践探索，成为引导中国转型金融布局的重要文件。2022年12月，中国人民银行副行长宣昌能在上海外滩峰会上表示，将积极落实《G20转型金融框架》，充分结合中国实际，加大金融支持经济低碳转型的力度和质效。

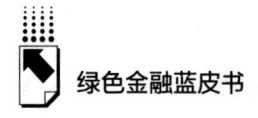

2. 中国金融监管部门正在积极推动转型金融的框架设计

与绿色金融相比，转型金融更具有灵活性、针对性与适应性，可在引领碳密集型产业低碳或零碳转型方面发挥重要作用，更大范围更大规模满足重点高碳排、高环境影响领域的资金需求，对中国实现"双碳"目标至关重要，这是国内金融监管部门代表较早针对转型金融的公开表态，中国人民银行也于2021年启动转型金融研究工作[1]。之后，中国人民银行在召开2022年研究工作电视会议时提出，要以支持绿色低碳发展为主线，继续深化转型金融研究，实现绿色金融与转型金融的有序有效衔接，形成具有可操作性的政策举措[2]。2023年，中国人民银行提出，要将气候变化相关因素全面纳入转型金融政策及工具设计，包括完善转型金融标准体系、强化碳核算和环境信息披露要求、完善激励约束机制、常规开展气候风险压力测试、丰富转型金融产品和服务体系等方式，并以地方先行先试推动转型金融全局发展[3]。据悉，中国人民银行已初步明确了转型金融的基本原则，如转型金融支持领域在减缓或适应气候变化方面应有直接或间接的显著贡献，且对其他环境和社会可持续发展目标无重大损害；转型金融标准应与国家、地方、行业政策相协调，与国际通行标准兼容；与标准相应的环境信息披露应简便易行，不给市场主体造成过重负担等[4]，并组织开展了钢铁、煤电、建筑建

---

[1] 《央行副行长：已开展4个领域转型金融标准研究，条件成熟时将发布》，澎湃网，2022年12月10日，https://www.thepaper.cn/newsDetail_forward_21111194。

[2] 《2022：绿色金融再扩容再加力》，北京市地方金融管理局网站，2022年12月28日，https://jrj.beijing.gov.cn/jrgzdt/202212/t20221228_2885895.html。

[3] 《推动绿色金融与转型金融有效衔接》，中国人民银行办公厅网站，http://www.pbc.gov.cn/redianzhuanti/118742/5118184/5134061/5135397/index.html。

[4] 《信息量满满！央行、银保监会周末发声：资管行业前景依然广阔，警惕影子银行风险反弹回潮》，《证券时报》百家号，2022年7月30日，https://baijiahao.baidu.com/s?id=1739778207229282260&wfr=spider&for=pc。

材、农业等领域的转型金融标准研究，将在条件成熟时予以公开发布。

3. **部分地区开展转型金融的先行试点**

当前，我国部分地区已自行开展转型金融先行试点工作。2022年1月，中国首批绿色金融改革创新试验区浙江省湖州市率先出台《深化建设绿色金融改革创新试验区 探索构建低碳转型金融体系的实施意见》，系统规划了转型金融发展路径，体系化推进转型金融发展，指出转型金融是专项为碳密集行业低碳转型提供金融服务的创新工具。2022年1月，湖州市下发《湖州市转型金融支持目录（2022年版）》（以下简称《目录》），聚焦能源、工业、建筑、农业四大领域，确立了转型金融支持的九大行业，明确了具体的技术标准或路径，并为转型活动设定了转型基准值和目标值，推动融资主体的转型目标"可衡量、可报告、可核查"。2022年9月，浙江省衢州市人民政府办公室发布《关于深化基于碳账户的转型金融工作实施意见（2022—2026年）》，明确提出通过实施转型金融强基、激励、创新、数字智治、产研合作五大工程，充分发挥金融对低碳循环社会经济体系形成的牵引和托举作用。此外，重庆、天津、河北、上海等也于2023年通过出台转型金融目录等方式开展转型金融的相关探索（见表1）。目前，在全国统一的转型金融监管要求出台之前，按照碳达峰碳中和"1+N"政策体系，部分地区自行开展转型金融先行试点，并结合地方实际情况编制、出台适用于当地的转型金融目录及激励政策，可以为未来出台全国规范性政策、标准提供实践基础。

4. **债券领域转型金融政策先行引导债券市场发展**

2021年，中国银行间市场交易商协会（以下简称"交易商协会"）推出可持续发展挂钩债券，是转型金融产品在中国金融市场

表1 2023年发布转型金融相关指导性文件的省份

发布时间	发布省份	文件名称	主要内容
2023年5月	重庆	《重庆市转型金融支持项目目录（2023年版）》	列示的支持项目主要涉及能源、农业、化工、钢铁、建材和有色六大领域
2023年10月	天津	《天津市化工行业重点领域转型金融实施指南》	全国首个定向于化工行业的转型金融标准
2023年12月	河北	《河北省钢铁行业转型金融工作指引（2023—2024年版）》	全国首个定位于钢铁行业的转型金融指导文件，为金融机构开展钢铁行业转型金融业务提供了政策依据
2023年12月	上海	《上海市转型金融目录（试行）》	综合考量行业工业产值规模和碳排放情况、行业转型基础条件等，将水上运输业、黑色金属冶炼和压延加工业、石油加工业、化学原料及化学制品制造业、汽车制造业和航空运输业等六大行业纳入首批支持行业

的初次尝试。可持续发展挂钩债券是目标导向型的融资工具，对发行主体、发行方式、资金投向无硬性要求，更注重企业自定的目标是否达成，资金用途更加灵活。可持续发展挂钩债券的债券条款与关键绩效指标（KPI）实现情况挂钩，发行人会在债券发行时设置与KPI相对应的定量可持续发展绩效目标（SPT），若未实现预设的目标则会影响债券结构调整，虽然可持续发展挂钩债券不仅限于对高碳领域提供金融支持，但其确已成为助力高碳企业绿色转型的重要金融工具。

2022年，交易商协会发布《关于开展转型债券相关创新试点的通知》（以下简称《通知》），主要将生态环境部办公厅在《关于做好2022年企业温室气体排放报告管理相关重点工作的通知》中明确的八大高碳排行业①作为转型金融支持的试点领域，加强对发行人的转型规划以及募集资金信息披露，引导和督促"棕色"领域的企业进行转型发展规划。除此之外，《通知》还将内容属于绿色但不满足技术指标的项目纳入支持范围，为其提供融资渠道；同时，与碳达峰碳中和目标相适应、具有减污降碳和能效提升作用的项目和其他相关经济活动，也可获得转型债券的资金支持。

2022年，上交所发布了《上海证券交易所公司债券发行上市审核规则适用指引第2号——特定品种公司债券（2022年修订）》，要求其募集资金投向高耗能行业重点领域节能降碳改造升级实施指南、绿色技术推广目录、工业节能技术推荐目录、"能效之星"装备产品目录等提出的先进技术装备及其他有助于生产过程污染防治、降低产品能耗碳排的技术工艺及装备等节能降碳技术研发和应用领域；煤炭安全高效绿色智能开采和清洁高效加工、煤炭资源综合利用、油气清洁高效利用等化石能源清洁高效开发利用领域；节能降耗技术应用、老旧基础设施转型升级等数据中心及其他新型基础设施节能降耗领域；园区能源系统整体优化和污染综合整治、"绿岛"项目建设等园区节能环保提升领域；其他助推低碳转型的领域。目前，债券市场已经初步形成了支持高碳行业转型的引导政策。

（二）转型金融的市场实践

中国转型金融的市场实践在"双碳"目标提出后开始加快推进，银行、信托、证券等不同类型的金融机构均围绕支持重点高碳行业转型开展金融创新，同时部分地区也围绕有利于转型金融发展的配套举措进行探索。

---

① 八大行业指电力、建材、钢铁、有色、石化、化工、造纸、民航。

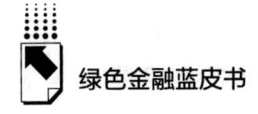

1. 银行业金融机构正在探索转型类信贷产品

中国部分银行业金融机构率先推出低碳转型贷款，支持高碳行业企业在通过信贷手段进行融资时，能够采取必要的手段确保实现有效低碳转型。2022年10月，中国建设银行湖州分行创新推出《转型金融贷款业务管理规范》，以碳密集行业为重点支持对象，形成转型金融业务的操作指引，湖州分行以此为基础推出《转型金融项目库》，截至2023年9月末，湖州分行已成功支持转型金融项目6个，合计金额13.2亿元。另外，以湖州银行向长兴某纺织印染公司发放的首笔"生产方式绿色化改造"贷款为例，该笔贷款资金规模为5300万元，主要用于工业企业绿色低碳化改造，包括对原有厂房低改高、淘汰置换染色机等旧设备、新增染料助剂自动调配与配送系统等，项目建成后每年能减少二氧化碳排放600余吨。中国银行也推出了转型金融指导性文件，用以指导行业转型金融的相关实践。此外，其他银行业金融机构也在积极开展碳减排挂钩的信贷实践，例如邮储银行岳阳市分行向华能湖南岳阳发电有限责任公司发放的1.25亿元"碳减排挂钩"贷款，将贷款利率与客户在经营过程中的"碳表现"（如"碳减排量"）挂钩，以此激发企业低碳发展的内生动力。

2. 债券市场的转型产品正处于萌芽阶段

在政策引领下，转型债券成为支持高碳行业转型的重要金融工具。截至2023年末，我国境内可持续发展挂钩债券累计发行94只，发行规模约1000.75亿元，主要投向电力、热力、燃气及水生产和供应业；低碳转型债券累计发行6只，发行规模约47.68亿元，主要投向制造业；低碳转型挂钩债券累计发行42只，发行规模约364.70亿元，主要投向建筑业；转型债券累计发行11只，发行规模约51.30亿元，主要投向电力、热力、燃气及水生产和供应业。从债券类转型金融产品的特点来看，在发行债券时需对整体转型规划和路径、募投项目领域、预计或实际的转型效益等方面进行披露，并由专业的第三方评估机构对其进行评估，从而为转型债券投资的科学性与有效性提供必要的保障。从挂钩类债券的结构设计来看，关键绩效指标（KPI）主要包括标煤和综合能耗、氮氧化物排放量、可再生能源装机量、绿色建筑竣工面积等，发行人根据企业发展情况设定可持续发展绩效目标（SPT），若发行人未按约定实现目标，则挂钩条款一般为票面利率上调10~30bps。

3. 碳交易市场助力转型金融

2021年7月，全国碳交易市场（以下简称"全国碳市场"）开市，截至2023年12月31日，全国碳市场已完成第二个履约周期（2021~2022年）的清缴工作。第二个履约周期共纳入发电行业重点排放单位2257家，年覆盖二氧化碳排放量约51亿吨，是全球覆盖排放量规模最大的碳市场。截至2023年底，碳排放配额累计成交量达4.42亿吨，累计成交额约249亿元。基于碳交易市场而形成的碳金融产品创新也于市场上陆续涌现，如浙江、江苏、广东等省份出台指引性文件鼓励金融机构开展基于碳配额的产品创新，面向煤电企业的碳配额融资陆续推广，实现转型能力向融资的转化。除了信贷领域之外，在信托、基金等领域也陆续出现了相关的金融产品，如2021年兴业信托发行福建省内首单碳排放权绿色信托计划"兴业信托·利丰A016碳权1号集合资金信托计划"。该信托计划的信托资金通过受让碳排放权收益权的形式，将福建省碳排放交易市场公开交易价格作为标的信托财产估价标准，为福建三钢闽光股份有限公司提供了融资支持。

4. 有助于转型金融应用的市场配套设施正在建立

转型金融的应用需要对转型目标与路径进行有效评价，也需要对转型效益进行科学监测，所以必要的市场配套设施是转型金融得以应用的前提。当前，中国多地区、市场主体开展的相关实践正在成为发展转型金融的有效支撑。一类是以碳账户为代表的、支持转型效益监测的平台体系。以衢州碳账户为例，衢州碳账户体系通过构建"双碳大脑+数智控碳"为核心的多跨应用场景，用于收集与记录不同市场主体的碳排放信息，覆盖工业、农业（林业）、能源、建筑、交通和居民生活等六大领域，同时通过碳账户数据建立企业碳征信和个人碳积分信用机制，以此为基础开发碳账户金融产品，能够从"碳维度"重新衡量评估经济主体价值，精准授信发放贷款，实施差别化约束激励机制。

另一类是以碳排放信息披露为代表的信息共享机制。以福建省碳排放在线监测与应用公共平台为例，该平台集碳排放信息双向管理、实时精准监测、碳数据深度挖掘、减碳技术方案分析、碳核算结果智能分析等功能于一体，能够动态跟踪计量器具的溯源情况，将计量数据直接关联至对应的计量器具，促进计量管理模式由器具溯源管理向数据溯源管理转型；该平台在线监测发电、水泥、陶瓷、造纸等行业的碳排放量，并与福建省能源计量数据公共平台的重点排放单位数据进行联网对接，实现了能源计量和碳排放协同化管理；该平台是全国首个碳排放在线监测与应用公共平台，不仅能够为政府的碳排放监管与政策制定提供支撑，还能够为企业落实减碳主体责任提供服务，推进碳排放全面、智能、精准、高效管理。此外，随着碳排放核算的标准制度、技术监测等机制的不断完善，转型金融将得到进一步的应用。

三　中国转型金融的地方实践

（一）浙江：开展转型金融的多元实践

浙江作为绿色金融创新发展的领先省份，2023年积极开展转型金融实践。2023年，湖州市与衢州市在原有国家级绿色金融改革创新试验区发展的基础上，以绿色金融与转型金融的有效衔接为切入点，持续扩大与提高绿色金融服务的覆盖范围与深度，为地方经济社会高质量发展注入强劲动力。

1. 湖州市

2023年，湖州市为全力争创国家绿色金融改革创新示范区，深入推进绿色金融改革创新，发布《湖州市2023年绿色金融改革创新推进计划》（以下简称《推进计划》）和《关于深化绿色金融改革的若干政策意见》（以下简称《政策意见》），并将"金融支持低碳转型"作为政策重点予以强调。《推进计划》明确提出探索实施转型金融改革，并对责任单位做出具体安排，保障相关工作的贯彻落实。《政策意见》将"推进转型金融改革走在前列"作为深化绿色金融改革攻坚的重中之重，并提出在转型领域试行资金补助措施等具体计划，以激励经济社会全面提升推动低碳转型的自主性。

（1）目录设置情况

2022年1月，湖州市针对企业转型技术路径规划难的堵点，推出《湖州市转型金融支持目录（2022年版）》，并作为典型案例被写入G20可持续金融工作组成果报告。2023年6月，湖州市为进一步提升转型金融的针对性和有效性，遵循《G20转型金融框架》对转型活动和转型投资界定标准的有关要求，以技术先进性、减排显著性为原则，迭代推出《湖州市转型金融支持活动目录（2023年版）》。一方面，湖州市以问题为导向，综合采用"白名单"与"技术中立"原则，围绕全市"8+1"类重点高碳行业，规划106项转型技术或路径，重点解决转型活动认定难、企业转型技术路径规划难等问题，为企业和金融机构有效使用目录提供详尽参考；另一方面，以科学性与适用性为原则，编制《重点行业转型目标规划指南》，通过设置细分行业低碳转型基准值和目标值，引导企业设置优于行业指引目标的短

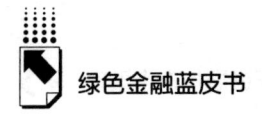

期、中期、长期转型目标。同时，以纺织、造纸、化工、有色金属等八大省内传统重点行业和电线电缆一个中类行业为先行引导，探索扩展为37项细分行业，稳妥扩大转型金融覆盖面，以实现对地方经济绿色转型的有效支持。

(2) 转型金融产品创新

在产品创新方面，湖州市着重发挥金融机构作为市场主体的创新原动力，在信贷准入、授信审批、利率定价等方面给予专项支持，提升机构转型金融产品及服务创新能力。针对转型金融支持的重点行业企业，湖州市通过构建"白名单"的形式向上争取授信额度支持，并提供与企业低碳转型绩效目标实现情况挂钩的浮动利率，为名单内的企业提供享有优惠利率的融资支持。另外，对金融机构进一步细化分类，将银行融资分为绿色、棕色、转型三大"资产篮"，实行"分篮施策、分层管理"，对转型企业融资优先受理、优先审批，确保业务"随到随审、随报随批"，并根据企业转型方案在原有的基础上给予利率下浮。例如，长兴农商银行聚焦纺织业转型需求，针对县内重点行业推出"纺织转型贷"，创新开发"小微碳效贷"，根据企业碳效码等级以及绿色认定程度给予最高60个基点的利率优惠。

在债券支持工具方面，湖州市交通投资集团有限公司成功发行2023年度全国首单交通企业可持续发展挂钩债券，创2023年浙江省同评级中期票据发行利率新低。

(3) 转型信息披露要求

湖州市始终将环境信息披露视为推动绿色金融深化改革的重要一环，以提升环境信息透明度与可比性。2023年，湖州市进一步探索了在转型金融信息披露方面的实践，强化了环境信息披露的制度建设；同时，深入开展了相关研究，积极推动转型信息披露标准与国际接轨。

在机构端，湖州市一方面围绕《金融机构环境信息披露指南》

要求，以《区域性"碳中和"银行建设指南》《"碳中和"银行机构建设与管理规范》为制度引领，强化银行业金融机构碳核算和环境信息披露要求；另一方面以中国人民银行绿色金融信息管理系统为依托，实现年度报告在线披露，全域银行机构完成环境信息线上披露。在企业端，湖州市推动搭建数字化支撑平台，为构建企业碳账户提供基础设施支持。在兼顾效率、公平、覆盖面以及科学性的基础上，湖州市聚焦于企业碳账户建设，开创了企业碳核算数字化、智能化的新模式，以提升企业信息披露的真实性与准确性，增强市场对企业转型进展的了解与信任。在国际合作方面，湖州市积极对接国际组织，深入开展相关研究，探讨中外标准兼容问题，为国内环境信息披露标准完善提供理论支撑。目前，已有湖州银行、安吉农商银行以及上市公司能链智电等作为试点单位，率先加入"可持续披露准则先学伙伴"倡议。

（4）激励举措

2023年，湖州市出台新一轮绿色金融改革政策意见，制定16条政策措施，对企业和金融机构予以激励。面向企业，通过转型企业贷款补助、绿色保险保费奖补、绿色债券发行补贴、绿色增信激励等政策，推动企业扩大绿色低碳发展融资需求。面向金融机构，构建以考评激励为主、适当奖补为辅的政策体系，例如为激发转型主体动力，财政与金融协同构建湖州转型金融政策支撑体系。对纳入转型企业名单、转型目标达到时序进度的企业，按照年度新增贷款规模，最高给予0.5%补助，每家企业补助金额不超过30万元；对开展转型信息披露、实现公正转型的企业，补助金额上浮10%。

（5）公正转型

2023年，湖州市参照《G20转型金融框架》有关要求，发布《公正转型评估办法》，指导企业准确评估转型活动对就业、供应链、物价等方面的影响，制定潜在负面社会经济影响的应对预案，并提出缓解措施，确保公正转型。在具体实施方面，湖州市金融监管机构将公正转型纳入银行贷款业务全流程，制定《湖州市融资主体公正转型评估办法（试行）》，在系统内实施企业公正转型评估，将企业公正转型情况纳入客户准入、授信审批、客户用信、贷后管理等业务全流程，对认定为公正转型正向的客户，给予更优惠利率；对负向的客户，重新评估原有的转型融资方案，要求企业针对负向指标提出完善意见，确保就业稳定和社会公平。

专栏1　湖州市纺织行业"五个一"转型实践

选择一个行业：湖州市选择纺织行业作为首批转型金融支持重点行业。转型金融主要为推动高排放高污染领域绿色低碳转型的项目和活动提供金融服务。从2021年湖州市八大高能耗行业增加值占比和能耗占比来看，纺织业对湖州市的GDP贡献较大，但其能耗占比在所有行业中也相对较高。另外，从地方产业发展来看，纺织业是湖州市长兴县的传统支柱产业之一，且政府对纺织行业低碳转型有较强意愿。

制定一个标准：编制《转型金融支持纺织行业经济活动目录》。在前期《湖州市转型金融支持目录》的基础上，湖州市细化编制了《转型金融支持纺织行业经济活动目录》，梳理形成了技术路径77项，并确定其中19项技术路径为鼓励企业采用的路径。同时，为方便银企对接，与经信部门协商形成纺织行业转型企业库首批企业建议清单，包括规上、优质企业的纺织转型重点企业库。

创新一款产品：创新转型目标挂钩产品"纺织转型贷"。指导长兴农商银行推出"纺织转型贷"，在贷前调查阶段获取碳排放量、碳排放强度、碳效等级、转型发展方案或规划等信息；在授信审批、合同等环节，明确对转型企业的管理条款，要求企业提交转型活动进展报告、披露募资用途及使用情况等；在贷后环节，对企业碳排放强度、碳效变化等阶段性转型绩效进行核验，并通过上浮或下调贷款利率、贷款规模调整等措施予以激励或约束。

出台一个政策：财政金融协同构建转型金融政策支撑体系。一方面，强化地方财政奖补激励。如湖州市明确对纳入转型企业名单、有序推进转型的企业，按照年度新增中长期贷款规模最高给予0.5%的补助，每家企业补助金额不超过30万元。另一方面，强化金融政策支持。如在支小再贷款、再贴现、普惠小微贷款支持工具等运用时，优先支持转型企业和转型项目。

建立一套披露机制：以公正转型为目标建立转型金融信息披露框架。一是建立转型企业信息披露方案，在融资主体转型方案中设计转型信息披露，对披露形式与内容进行约定，包括企业转型目标及完成情况、节能降耗相关措施、转型融资计划及筹得资金使用、企业公正转型与可持续发展等情况。二是编制《融资主体公正转型评估办法》，设置员工稳定性、供应链韧性、ESG表现等评估指标，引导融资主体评估、披露并采取措施缓解转型活动可能带来的社会影响，保证转型活动社会公正性。三是指导金融机构在现有环境信息披露框架下，增加重点行业转型金融信息披露模块，对转型金融产品服务体系、减碳效益、风险管理、公正转型等内容进行披露。

2. 衢州市

衢州市在推进绿色金融改革创新实践的过程中，始终以"金融支持传统产业绿色改造转型"为发力主线，通过探索并构建覆盖工业、农业、能源、建筑、交通运输和居民生活等六大领域的碳账户体系和碳账户金融"5e"闭环系统，初步形成基于碳账户的转型金融的衢州路径。

（1）目录设置情况

2022年，中国人民银行等四部门联合浙江省政府出台的《关于金融支持浙江高质量发展建设共同富裕示范区的意见》中提出，推动衢州市探索基于碳账户的转型金融路径。此后，衢州市发布《衢州市人民政府办公室关于深化基于碳账户的转型金融工作实施意见（2022—2026年）》，以金融支持传统产业绿色低碳转型为主线，实施转型金融强基、激励、创新、数字智治及产研合作五大工程，进一步强化基于碳账户的转型金融顶层设计。

在政策的大力支持下，衢州市采取了与制定转型目录及目标指引不同的方法，将转型数据作为推动转型金融发展的关键。衢州市以碳账户体系作为技术支撑，利用可操作、可计量、可验证、可评价的碳排放数据，有效克服了转型金融在数据来源、数据质量及数据时效性等方面所面临的挑战。在具有公信力数据的基础上，衢州市建立了"三维四色"贴标评价体系，精准描绘了各领域主体的"碳画像"，并据此拓展了转型金融的应用场景。

此外，衢州市人民政府于2023年印发了《衢州国家林业碳汇试点市建设实施方案（2023—2025年）》，旨在建设林业碳账户综合管理平台，并形成一系列林业碳账户应用制度标准成果，以期进一步完善碳账户体系，同时有效拓展金融支持路径。

专栏2　建立覆盖各类碳减排责任主体的碳账户的具体实践

企业碳账户：助力金融资源绿色化配置。为保证企业碳账户的精准建立，衢州市成立了能源大数据中心，在企业安装终端能耗采集设备以采集企业多种能源消耗数据。此外，政府部门通过各种数据画像对全市能碳水平进行多维度的统计分析。衢州市邀请了国内先进团队打造核算标准，并发布了省内首个工业企业碳账户体系地方标准，打造了"四色三维"精准贴标体系。江山市双氧水有限公司（以下简称"江山双氧水"）是衢州市工业企业碳账户的一个典型案例。江山双氧水原有生产工艺中产生的二氧化碳排放占66%，在"双碳"

目标下企业生存环境改变,需要围绕企业碳减排、碳捕捉再利用等进行转型升级。被纳入工业企业"碳账户"体系后,该公司能实时监测其能源消耗及碳排情况,并通过科学测算精准找到减排点。目前,衢州全市规上企业碳账户覆盖率已达到100%。

个人碳账户:以"碳普惠"激励绿色生活。碳减排工作的责任主体不仅在于政府和企业,更在于个人。个人碳账户的建立,使得消费主体的减碳行为有据可查、有迹可循。数据采集后,按照已批准发布的《银行个人碳账户管理规范》省级团体标准,可以对个人绿色行为减排量进行相应折算,得到个人碳积分。在评价环节,根据核算得出的碳积分,个人碳账户被分为"深绿、中绿、浅绿"三种等级。采集数据、核算个人碳积分并对减碳效果进行评价,都是为了引导社会公众主动使用个人碳账户,通过正向激励措施,有效引领居民树立绿色低碳生活理念,促进发展方式绿色转型。随着个人碳账户体系的完善,衢州市民低碳实践与工作生活之间的联系愈发紧密。目前,衢州市个人碳账户数量已达215万个,占常住人口数量的93%。

碳账户有效衔接绿色金融与转型金融。衢州碳账户还在"碳金融"场景得到了应用,引导金融资源投入具有显著碳减排效益的领域。金融机构可以根据碳账户标签的不同,精准识别企业绿色的"深浅",给予不同力度的信贷支持。目前,全市33家金融机构推出55款碳金融专属产品,累计发放企业碳账户贷款408亿元。此外,衢州市还引导金融机构对碳账户标签为深绿、浅绿的企业开通绿色通道,优先给予信贷支持,简化信贷审批环节,实行优惠贷款利率定价,对黄色、红色标签企业,结合行业、企业发展前景,审慎给予信贷支持。碳账户贷款额度最高可给予1.5倍提额系数,利率定价最高可减少100bp。

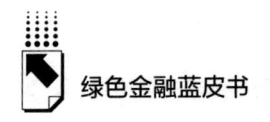

(2) 转型金融产品创新

2023 年，《衢州市推进低碳转型目标挂钩贷款工作的实施意见》，指导各银行业金融机构创新运用贷款利率动态调整机制，将贷款利率与企业单位能耗、单位碳排放等绿色经济指标挂钩。金融机构还可以通过数字化手段将碳账户信息应用于客户准入、授信管理、利率定价和风险控制等信贷过程，推出低碳贷、减碳贷及零碳贷等创新金融产品，并依托衢融通平台打造碳金融线上超市，提供一站式在线金融服务。衢州市结合自身以重化工业和高碳农业为主的产业结构，重点推动了以碳账户为基础的转型金融可持续挂钩贷款创新，支持金融机构开展低碳转型目标挂钩贷款，特别是在高碳排行业如水泥和化工（合成氨）领域，精准助力行业减碳转型。

(3) 转型信息披露要求

衢州市首创碳征信报告及基于碳账户的环境信息披露制度。通过归集碳账户碳排总量、强度、贴标结果等重要指标，创新建立企业碳征信报告，经报告主体授权后，供金融机构查询和使用，为其进行低碳投资和风险管理提供数据支持。通过开展基于碳账户的碳效评估模型，创建基于产品产量和相对（绝对）减碳量的标准化测算模型，实现金融机构投融资活动碳排放信息的精准计量和自动生成。同时，定期发布行业、区域、重点碳排企业温室气体排放报告，建立碳排放重点支持和限制企业名录；建立涵盖气候投融资、自身经营活动、环境风险管理等领域的具有衢州特色的环境信息披露报告制度，统一低碳转型效果测算方法，清晰界定金融机构披露边界和频率。

(4) 激励举措

在企业层面，衢州市金融监管机构通过将衢州金融机构的核心业务系统进行相应改造，与"碳账户金融"平台对接，使其成为金融机构在绿色信贷授信过程中的必选工作，引导金融机构主动识别碳资产、推动减排工作。同时，指导金融机构聚焦减污降碳、绿色普惠、生态价值实现等重点领域，加大产品服务创新力度，并给予一定的利率优惠扶持。在个人层面，衢州市依据《银行个人碳账户管理规范》省级团体标准对数据进行采集折算，得到个人碳积分。根据核算得出的碳积分，个人碳账户被分为"深绿、中绿、浅绿"三种等级。其中，碳减排量在衢州市排前10%的居民被划为"深绿"，排名在10%~40%的被划为"中绿"，其余的则被划为"浅绿"。个人名下的碳积分可兑换成消费红包或享受相应的信贷优惠。另外，个人碳账户积分还被纳入衢州地方政府信用评价计算体系"信安分"。通过正向的激励措施，引导社会公众主动使用个人碳账户，从而全面推行绿色低碳的生活理念。

（二）江西：推动转型金融改革深入县域，助力经济高质量发展

近年来，江西积极推进绿色金融和转型金融的融合创新，发布了《江西省绿色金融发展规划（2022—2025年）》《赣江新区绿色金融改革创新试验区实施细则》等政策文件，建立健全政策支持体系，深化绿色金融与转型金融融合，支持传统产业向绿色转型，增强金融服务实体经济的能力。江西在2022年4月印发的绿色金融工作要点中，明确提出了推动九江市、萍乡市、鹰潭市开展转型金融试点的要求，强调各地结合自身资源禀赋，挑选具有示范意义且具备实施可行性的工业园区及高碳企业，开展转型金融探索与实践。截至2023年，九江市、萍乡市、鹰潭市在转型金融领域中展现出各自的侧重，并取得了不同的进展。

1. 目录设置情况

九江市以湖口县为首个试点，大力推进转型金融工作，出台《九江市金融支持湖口县工业园区转型试点工作方案》，通过共建产业转型项目库，建立金融支持转型目录，完善信息披露机制及激励机

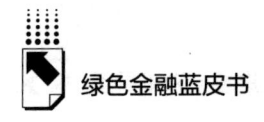

制等，引导金融机构加大对湖口县园区内工业企业低碳转型的资金支持，尤其是在清洁能源、节能环保和碳减排技术等重点领域的资金支持。

萍乡市在市级层面发布了《转型金融融资指导意见》，界定转型融资的原则框架，明确信息披露要求，引导金融机构加强资金管理。同时，通过打造以工业碳账户为特色的数字碳金融服务平台，采用科学的碳表现评价方法，建立绿色低碳融资企业和项目库，引导金融支持减碳企业。另外，萍乡市加强对芦溪县的定向指导，在出台《芦溪县工业园转型金融试点工作实施方案》《转型金融融资指导意见（试行）》等文件的基础上，落实"制定园区转型规划、编制转型融资指导意见、建立园区转型项目库"等事项。

鹰潭市以主导产业铜基新材料为工作重点，印发《鹰潭市铜基新材料产业转型金融试点工作实施方案》，明确3年规划、4类工作和14条任务，编制《鹰潭市铜基新材料产业转型金融支持目录》，帮助金融机构准确识别转型需求，并建立转型金融需求项目库，为铜企业提供技术改造和节能设备更新项目支持。

2. 转型金融产品创新情况

九江银行创设了针对中小企业的"碳效贷"，将贷款利率设定与企业碳排放综合表现挂钩。萍乡市依托数字碳金融服务平台，推出"数碳融""云碳贷"等转型金融专属产品，专门用于支持高碳工业和农业企业进行节能减排和清洁生产设备改造，2023年共为转型金融项目库内66个项目和企业授信38.53亿元，贷款余额10.48亿元。鹰潭市金融机构积极参与铜产业绿色转型，通过数字技术将企业的碳绩效转化为实际支持，创新推出了"工业创新贷""转型升级贷"等产品，支持企业技术研发、创新成果产业化和低碳转型。其中，"工业创新贷"以"财政资金增信引导+货币政策工具支持+银行信贷资金跟进"的总体思路，主要面向获批工业创新券备案的企业和通过工业创新券结题评审的企业，通过市、区两级政府筹资 1 亿元设立贷款风险补偿资金，以 1∶10 的比例撬动银行信贷资金 10 亿元，支持工业创新券项目研发及后续产业化。

3. 转型信息披露要求

九江市在《九江市金融支持湖口县工业园区转型试点工作方案》中明确提出建立转型效果信息披露机制，加强部门信息共享，督促金融机构将环境经济政策、减排进展、行业准入、企业环境信用评级结果等纳入贷款信息决策体系。同时，要求金融机构在向企业提供转型项目贷款时，必须收集项目可行性研究报告、环评报告或生态环境部门认可的专业机构出具的评估报告。在相关数据的支持下，对企业碳排放强度进行综合评价，并以此作为调整授信额度的依据。

鹰潭市制定了《鹰潭市铜产业特色监测实施方案（2022）》，由工信局牵头建立了覆盖全市 140 余家主要铜企业碳排放量和碳效水平的数据库，搭建"政府主导、部门配合、企业支持、税务监管"四位一体监管模式，全面提升碳排放监测能力，为铜企业进行低碳转型和技术改造升级提供数据支持，同时为后续推进转型信息披露工作打下数据基础。

4. 激励举措

九江市全面考量了激励机制和约束机制对金融机构开展转型金融业务的影响，并在相关政策文件中明确，对于转型金融支持力度大、成效明显的金融机构，相关部门将在年度考核中予以倾斜，同时在再贷款、再贴现等货币政策工具上予以倾斜支持。

萍乡市出台了《关于促进芦溪县转型金融试点的若干激励政策》《关于开展银保联动　助推转型金融试点工作实施意见》等政策文件，完善了转型金融的专项激励机制。同时，推动金融机构参与转型金融试点工作，并将其纳入区域经济发展考核评价体系，对成效显著

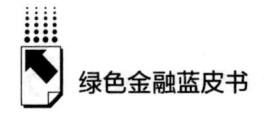

的机构给予政策激励。芦溪县作为萍乡市转型金融工作的首个试点县，出台了优惠利率贷款、支持贷款贴息和项目奖励等多项政策，以提升企业绿色转型项目的融资可得性。

一方面，鹰潭市采取市场化手段，建立8亿元规模的"担保基金+"模式、2.2亿元规模的"专项基金+"模式和10.6亿元规模的"投贷联动"模式，以缓解转型创新过程中的风险，激发企业及金融机构的创新动能。另一方面，鹰潭市将金融机构在支持铜产业转型方面的金融服务工作成效纳入地方经济发展和绿色产业发展考核体系，通过财政资金存放、税收返还等方式奖励成效显著的机构。

5.公正转型

鹰潭市在全域推行《铜产业转型金融支持项目目录》，指出要将绿色转型风险纳入金融机构公司战略和偏好管理，平稳有序推进铜企业绿色低碳转型，保障产业链、供应链基本稳定，不搞"一刀切"式退出，不盲目对未纳入转型金融监测体系的企业和项目抽贷、断贷。同时，鹰潭市探索建立公正转型指标体系，引导金融机构将公正转型理念嵌入转型金融产品全流程管理，扩大和提高金融服务铜产业转型的广度和深度。

（三）河北：聚焦钢铁行业的转型金融实践

作为我国钢铁产业的重要集聚区，河北的钢铁产能约占全国的20%、世界的10%。加快推进钢铁行业低碳转型，对于全国乃至全球的减排工作均具有重要意义。为应对钢铁产业高质量发展过程中所面临的资金短缺问题，2023年12月，中国人民银行河北省分行等七部门制定《河北省钢铁行业转型金融工作指引（2023—2024年版）》（以下简称《工作指引》），旨在以转型金融为抓手，促进钢铁产业的低碳转型。《工作指引》明确了河北省钢铁行业转型金融支持范围和业务开展流程，为金融机构开展转型金融业务提供了依据；《工作指引》是当前河北省转型金融发展的主要政策指导，也是全国首个钢铁行业转型金融的技术指引。同时，配套出台了《河北省钢铁行业转型金融支持技术目录（2023—2024年版）》《河北省钢铁企业转型方案编制大纲（2023—2024年版）》，以更好地支持河北省钢铁行业转型金融的落地实践。

1. 目录设置情况

2023年12月，中国人民银行河北省分行等七部门联合印发《河北省钢铁行业转型金融支持技术目录（2023—2024年版）》，共分为重点工序节能提效技术、余热余压回收利用、能源公辅、固废资源综合利用、水污染治理技术、大气污染治理技术、智慧化、可再生能源发电、流程优化和其他等十个部分，各个部分选取的技术均从技术名称、技术简介和应用实绩三个方面进行描述。该目录选取的技术来源于中国钢铁工业协会的《钢铁行业达标杆节能技术清单》《绿色技术推广目录（2020年）》《国家工业节能技术应用指南与案例（2022年版）》等文件及钢铁企业推荐的有实际效果的转型技术，包括2020~2023年国家层面钢铁行业涉及降碳、减污、节能的最新技术及钢铁企业推荐的有较好实际效果的176项技术类别。一方面，企业可以根据《河北省钢铁行业转型金融支持技术目录（2023—2024年版）》《河北省钢铁企业转型方案编制大纲（2023—2024年版）》制定符合转型金融要求的整体转型方案和2024~2025年的降碳、节能或减污投资计划；另一方面，金融机构需要对所有符合支持条件的钢铁企业给予支持，不得因为企业的产能规模较小或存在钢铁行业信贷限额，而限制转型金融业务的开展。另外，该目录的实行也有助于金融机构在绿色企业和项目筛选、挂钩类产品设计等过程中进行甄别。

2. 转型金融产品创新情况

《工作指引》指出，金融机构为通过评估的企业提供转型金融服

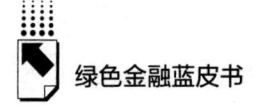

务，一是为企业转型方案制定配套的融资方案；二是对转型方案中所有项目的建设和运营都给予转型金融支持；三是优先提供3~5年的中长期融资，包括转型贷款、可持续发展挂钩贷款、转型债券、可持续发展挂钩债券等。2023年10月，中国银行发行了全球首笔钢铁转型金融债券，规模达到3亿欧元，作为全球首笔由金融机构发行的钢铁转型债券，此次交易募集资金全部用于支持河钢等河北省钢铁企业的绿色转型项目，重点用于钢铁设施节能减排、废钢炼钢等领域。同时，招商银行石家庄分行在推动河北省钢铁产业绿色转型方面发挥了积极作用，不仅发起成立了"河北省钢铁产业绿色转型联盟"，还依据钢铁行业先进工艺技术推荐目录，为当地钢铁企业量身制定了全面的绿色转型金融服务方案。未来，可以参照目录设定能源消耗水平、废弃物排放程度、绿色技术研发情况等指标，给予企业差异化的金融支持，设置更多的可持续发展挂钩贷款。

3. 转型信息披露要求

根据《河北省钢铁企业转型方案编制大纲（2023—2024年版）》附件中的要求，环境信息披露的具体内容主要涉及温室气体排放、其他气体排放、能源管理、水管理、废弃物管理、劳动力健康和安全以及供应链管理等方面；同时，获得转型融资的企业至少每年向金融机构披露一次信息，内容包括但不限于是否有重大环境违法违规行为、低碳转型方案落实情况、转型融资使用情况、转型效果及关键绩效指标完成情况、第三方机构跟踪评估意见等；并且需要描述转型信息披露内容和计划，披露内容应至少包含转型计划落实情况、转型效果与目标进度、转型融资资金使用情况、与转型金融工具条款相关的关键绩效指标完成情况、公正转型相关指标情况等。

4. 激励举措

《河北省钢铁企业转型方案编制大纲（2023—2024年版）》在设计支持钢铁企业的转型金融产品方面，鼓励金融机构将企业融资成本与企业转型绩效挂钩,并将其作为落实转型金融工具激励机制的依据。在设计支持钢铁下游企业的金融产品方面,鼓励金融机构将企业融资成本与企业采购低碳排放钢铁产品的降碳效果挂钩鼓励金融机构发行转型金融债或者帮助钢铁企业发行转型债券,支持钢铁企业低碳转型;鼓励保险机构开发低碳转型类保险产品,形成风险分摊机制,引导长期资金支持钢铁行业低碳转型。

5. 公正转型

《河北省钢铁行业转型金融工作指引(2023—2024年版)》提出,获得转型金融支持的钢铁企业需要满足最低社会保障的要求并进行公正转型;要对经济社会的潜在影响进行分析,如可能出现的失业等问题,从而最大限度减少影响。在第三方评估机构对企业整体转型方案及2024年降碳、节能或减污投资计划进行评估时,也需要对企业是否符合对所有可持续发展目标"无重大损害"原则与是否满足公正转型要求进行评估。同时,金融机构应重视钢铁行业转型过程中涉及的公正转型问题,在转型金融产品设计中要加入公正转型绩效指标,包括但不限于企业转型活动对就业、供应链、物价等的潜在影响,从而促进企业平稳转型。

(四)上海:依托良好的金融生态基础,加快推动转型金融发展

上海是全球金融要素市场最齐备的城市之一,聚集了股票、债券、期货、货币等金融要素市场。各类金融机构均在上海设立了总部或分支机构,为转型金融的发展提供了良好的生态基础。同时,上海作为经济中心城市,其产业结构正面临深刻的转型升级需求,尤其是在钢铁、建筑建材、石油加工、化学原料及化学制品制造等领域。2023年12月,上海市第十六届人民代表大会常务委员会第九次会议通过《上海市发展方式绿色转型促进条例》(以下简称《条例》),

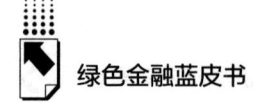

自2024年1月1日起施行。《条例》从法规层面确定了上海发展方式绿色转型的基本框架，为转型金融配套制度的制定和实施提供了依据。

1. 目录设置情况

2023年12月，上海市地方金融监督管理局会同中国人民银行上海市分行等部门联合印发《上海市转型金融目录（试行）》（以下简称《目录》）及《〈上海市转型金融目录（试行）〉使用说明》（以下简称《使用说明》），并于2024年1月1日起生效。《目录》对标《G20转型金融框架》，综合考量行业工业产值规模和碳排放情况、行业转型基础条件等，兼顾经济性与操作性，与中国人民银行及其他省份开展错位探索，将水上运输业、黑色金属冶炼和压延加工业、石油加工业、化学原料及化学制品制造业、汽车制造业和航空运输业等六大行业纳入首批支持行业。《目录》参考国家及本市减排目标，为各行业设定降碳准入值和先进值，以正面清单为主，指明行业范围、降碳路径、技术，以使用说明原则兜底为辅，对于采用《目录》外降碳路径和技术但符合相关条件的转型主体，允许其参照《目录》申请转型金融支持。一方面，《目录》为相关金融机构、地方金融组织、第三方服务机构提供金融支持转型活动的识别指南，引导金融资源精准支持低碳转型重点领域。另一方面，《目录》指导转型主体科学规划转型活动，积极有序推进低碳转型。

2. 转型金融产品创新

《目录》提出，《目录》和《使用说明》将为金融机构开展转型金融提供实践依据，支持金融机构逐步将气候与环境信息披露等因素纳入客户评级体系，建立符合绿色低碳投资特点的信贷管理制度。如中国太保与上海农商银行创新落地全国首笔"保险+转型金融贷款"，贷款规模4100万元。作为全国首笔化学工业转型金融贷款，这也是银行和保险机构在全国转型金融领域的首次跨界合作,此次转型金融贷款支持的高新技术企业,同时也是上海纳入碳排放配额管理单位,产品主要用于建材、环保等领域。为有效应对企业转型目标不达预期、转型路径不及效果等风险,中国太保产险上海分公司提供适合于转型金融的保险产品,为此次转型金融的激励服务提供了"安全垫"。同时,交通银行依据《目录》标准,成功落地全国首笔水上运输业转型金融贷款,完成中远海运集团所属中远海运发展股份有限公司旗下子公司 7.5 亿元转型金融贷款的投放,并基于全产业链客户融资需求,加快研究制定交通银行服务航运产业链绿色低碳转型方案。

3. 转型信息披露要求

《使用说明》对转型主体融资信息披露建立了差异化信息披露分级体系,根据披露内容的完整度和可核实性,分为Ⅰ、Ⅱ、Ⅲ三个披露等级。转型主体在申请融资支持时,可根据企业规模、披露能力、融资额度等因素自行选择或与金融机构协商确定相匹配的披露等级。其中,建议大中型企业或融资额度较大的企业,选择较高级别的披露等级。Ⅰ级披露在申请融资支持时,需要披露本次融资方案、转型相关治理现状以及转型目标与计划等内容,并在获得融资支持后,每自然年度至少一次披露,直至融资到期。Ⅱ级披露在申请融资支持时,在Ⅰ级基础上增加披露转型风险与机遇管理情况、温室气体排放现状(包含范围1、范围2排放)、筹集资金预计带来的节能降碳效果评估、降碳目标和转型计划的可行性评估和转型计划可能带来的负外部性影响评估及应对措施等内容,并在获得融资支持后披露转型计划效果、评估路径实施效果、降碳目标进度测算效果(包含范围1、范围2排放)等。Ⅲ级披露在申请融资时,至少需要满足以下两个条件之一:(1)相关评估、测算结果均基于国家或上海市发布的温室气体自愿减排项目方法学等,或由符合条件的第三方机构出具,确保结果真实可信、可佐证、可核查、可追溯;(2)温室气体排放现状包

含范围3排放。

4. 激励举措

在支持转型金融产品业务发展层面,《使用说明》积极鼓励金融机构及地方金融组织在有效控制风险的基础上,完善可持续挂钩贷款等转型金融工具,优化转型融资审批流程。在设计转型金融产品层面,《使用说明》鼓励金融机构及地方金融组织基于不同披露等级和实际降碳效果,为转型主体提供差异化、可浮动的融资支持及个性化的融资服务,助力碳密集行业加快转型。

(五)重庆:以绿色金融基础设施赋能转型金融发展

重庆作为全国首个省级全域覆盖的国家级绿色金融改革创新试验区,在绿色金融改革方面表现出了高度的执行力和创新性。2023年,重庆积极探索转型金融的发展路径,支持传统产业的转型升级和绿色低碳技术的研发与应用。2023年1月,重庆市人民政府办公厅印发《重庆市建设绿色金融改革创新试验区实施细则》(以下简称《实施细则》),明确了重庆转型金融的主要发展目标,提出要建立转型金融重点项目清单,积极鼓励金融机构向传统高碳企业的节能减排和减碳项目提供信贷服务,推动冶金、建材、石化化工等行业对照标杆水平实施节能降碳改造升级。

2023年3月,中国人民银行重庆营业管理部等部门联合印发《重庆市转型金融支持项目目录(2023年版)》(以下简称《目录》),细分为能源低碳转型、农业低碳生产、化工行业节能降碳、钢铁行业节能降碳、建材行业节能降碳和有色金属冶炼行业节能降碳等6个一级目录以及21个二级目录、74个三级目录和125个四级目录。印发部门基于《目录》联合建立转型金融支持项目库和统计监测数字化平台,通过"长江绿融通"绿色金融大数据综合服务系统,持续向金融机构推送优质转型金融支持项目,并不断依据碳达峰碳中和工作重点任务、国内国际低碳转型技术标准更新、转型金融工作进展等具体情况，对《目录》进行适时完善和动态调整，从而实现公正转型、有效转型。

四　中国转型金融发展未来展望

（一）地方转型金融创新，重在激活转型进程中的增长机遇

在推进经济社会高质量发展的过程中，各地区经济发展的内外部环境发生了深刻变化。投射在产业领域，一方面，传统产业的传统发展模式逐渐失去竞争优势，亟须寻找新的发展路径；另一方面，新兴产业发展势头强劲，但产业发展基础有待进一步夯实。根据中央财经大学绿色金融国际研究院构建的地方产业绿色化发展水平评价指标体系，与2022年相比，2023年尽管广东、浙江、江苏、北京等经济强省在规模以上绿色产业产值、规模以上绿色产业总产值占比、上市企业绿色收入等方面呈现一定的领先优势，但在二氧化碳排放总量、单位GDP二氧化碳排放强度、地区上市企业二氧化碳排放平均强度等与"碳"相关的指标方面，亦呈现较为明显的增长，反映出我国地方产业在减碳、扩绿发展上潜力与挑战并存，尤其是传统工业基地和资源型城市，在新旧动能转换方面的需求更为迫切。

绿色金融和转型金融作为推动我国产业经济绿色化、低碳化发展的重要支撑，二者之间的有效衔接是促进传统产业与新兴产业协同发展、实现新旧动能无缝衔接的重要抓手。与绿色金融相比，转型金融不仅关注是否能够通过金融投放达到引导资源优化配置的目标，还关注资金的使用效率和效果。转型金融工具的创新能够打破传统产业融资约束，通过支持新技术、新工艺、新设备的发展应用，能够为新旧动能转换过程中出现的新业态、新模式以及创新项目提供资金支持，

切实推动地方经济实现降碳、减污、扩绿、增长。因此，就地方发展转型金融而言，未来的一大关键在于要以激活转型中的增长机遇为着力点，挖掘传统产业转型动能以及新兴产业的发展契机，充分发挥金融在推动产业结构调整、促进资源配置优化方面的作用。

结合对重点产业转型发展的深入分析，本报告认为各地区在构建转型金融体系过程中需深刻剖析转型为地方发展、企业发展带来的"增量空间"是什么，并依托对"增量空间"的分析研判地方产业转型过程中的金融需求。在转型过程中，不同地区在经济基础及产业结构等方面各有特点，结合转型活动本身的复杂性，基于转型带来的发展是一次尝试与创新，其中行业本身及内部的企业单元对金融服务的需求可能发生了变化，融资后企业发展的能力与潜力也蕴含着机遇与挑战，此时需兼顾传统发展模式与未来新兴力量，重新评估融资主体、授信方式、融资成本及期限、资金规模及风险容忍等内容，并基于此提供更加灵活多样、更具针对性的服务。同时，不仅应适时地调整转型金融的发展策略，还应在更高层面将金融政策与地区产业发展政策进行有效对接，以提高金融资源的配置效率。

（二）以政、金、企多方协同，应对转型金融发展过程中的复杂性挑战

转型金融作为绿色金融体系中的重要补充，是推进"双碳"目标、实现经济高质量发展的关键抓手，在发展中也面临着多重挑战，需要政府、金融机构、企业的多方协同，共同搭建可行的转型金融发展体系。

一是行业异质性与转型路径的多样性挑战，需要合力降低金融与产业间的壁垒。转型金融涉及众多行业，从传统能源产业到工业制造业、交通运输业及农林业等，都是转型金融重点关注的领域。不同行业之间在碳排放强度、技术基础、市场结构等方面存在显著差异，行

业异质性要求进一步降低金融与产业间的壁垒，金融有必要深化对产业的理解与认识。因此，要在产业层面加强部门间沟通协调，以形成金融与产业转型路径、策略等方面的合力。同时，需要金融机构深入研究各行业转型路径和减排技术，加强与政府、企业、行业协会的合作与交流，共同应对行业转型的复杂性挑战，并在此基础上积极推进转型金融产品和服务创新，以满足不同行业、不同企业在不同阶段的融资需求。

二是技术创新的不确定性挑战，需要协力健全风险应对机制。低碳技术的研发和应用是转型金融的核心驱动力之一，但此类技术本身存在不确定性，面临投资过高、技术失败、市场接受度低等风险，需要更健全的风险对冲机制。在政府层面，应结合 G20 转型金融框架的指导原则，出台清晰、可操作的转型金融标准和实施方案，为市场提供稳定的政策预期。在金融机构层面，应建立健全转型风险评估体系，加强对转型项目的环境、社会及治理（ESG）评估，利用金融科技手段提高风险管理效率和准确性，确保资金投向符合转型要求的项目；同时，提高信息披露水平，增强市场透明度，减少信息不对称带来的市场摩擦。在企业层面，应结合自身实际情况，制定清晰、可行的转型目标和计划，明确转型路径和时间表；加大在节能减排、资源循环利用等领域的研发投入，推动技术创新和产业升级；主动披露环境信息，接受社会监督，提升自身在转型过程中的公信力和市场认可度。

（三）推动转型金融发展关键是夯实地方"碳"基础工程

转型的核心在于减碳。当前在衡量转型效果时，除了关系企业自身发展的财务相关指标之外，金融机构在获取与"碳"直接相关的各项指标数据方面仍面临一定阻碍。一方面，转型相关数据基础薄弱。除了标准尚未统一、核算方法存在一定差异之外，国内在碳排放核算方面的数据积累也相对不足。相关数据获取、评估和分析渠道仍有待完善。因此，金融机构难以对项目环境风险的变化及减碳效益进行准确预测，金融工具的定价机制和应用场景难以确定，进一步影响了转型产品与服务的创新。另一方面，信息披露机制不健全。信息披露是解决信息不对称、克服市场失灵、促进资源有效配置的关键手段。部分企业在环境信息披露方面存在选择性披露的现象，仅公布有利于自身的数据，而隐瞒或淡化不利信息。这种不全面的披露无法真实反映企业的环境风险和转型成效。同时，信息披露的透明度直接关系到市场的信任度和有效性。透明度不足使投资者难以获得真实、可靠的信息，从而无法评估企业的转型潜力和投资价值，增加了市场的不确定性和风险。

地方确保转型金融稳步前进的核心在于加强地方"碳"基础设施的构建与完善。一是加强碳数据采集与监测体系建设。利用物联网、大数据、云计算等现代信息技术，构建碳监测网络，对重点企业、重点行业和重点区域的碳排放进行实时监测，定期收集、上报碳排放数据，形成连续、完整的数据链条。在此基础上，整合各方资源，建立地方碳排放数据库，收集、整理各类碳排放数据，加强数据的分析与应用，挖掘数据的潜在价值，为政策制定、市场应用和公共服务提供数据支持。二是支持碳服务平台建设。整合与碳数据相关的核算、认证、碳资产管理咨询等资源，形成覆盖碳管理全生命周期的一站式服务平台。在技术层面，利用AI、区块链等先进技术，优化平台碳数据处理流程，提高数据处理的准确性和效率。同时，鼓励高校、科研机构深度参与平台构建，将科技成果向实际应用转化；鼓励企业利用碳服务平台进行碳排放管理，优化碳排放结构，实现经济效益与环境效益的双赢。三是完善地方性法规与政策。结合地方实际情况，与地方政府、行业协会、国际组织等建立紧密合作关系，共同推动制定地方性碳排放核算与管理办法，明确碳排放核算的具体要求、标准和程序，确保数据的准确性和可比性。有条件的地区可提出环境信息披露的强制性规定，要求企业定期、全面、真实地披露其环境信息，包括碳排放量、减排措施、环境绩效等内容，提高信息披露的透明度和可信度。

（四）建立与转型相适应的风险分担机制

转型金融工具与绿色金融工具的区别在于，转型金融工具的设计基于动态技术路径标准，且应用场景更具广泛性、灵活性及长期性。转型金融工具的创新在推动金融市场及经济社会绿色低碳发展的同时，也带来了新的风险形式和挑战。例如，转型金融产品的复杂性和信息不对称性的增加，可能导致更大的信用风险和市场风险。此外，转型金融还涉及政策风险、技术风险等不确定性因素，可能对金融稳定和投资者利益造成影响。

为了有效应对转型金融工具创新带来的风险，地方除了在政策层面加强风险管理和监管之外，还应当积极构建风险分担机制，使不同主体、不同资金共同应对转型过程中的风险。

首先，政府及公共资金应在公正转型风险、政策变化风险等社会性、公共属性较强的风险分担中发挥主导作用。这要求地方政府进一步梳理本地区转型活动中可能遇到的公正转型风险和政策变化风险的主要类型、影响路径和后果等。在此基础上，政府应通过多种形式，如设立专项基金、提供财政补贴等，来发挥对相关风险的识别、管理和应对作用。同时，监管机构应构建"容错纠错与风险共担"机制，适度容忍因不可抗力因素对金融投资有效性造成的不利影响，以更好地平衡创新与风险之间的关系。

其次，金融机构、企业及市场资金、私人资本应在技术创新风险、商业周期性风险等市场化风险的分担中发挥主体作用。这要求金融机构在设计金融产品、制定授信准入条款和利率期限时，应充分考

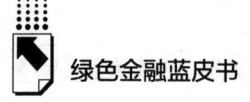

虑企业的转型进程和目标达成情况，确保金融条款与企业的实际需求相衔接。同时，政府、第三方机构等也应积极发挥作用，通过碳服务平台和转型路径评价体系为金融机构和企业提供信息支持，从而降低行业壁垒，增进和加强彼此之间的了解和合作。

最后，为了进一步完善转型风险共担机制，还可以考虑引入多元化的风险分担主体和工具。例如，鼓励保险公司开发针对转型金融风险的保险产品，为投资者提供额外的风险保障；设立转型金融风险准备金，用于应对可能出现的重大风险事件；加强国际合作，借鉴其他国家和地区在转型金融创新和风险分担方面的先进经验和做法。通过这些措施的实施，更有效地应对转型金融创新带来的风险挑战，推动金融市场和经济社会的绿色低碳发展。

技术报告

B.6 地方绿色金融发展指数构建说明及结果相关性探究

吴倩茜　金子曦　傅奕蕾　周荞*

摘　要： 本报告构建了地方绿色金融发展指数，用以反映全国31个省份在绿色金融领域的政策体系建设与市场工作进展。在指标选取和数据获取的过程中，以客观性、公平性、可比性、科学性等为原则。指标分为定性与定量两类，通过标准化评价方式对全国31个省份的单项指标表现进行评估，以专家打分法确定各项指标的权重，并加权汇总计算出指标结果。此外，本报告还选取

---

* 吴倩茜，中央财经大学绿色金融国际研究院研究员，研究方向为地方绿色金融、生态产品价值实现、绿色产业；金子曦，中央财经大学绿色金融国际研究院研究员，研究方向为产业经济、碳金融、绿色产业；傅奕蕾，中央财经大学绿色金融国际研究院研究员，研究方向为绿色产业、绿色金融工具、转型金融；周荞，中央财经大学绿色金融国际研究院特邀研究员，研究方向为能源与产业转型发展、能源金融与转型金融理论与政策。

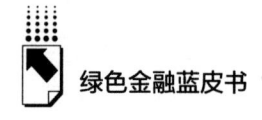

了地方产业绿色化发展水平作为验证变量指标对地方绿色金融指数评价结果进行了相关性探究，将绿色产业经济贡献、绿色产业就业机会、绿色技术创新、资源利用效率、环境影响、可持续发展等作为核心指标。研究结果表明，地方产业绿色化发展水平之间具有较强的正相关性。

关键词： 指标体系　绿色金融指数　数据标准化　地方绿色金融

一　地方绿色金融发展指数构建背景

在推动中国经济社会高质量发展的过程中，绿色金融起到了举足轻重的作用。自2017年6月14日国务院常务会议决定在浙江、江西等五省（区）八市（区）设立绿色金融创新改革试验区以来，中国绿色金融发展得到了各级政府的鼓励和支持。全国各省份积极出台各类绿色金融支持政策，完善绿色金融市场监管体系，为绿色金融市场健康有序发展保驾护航。

中央财经大学绿色金融国际研究院（以下简称"中财绿金院"）在绿色金融改革创新试验区设立一年后开始对中国各地区在绿色金融领域政策推动、理念普及、能力强化、市场状况等方面进行分析和对比，并发布了《地方绿色金融发展指数与评估报告（2018）》（以下简称《报告》），为中国绿色金融体系的构建提供了宝贵经验。

中财绿金院在先前研究报告的基础上，结合各地绿色金融发展新动态，更新优化了绿色金融发展指数的指标体系，发布《中国地方绿色金融发展报告（2024）》。中财绿金院十分注重绿色金融数据库的建设，对数据进行客观分析，对有特色的绿色金融案例进行剖析，从而为各地区绿色金融市场建设提供思路，推动中国绿色金融市场全面发展。需要说明的是，参与评价的31个省份中不包括香港、澳门和台湾地区。

此外，为了更加科学地探究影响地方绿色金融发展的因素，本报告对评价结果进行了相关性探究，对各省份的绿色金融发展现状进行了更加直观的认识。

二 地方绿色金融发展指数构建方法学

构建地方绿色金融发展指数的指标体系对科学地评估各省份绿色金融发展工作具有重要意义。科学合理的指标体系构建决定了绿色金融发展评价结果的说服力与权威性。指标体系的构建涉及指标选取原则、指标体系构建、指标评价与指数合成方法、评价周期、数据来源等。

（一）地方绿色金融发展指数指标选取原则

2023年地方绿色金融发展指数的指标体系沿用了2022年版本，将绿色金融顶层设计领域细分、各地区绿色金融发展现状、指标与指数之间的相关性、数据可得性等因素纳入考量范围，并以客观性、公平性、可比性、科学性为基本原则，贯穿于数据库构建、数据收集到报告出版的全过程。

1. 客观性

本报告中所使用的信息及数据均来源于公开资料，如公开年报、政府统计年鉴、政府官网等，且指标本身不涉及主观评价，从而确保了指标数据的客观性和准确性。

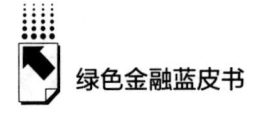

2. 公平性

本报告由中央财经大学绿色金融国际研究院的研究人员撰写完成，该研究院是与各地政府无利益关联的第三方智库机构，故在指标体系构建、数据信息收集、数据分析评价的过程中不存在地区偏向，从而确保了评价结果的公平性。

3. 可比性

近年来，中国绿色金融市场的迅速发展部分导致了相关数据存在较大波动，因此在指标选择过程中特别考虑了相对指标和绝对指标、存量指标和区间指标、定性指标和定量指标之间的平衡，尽量避免某个特定指标的波动对评价结果产生影响，从而确保了评价结果的科学性、可比性。

4. 科学性

为更直接地体现绿色金融政策落地效果和各地绿色金融整体发展水平，编者在指标选择中重点选择了受绿色金融发展直接影响的指标，如绿色信贷、绿色债券市场概况以及绿色上市公司发展情况等，此类指标受外界因素干扰程度较小，更能反映当地绿色金融发展状况。在间接指标方面，如节能环保效果指标等，受各地统计口径不一等因素影响，无法准确反映当地绿色金融发展状况。因此，为确保报告整体的科学性，研究人员对这类指标进行相关性分析，但不计入指标得分。

（二）地方绿色金融发展指数指标体系构建

表1展示了地方绿色金融发展指标体系（2023）概览。为保障评估的客观独立性，避免受评对象依照评价指标有针对性地开展工作，阻碍当地绿色金融创新，本报告中仅展示指标体系概览。

表1 地方绿色金融发展指标体系（2023）概览

一级指标	二级指标及下属的三级指标举例
（政府）政策推动具体措施	省级整体性政策推动，如是否发布省级综合指导文件、省级已有专项指导文件数量、是否已发布环境权益相关市场建设文件、已有地方自行试点地区数量、国家和地方绿色金融改革创新试验区试点建设状况等
	市县级政策推动，如发布市级、县级综合指导文件，"十四五"综合规划中提出绿色金融发展目标的地市（或国家新区）数量等
	提出或引入实质性激励约束政策，如政策中提出绿色贷款或债券贴息的地市数量、政策中提出构建风险担保或补偿基金、机制的地市数量、对绿色保险进行补贴等
	提供便利市场主体的措施，如举办公开学术或市场活动的数量、已建成市级绿色项目信息共享平台（绿色项目库）的数量等
	推进能力建设，如举办培训活动数量、已有绿色金融及相关研究机构数量等
	政府投资状况，如地方政府在节能环保、生态治理中的投资额，及其占比等
	风险预警与应对状况，如金融风险预警及防范机制等
（市场）绿色金融政策实施成果	银行领域，如已加入赤道原则等国际倡议的银行数量、绿色银行分支行挂牌状况、绿色信贷占比等
	证券领域，如当年绿色ABS发行数量、当年绿色债券发行机构数、转型类债券发行情况、企业ESG评价结果等
	基金领域，如新增私募基金管理人绿色基金产品数量等
	保险领域，如绿色保险已上市险种数量、环境污染社会责任保险覆盖程度等
	环境权益领域，如是否已开始排污权交易，统计周期内碳减排（CCER）交易量，用能权、排污权、水权交易开展状况等
	合作交流，如加入UN PRI、绿色金融专业委员会等国际国内倡议的机构数量等

资料来源：中央财经大学绿色金融国际研究院整理。

1. 指标分级

在2023年评价周期内，地方绿色金融发展指数指标体系与2022年评价周期保持一致，指标体系包括三个层面，一级指标与二级指标

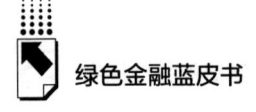

分别由下一级指标合成，综合体现绿色金融发展状况，三级指标则由实际信息数据构成。

2. 指标选取办法

指标的选取与分类遵循严格的逻辑体系，不仅要考虑受评对象各方面绿色金融的发展水平，而且要避免指标之间相互重叠、关联。首先，一级指标的构建重点关注政府层面绿色金融的政策推动力以及市场层面绿色金融的政策落地效果，重点体现政府对绿色金融发展的支持效率。其次，二级指标是对一级指标的细分，包括政府各类政策的推动、便利措施的提供、不同领域绿色金融发展的评价等。最后，三级指标综合考虑其对二级指标的代表性、相关性以及数据的可得性。

值得注意的是，地方绿色金融发展指标体系（2023）在先前指标体系的基础上进行了优化更新。近年来，得益于绿色金融政策体系逐步完善，我国绿色金融进入高速发展阶段，标准体系、激励约束、监管考核机制不断完善，自2016年《关于构建绿色金融体系的指导意见》发布以来，各类绿色金融标准体系、激励约束规则、监管考核制度逐步出台和完善，进一步规范了绿色金融市场秩序，促进了绿色金融市场全面健康发展。因此，地方绿色金融发展指标体系（2023）根据地方绿色金融发展的新业态、新进展，并依据统计数据来源的可靠性与连续性，增减了部分指标，提高了指标体系的准确性和全面性。

（三）指标评价与指数合成方法

指数由各项指标的数据合成，首先对各项指标进行标准化打分，其次赋予各项指标不同的权重，最后根据指标表现计算得出地方绿色金融发展指数。

1. 指标打分方法

若指标是定性指标，则满足条件时赋值为100，不满足条件时赋值为0；若指标是定量指标，则对同一时间段（点）的指标进行横向比较后进行标准化，再予以赋分。

若指标为正向指标，则得分越高，该省份表现越好。以 X 省的指标 A 得分为例：

$$100 \times (Ax - Amin) \div (Amax - Amin)$$

其中 Amax 为 X 省指标 A 得分的最大值、Amin 为 X 省指标 A 得分的最小值。

若指标为负向指标，则指标值在某省表现越好，该省份的得分越低。以 X 省的指标 B 得分为例：

$$100 - 100 \times (Bx - Bmin) \div (Bmax - Bmin)$$

其中 Bmax 为 X 省指标 B 得分的最大值、Bmin 为 X 省指标 B 得分的最小值。

特别说明，由于报告中的数据均来自公开数据，若该省份此指标所涉及的数据处于"未披露""不确定""无法判断"时，均以0分计入。

2. 指标权重确定

地方绿色金融发展指标体系（2024）的指标权重的赋值沿用地方绿色金融发展指标体系（2023）的专家打分法。

三级指标过多、数据干扰过大容易降低专家打分的准确性，因此专家打分更注重对二级指标的权重进行赋值。20余名专家受邀参与本次评价，并以问卷的形式对二级指标评价权重进行收集，综合确定二级指标的权重。三级指标的权重在二级指标的范围内均分。

假设第 m 项二级指标的权重为 a_m（所有二级指标的权重和为1），该二级指标项下三级指标的个数为 n，则该二级指标下任一三级指标的权重为：

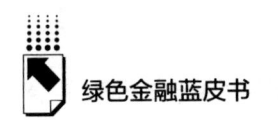

$$a_m \times \frac{1}{n}$$

该赋权方式可以让某评价维度的权重免受三级指标数量的干扰，同时也能更好地依据绿色金融发展的不同周期，对不同指标赋予不同权重，以体现其在此周期里的重要程度，增强评价体系的科学性。

（四）地方绿色金融发展指数评价周期

为综合评价包括绿色金融改革创新试验区所在省份在内的全国各省份绿色金融发展水平。本报告评价周期，即2023年评价周期为2023年1月1日至2023年12月31日。

（五）数据来源及局限性

本报告所用基础数据，均来自中央财经大学绿色金融国际研究院所搭建的地方绿色金融数据库。数据库里的数据均为官方公开的数据，最大限度地保证了报告的公平性、准确性；但受到获取渠道不同、各地信息渠道建设能力不同的影响，在资料的全面性方面存在一定局限性，在一定程度上会导致结果的差异性。因此，研究团队欢迎各界为中财绿金院的数据库提供相关的数据信息、资料，进一步提高评价结果的准确性（提供的内容将仅用于本系列报告）。

三 地方绿色金融指数评价结果相关性探究

（一）变量指标选取

通过对已有数据进行归纳汇总，结合逻辑推理，主要选取地方产业绿色化发展水平验证变量指标，通过寻找能反映该指标的数据进行归纳整理，并计算出总分，对其政策推动情况以及市场效果进行评价和逻辑推理。

在对地方产业绿色化发展水平进行分析的过程中，将绿色产业经济贡献、绿色产业就业机会、绿色技术创新、资源利用效率、环境影响、可持续发展作为核心指标。

考虑到数据的可获得性与适用性，具体指标如下：衡量绿色产业经济贡献的指标包括规模以上绿色产业总产值、规模以上绿色产业总产值占地区生产总值比例、地区上市企业绿色收入、地区上市企业绿色收入占总收入比重；衡量绿色产业就业机会的指标包括规模以上绿色产业平均企业数量、规模以上绿色产业平均企业数量占工业总企业数量比重；衡量绿色技术创新的指标为地区绿色低碳专利数量；衡量资源利用效率的指标包括能源消费总量、单位GDP能源消耗、用水总量、单位GDP用水总量；衡量环境影响的指标包括二氧化碳排放总量、单位GDP二氧化碳排放强度、地区上市企业二氧化碳排放平均强度、国家地表水考核断面水环境质量状况指数、国家地表水考核断面水环境质量变化指数、空气质量指数、空气质量变化指数；衡量可持续发展的指标为地区上市企业ESG表现。通过对以上指标的统计与计算，发现地方产业绿色化发展水平更高的地区绿色金融发展体系也更为完善。

全国31个省份地方绿色金融指数及验证变量指标如表2所示。

表2 全国31个省份地方绿色金融指数及验证变量指标

省份	地方绿色金融指数			验证变量指标
	政策推动评价	市场效果评价	总体评价	地方产业绿色化发展水平
浙江	38	19	57	64
北京	21	32	53	67
江苏	27	26	53	69

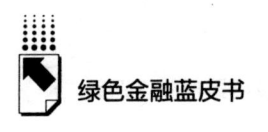

续表

省份	地方绿色金融指数 政策推动评价	地方绿色金融指数 市场效果评价	地方绿色金融指数 总体评价	验证变量指标 地方产业绿色化发展水平
广东	28	24	52	87
上海	22	24	46	59
山东	20	17	38	37
四川	19	12	32	43
福建	17	14	31	53
江西	22	8	30	45
甘肃	19	11	30	23
湖北	14	14	28	44
重庆	15	11	26	53
贵州	17	9	26	30
安徽	12	13	26	48
河北	15	10	26	33
新疆	17	8	25	18
山西	16	7	23	21
湖南	14	8	22	42
河南	12	10	22	39
天津	12	8	21	45
广西	14	6	20	35
宁夏	12	8	20	17
陕西	11	9	20	37
青海	12	7	19	25
辽宁	13	5	19	33
吉林	12	6	18	42
内蒙古	10	7	17	16
云南	8	8	16	32
海南	9	7	16	31
黑龙江	8	7	15	25
西藏	6	4	10	20

（二）方法学选取

统计学常用的相关系数方法学包括皮尔森（Pearson）相关系数、斯皮尔曼（Spearman）相关系数以及肯德尔（Kendell）相关系数。皮尔森相关系数是用于度量变量 X 和 Y 之间的相关（线性相关）性，其值介于-1~1。斯皮尔曼相关系数是衡量两个变量互相的依赖性的非参数指标，它利用单调方程评价两个统计变量的相关性。如果数据中没有重复值，并且当两个变量完全单调相关时，斯皮尔曼相关系数则为+1或-1；若两个变量之间不存在相关性，斯皮尔曼相关系数则为0。肯德尔相关系数是将 n 个同类的统计对象按特定属性排序，其他属性乱序，计算定义为同序对、异序对之差与总对数 $[n×(n-1)/2]$ 的比值。

本报告以2023年数据为主，对各指标分数分布做正态分布检验，并对空值予以忽略，若样本分数基本满足正态分布，则用皮尔森相关系数进行度量；若指标分数分布不满足正态分布，则用斯皮尔曼相关系数进行验证。

本报告采用 Shapiro-Wilk 正态性检验[①]，并使用 Stata 计算 Shapiro-Wilk 统计量的值及其 p 值。这一检验的原假设（H_0）与备择假设（H_1）分别为：

H_0：指标分数服从正态分布

H_1：指标分数不服从正态分布

判断过程中，p 值接近于 0（<0.05）则拒绝原假设（H_0），即指标分数大概率不服从正态分布。

[①] Shapiro-Wilk 正态检验是一种基于样本理论的正态性检验方法，它的原理是通过计算样本数据与正态分布的拟合程度来判断数据是否来自正态分布。使用给定的 p 值来检验数据是否来自正态分布，如果 p 值小于 alpha（如 0.05），这时就拒绝原假设，表明数据不服从正态分布。

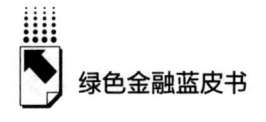

如表 3 所示，指标评价值未能拒绝原假设，说明指标评价值具有正态分布的特征，因此本报告相关性研究中计算皮尔森相关系数。

表 3　指标得分正态性检验结果

	地方产业绿色化发展水平
p 值	0.130
是否拒绝 H_0	FALSE

（三）相关性检验结果

本报告对指标评价值的皮尔森相关系数进行计算，分别考察政策推动得分、市场效果得分和总体评价得分与地方产业绿色化发展水平的相关性（见表 4）。

表 4　2023 年指标分数皮尔森相关系数计算结果

指标	地方产业绿色化发展水平
政策推动得分	0.681
市场效果得分	0.807
总体评价得分	0.806

从表 4 中可以看出，皮尔森相关系数数值介于 0~1，该数值越接近于 1，说明两项指标之间的正相关性越强。

从相关系数的结果来看，第一，政策推动表现与地方产业绿色化发展水平正相关，符合逻辑推测，说明地方绿色产业发展受绿色金融政策推动力度影响较明显。第二，市场效果表现与地方产业绿色化发展水平呈现强正相关关系，符合逻辑推测，说明绿色金融市场实施效果依托地方产业绿色化发展水平。第三，总体评价与地方产业绿色化发展水平呈现强正相关性。

出于严谨性的考虑,我们对皮尔森相关系数进行了显著性检验。原假设和备择假设分别为:

H_0:相关系数等于0

H_1:相关系数不等于0

判断过程中,p值接近于0(<0.05)则拒绝原假设(H_0),即相关系数不等于0[①]。

表5展示了指标分数相关系数及其显著性p值结果。第一,政策推动表现得分,与地方产业绿色化发展水平的相关系数p值小于0.05,进一步验证政策推动表现很可能与地方产业绿色化发展水平呈现正相关。第二,市场效果表现得分,与地方产业绿色化发展水平的相关系数p值小于0.05,进而说明绿色金融市场实施效果受地方产业绿色化发展水平因素显著影响。第三,总体评价得分,与地方产业绿色化发展水平的相关系数p值小于0.05,结合相关系数说明总体评价与地方产业绿色化发展水平呈现显著强相关性。

---

① 设 x,y 是来自两个不同总体 X,Y 的样本,其观察值为 x_1,x_2,$\cdots$,x_n 和 y_1,y_2,$\cdots$,y_n,将它们配对形成 (x_1, y_1),(x_2, y_2),$\cdots$,(x_n, y_n);若将 x_i 和 y_i 各自排序,分别评出 x_i 和 y_i 在两个顺序样本中所在位置的名次,记作 R_i 和 S_i,得到 n 对秩 (R_1, S_1),(R_2, S_2),$\cdots$,(R_n, S_n)。当 X 与 Y 完全相关时,$\sum(R_i - S_i) = 0$,记作 $\sum d_i = 0$。其中 d_i 可以用于衡量 x 和 y 的相关程度。而斯皮尔曼相关系数是测定两个样本相关程度的重要指标:$r_s = \frac{\sum_{i=1}^{n}(R_i - R_j)(S_i - S_j)}{\sqrt{\sum_{i=1}^{n}(R_i - R_j)^2 \sum_{i=1}^{n}(R_i - R_j)^2}} = 1 - \frac{6\sum_{i=1}^{n} d_i^2}{n(n^2 - 1)}$,其中 $R_j = \frac{1}{n}\sum_{i=1}^{n} R_i$,$S_j = \frac{1}{n}\sum_{i=1}^{n} S_i$。当 $r_s \geq r_s^a$ 时,拒绝 H_0。r_s^a 是临界值,它是根据样本观测之个数 n、备择假设以及给定的显著性水平查"Spearman 相关系数检验临界值表"所得。

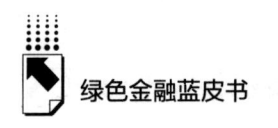

表5　指标分数相关系数及其显著性 p 值结果

2023年		地方产业绿色化发展水平
政策推动得分	相关系数	0.681
	p值	0.000
市场效果得分	相关系数	0.807
	p值	0.000
总体评价得分	相关系数	0.806
	p值	0.000

（四）相关性检验结论

地方产业绿色化发展水平与地方绿色金融发展水平之间具有较强的正相关性。图1展示了政策推动评价与地方产业绿色化发展水平矩阵图。一方面，绿色金融支持政策不仅为促进产业绿色转型、深度优化产业结构、加强绿色低碳科技研发和应用提供了明确的方向指引，还通过将绿色信贷纳入宏观审慎评估框架等激励约束机制，引导银行等金融机构为绿色低碳项目提供长期限、低成本资金，有效促进了地方产业绿色化发展。另一方面，完善绿色金融政策有利于推动形成多

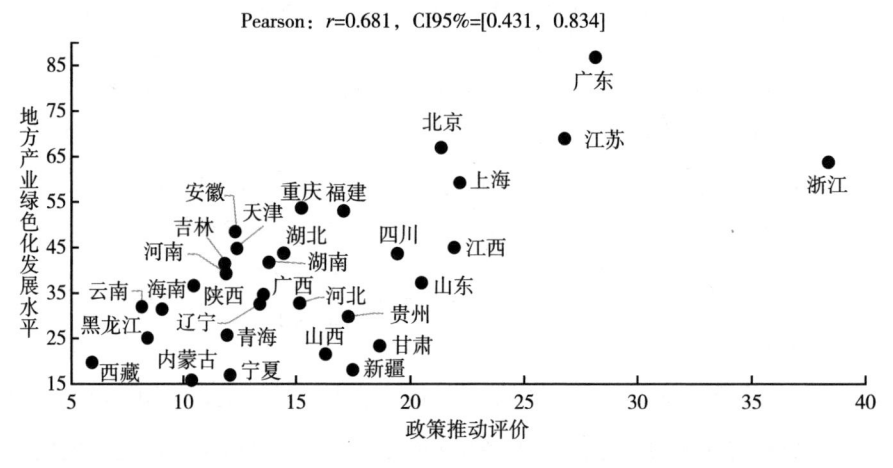

图1　政策推动评价与地方产业绿色化发展水平矩阵图

层次的绿色金融产品和市场体系，为绿色金融市场稳健发展提供政策和法规保障。

图2展示了市场效果评价与地方产业绿色化发展水平矩阵图。对于绿色金融市场交易较为活跃的地区，其绿色金融产品种类更丰富、绿色金融市场体系更完善，为绿色产业提供资金支持的渠道也更多元，对地方产业绿色化发展水平的提升作用也更显著。

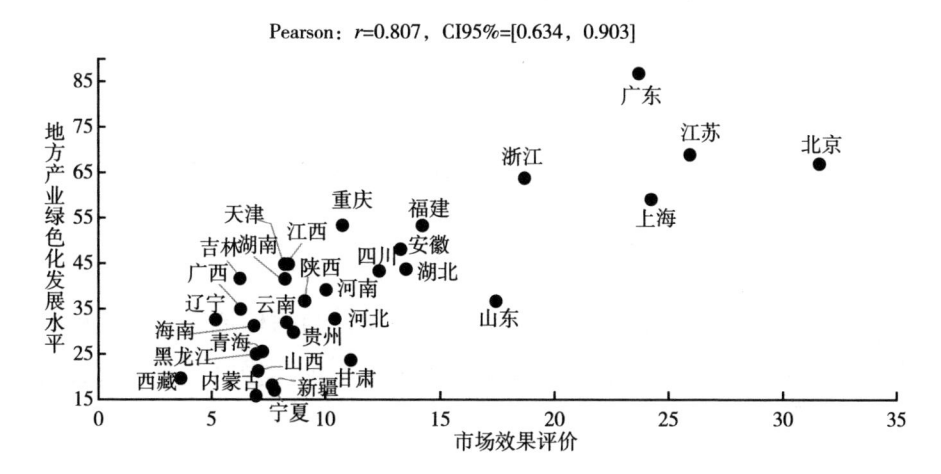

图2 市场效果评价与地方产业绿色化发展水平矩阵图

图3展示了总体评价与地方产业绿色化发展水平矩阵图。地方产业绿色化发展水平的提高有助于扩大绿色产业规模，进而拓宽绿色金融的适用场景，促进绿色金融产品的创新，从而推动地区绿色金融市场快速发展。

（五）地方产业绿色化水平指标评价体系总结与展望

由于数据来源具有一定局限性，在一定程度上影响了现有指标体系的设计。同时，在我国"双碳"目标引领下，绿色产业规模和效益正在不断扩大和提升，从顶层框架设计、绿色产业发展重点到绿色

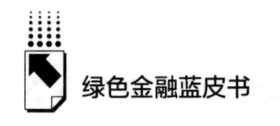

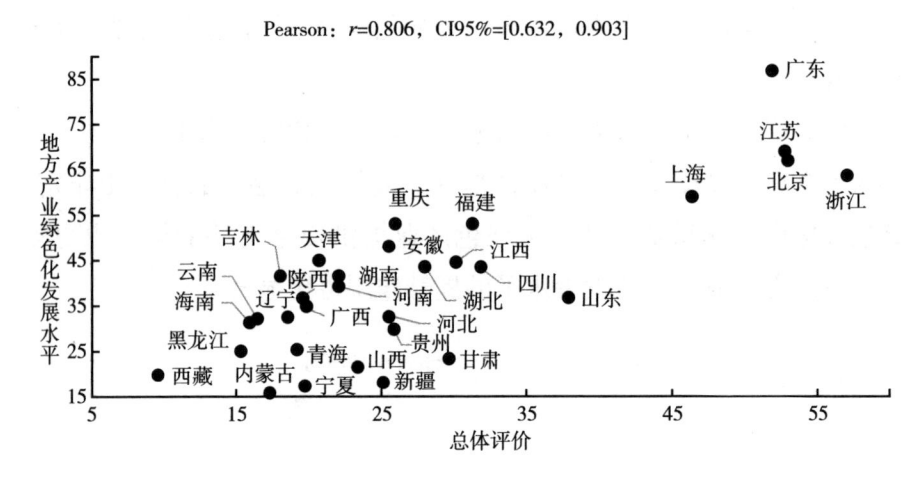

图3　总体评价与地方产业绿色化发展水平矩阵图

金融支持产业范围，以及相应的定量和定性考核指标，都在逐步完善中。作为年度评价报告，本研究指标体系设计与指标选择时间跨度较长，对我国地方绿色金融发展状况的敏感度不足，仍然具有较大提升空间。

在我国"双碳"目标的总体引领下，"十四五"期间减污降碳协同、促进可再生能源利用将成为各地方政府推动产业绿色化发展的重要工作。回顾自2021年以来的地方产业结构发展，地方经济主体参与产业绿色化转型的动力更强，并越来越意识到产业绿色化发展是国家经济供给侧结构性改革和低碳转型所带来的必然趋势。"十四五"时期，绿色发展重点由改善生态环境向低碳生产生活全面覆盖的转型趋势对绿色低碳创新技术发展提出了更高的要求。同时，环保和节能减排政策体系的建立、环境税费、碳排放权交易机制和绿色金融等市场化工具的完善，以及ESG信息披露和舆论监督的强化都促进了包括电力、交通、工业、新材料、建筑、农业、负碳排放和数字经济等在内的领域加强对绿色低碳技术的研发与投入，推动了各产业的绿色化、低碳化、智能化发展。当前，现有的地方产业绿色化发展水平指标体系对地方促进经济主体兼顾环境生态和经营业绩的综合表现方面考量有限，不仅难以充分体现地方绿色产业实际的经济与环境效益，还难以真实反映地方政府在推动"双碳"目标方面的工作成效。在下一年度的地方产业绿色化发展水平指标评价体系中，研究团队将继续优化指标，考虑加入更多体现地方绿色产业同时影响经济和环境效益的指标，并多渠道拓展地方绿色产业数据来源，以构建更加全面、更加科学的指标体系，为地方政府在规划产业绿色化发展、评估政策实施成效等方面提供更准确的技术支撑。

附 录
转型金融应用参考手册

中央财经大学绿色金融国际研究院研究团队持续跟进转型金融发展，将理论研究与广泛调研相结合，以期深刻理解转型金融的实施基础与依据，并找出推动转型金融发展的有效路径。当前，转型金融发展在行业层面面临高碳行业及企业转型存在不稳定性的难点，在金融层面面临转型金融创新基础薄弱的难点。为助力行业共同推动绿色金融与转型金融的有效衔接，研究团队开展了多项转型金融机制创新工作，旨在提升转型金融的可操作性。我们希望通过这些创新机制，为政策制定者、金融机构和企业提供明确的转型金融操作指引，同时增强市场透明度和信息对称性，促进资金高效流向关键转型领域。

在此阶段，研究团队形成了集转型金融目录、转型金融信息披露、转型信息披露框架的应用展望、转型挂钩指标设计、转型金融风险管理于一体的转型金融应用参考手册，各部分之间相互联系，以期从实操层面为推进转型金融提供参考。同时，转型金融仍在持续发展中，研究团队将不断优化调整手册内容，也希望与市场相关方充分交流，从而共建市场共享的转型金融操作手册。

一 转型金融目录

地方转型金融目录通过识别和归纳当地重点高耗能产业的转型路径和需求，不仅可以协助有志于实施转型的企业和项目辨析合适、有效的转型路径，还可以协助金融机构判别转型有效性、精准配置转型金融资源。

研究团队已经面向钢铁、水泥、纺织、煤电等行业形成了转型金融建成目录，涵盖转型路径、转型技术或手段、重点领域或要求，其中转型路径指出了重点行业转型的关键方向，转型技术或手段提供了具体可操作的技术升级或生产方式提升手段，重点领域或要求则罗列了相关转型技术与手段当前需要满足的政策或标准要求。

（一）山东省钢铁行业转型金融建议目录

表1展示了山东省钢铁行业转型金融建成目录。

表1　山东省钢铁行业转型金融建议目录

转型目标	转型技术或手段	重点领域或要求
（一）产能优化布局		
（1）到2025年，青岛董家口、日照岚山、临沂临港等沿海地区产能占比提升到70%以上 （2）推动形成"两基地四集群"的总体布局 （3）全省钢铁产能总量不增加并坚持绿色发展	（1）产能清退 （2）产能布局调整 （3）先进产能集群建设 （4）产能置换 （5）严控产能	（1）产能清退的重要领域：济南（莱芜区、钢城区除外）、淄博、聊城、滨州、潍坊等传输通道城市钢铁企业 （2）产能集聚区域：日照先进钢铁制造产业集群、临沂临港高端不锈钢与先进特钢制造产业集群、莱芜精品钢和400系不锈钢产业集群、泰安特种建筑用钢产业集群
（二）减污降碳协同		
1. 系统能效提升		
到2025年，山东省钢铁行业平均吨钢综合能耗降至535千克标准煤以下	（1）上升管余热回收 （2）烧结漏风率综合治理 （3）水封式烧结环冷机 （4）烧结返矿冷压球团矿 （5）球团固固换热显热回收 （6）高炉大比例球团冶炼 （7）高炉泸定均压煤气回收	参照相关标准，例如：上升管余热回收是指利用上升管换热器将焦炉荒煤气与除盐水进行热交换，产生饱和蒸汽，将荒煤气的部分显热回收利用。参考标准《焦炉上升管荒煤气显热利用技术规范》（YB/T 4723-2018）

续表

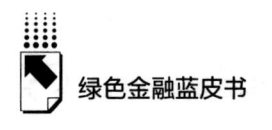

转型目标	转型技术或手段	重点领域或要求
（二）减污降碳协同		
1. 系统能效提升		
到2025年，山东省钢铁行业平均吨钢综合能耗降至535千克标准煤以下	（8）转炉一次干法净化回收 （9）转炉中低温余热回收 （10）电炉烟气显热回收 （11）高效煤气发电 （12）低温余热有机工质朗肯循环发电 （13）电机、变压器、水泵、风机等公服辅设施能效提升 （14）建设能源管理中心	参照相关标准，例如：上升管余热回收是指利用上升管换热器将焦炉荒煤气与除盐水进行热交换，产生饱和蒸汽，将荒煤气的部分显热回收利用。参考标准《焦炉上升管荒煤气显热利用技术规范》（YB/T 4723—2018）
2. 清洁能源替代		
到2025年，山东省钢铁行业平均吨钢综合能耗降至535千克标准煤以下	（1）分布式光伏发电技术 （2）储热调峰 （3）可再生能源制氢气和氧气用于钢铁冶炼	参照相关标准，例如：分布式光伏发电技术是指钢铁企业在厂房屋顶或生产基地其他位置安装光伏发电系统，为钢铁企业提供清洁能源。参考标准《工业企业温室气体排放核算和报告通则》《光伏发电效率技术规范》（GB/T39857—2021）、《光伏制造行业规范条件（2021）》等
3. 超低排放		
到2025年，山东省钢铁行业平均吨钢颗粒物、二氧化硫、氮氧化物排放分别降至0.15千克、0.3千克、0.6千克	（1）烧结烟气循环 （2）颗粒物、二氧化碳、氮氧化物等超低排放 （3）建设碳排放和污染物排放全过程智能管控与评估平台	参考相关标准，例如：烧结烟气循环参考标准《高耗能行业重点领域节能降碳改造升级实施指南（2022年版）》

续表

转型目标	转型技术或手段	重点领域或要求
（三）冶炼工艺突破		
到2025年，山东省钢铁行业钢铁产品技术研发投入占主营业务收入的比重达到3%以上；新增10个省级企业技术中心，2~3个国家级技术中心	(1)电炉短流程炼钢 (2)副产煤气或天然气直接还原炼铁 (3)碳循环高炉富氢 (4)熔融还原炼铁 (5)全氢气基直接还原炼铁 (6)洁净钢冶炼 (7)无头轧制	参考相关标准，例如：电炉短流程炼钢参考《电弧炉冶炼单位产品能源消耗限额》(GB 32050—2015)
（四）产品迭代升级		
到2025年，钢铁冶炼压延及深加工配送产业总产值突破1万亿元；高端精品钢占比达到50%，钢材精深加工率达到25%左右	开发高强高韧、耐蚀耐磨、轻量化、长寿命的钢铁绿色设计产品	参考相关标准，例如《绿色设计产品评价技术规范 钢筋混凝土用热压带肋钢筋》
（五）资源循环利用		
到2025年，山东省钢铁行业废钢在钢铁原料中占比达到30%左右	(1)冶金渣余热回收与综合利用 (2)含铁含锌尘泥回收与利用 (3)废钢回收加工配送	参考相关标准，例如：含铁含锌尘泥回收与利用参考《转底炉法粗锌粉》(YB/T 4271—2012)
（六）零碳负碳技术		
有序实现钢铁行业碳中和	(1)二氧化碳捕集利用与封存 (2)炉窑等尾气回收二氧化碳及利用 (3)喷吹二氧化碳炼钢	参考相关标准，例如《二氧化碳捕集利用与封存术语》(T/CSES 41—2021)

资料来源：中央财经大学绿色金融国际研究院整理，余同。

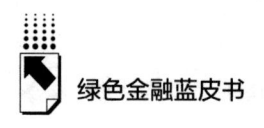

（二）山东省水泥行业转型金融建议目录

表2展示了山东省水泥行业转型金融建成目录。

表2　山东省水泥行业转型金融建议目录

转型技术或手段	重点领域或要求
（一）产能优化布局	
（1）产能清退 （2）产能布局调整 （3）先进产能集群建设 （4）产能置换 （5）严控产能	（1）严禁新增产能 （2）严格执行产能置换要求，产能置换应有利于推动产业结构调整和布局优化，各地要结合本地区的产业结构、产业布局和产业转型发展实际，统筹考虑产能置换建设项目所在区域的环境容量、能耗指标、资源禀赋、市场需求、物流运输等因素，科学论证决策项目建设的必要性和可行性
（二）用能结构优化	
【能源替代】 （1）水泥工厂净零购电改造技术 （2）熟料烧成化石能源替代减碳技术 【能效提升】 （1）水泥工厂工程建设数字化技术 （2）水泥制造全流程智慧管控技术 （3）高能效低碳低氮预热预分解系统集成技术与装备 （4）第四代高效低碳中置辊破篦冷机 （5）水泥高效联合粉磨节能降碳技术 （6）高效生料终粉磨技术 （7）水泥窑炉用节能耐火材料整体提升技术 （8）水泥工业用提升机节能技术 （9）粉状原燃料精确计量降碳技术 （10）水泥窑用风机节能技术	采用相关技术或装备。例如，熟料烧成化石能源替代减碳技术采用预处理工艺的设备将生物质燃料、含热值的生活垃圾、轮胎、原生废弃物进行干燥、分选等，利用回转式预煅烧装置、分解炉内置式涡流燃烧处置装置、多形态燃烧燃烧器中的一种或多种或类似装置送入水泥窑炉系统焚烧，实现一次化石燃料替代率25%~50%，熟料单位产品综合能耗降低25%~50%
（三）实施原料替代	
（1）电石渣全部替代石灰石原料新型干法水泥生产技术 （2）工业副产石膏制硫酸联产水泥节能减排成套技术 （3）低碳生料配料技术	采用相关技术或装备。例如，工业副产石膏制硫酸联产水泥节能减排成套技术采用工业副产石膏立式烘干脱水装置、预热器、回转窑、冷却机等水泥技术装备，工业副产石膏制硫酸联产水泥工艺，采用工业副产石膏替代天然石灰石

续表

转型技术或手段	重点领域或要求
(三)实施原料替代	
(1)赤泥制水泥技术 (2)水泥窑余热利用污泥协同处置技术 (3)清洁燃料+生物质燃料联产粉石灰二级悬浮煅烧工艺及装备	采用相关技术或装备。例如,工业副产石膏制硫酸联产水泥节能减排成套技术采用工业副产石膏立式烘干脱水装置、预热器、回转窑、冷却机等水泥技术装备,工业副产石膏制硫酸联产水泥工艺,采用工业副产石膏替代天然石灰石
(四)低碳水泥技术	
(1)全氧燃烧耦合低能耗碳捕集技术 (2)水泥窑炉烟气捕集二氧化碳技术 (3)低碳 SCR 技术	采用相关技术或装备。例如,水泥窑炉烟气捕集二氧化碳技术利用物理、化学方法捕集水泥窑炉烟气中二氧化碳并进行纯化

(三)煤电行业转型金融支持目录

表 3 展示了煤电行业转型金融支持目录;表 4 展示了煤电行业转型金融支持关键指标。

表 3 煤电行业转型金融支持目录

转型目标	转型路径	转型技术
(一)增量有序发展		
1. 严格增量准入标准		
新增煤电项目煤耗水平达标	采用超超临界且供电煤耗低于 270 克标准煤/千瓦时的机组;设计工况下供电煤耗高于 285 克标准煤/千瓦时的湿冷煤电机组和高于 300 克标准煤/千瓦时的空冷煤电机组不允许新建	—
(二)存量降碳改造		
1. 节能降碳改造		
持续降低碳排放、污染物排放和能耗水平	(1)开展汽轮机通流改造 (2)开展锅炉和汽轮机冷端余热深度利用改造	(1)汽轮机通流部分改造技术 (2)煤电机组冷端优化和烟气余热深度利用技术 (3)余热余压利用技术

续表

转型目标	转型路径	转型技术
（二）存量降碳改造			
1. 节能降碳改造			
持续降低碳排放、污染物排放和能耗水平	（1）开展煤电机组能量梯级利用改造 （2）高温亚临界综合升级改造 （3）碳捕获、利用及封存改造	（1）碳捕获、利用及封存（CCUS）技术 （2）整体煤气化联合循环（IGCC）技术 （3）循环流化床燃烧（CFBC）技术
2. 供热改造			
提供综合服务、实现角色转变	（1）纯凝机组热电联产改造，提供热电综合服务 （2）背压热电联产机组改造，提供热电综合服务 （3）已投产热电联产机组余热回收改造	（1）打孔抽气技术 （2）低真空供热技术 （3）循环水余热利用技术 （4）工业余热供热技术 （5）热泵供热技术
3. 灵活改造			
提升清洁低碳、高效灵活发展能力	煤电机组灵活性制造和灵活性改造，降低机组最小发电出力	（1）灵活性技术 （2）热电解耦技术

（四）纺织业转型金融支持目录

1. 总体思路

引导建立"降本金融"和"增效金融"两种融资机制，是金融支持纺织业转型的总体思路。"降本金融"与"增效金融"的核心差别在于两种模式的理论基础并不完全一样，由此引发了金融定价模式与机制的差异。"降本金融"对应的"降本路径"重点在于"节约成本"，其实质是在考虑了环境成本内部化的背景下，通过减少纺织业常态化生产对环境的影响和纺织业生产经营的成本，降低企业生产

附 录 转型金融应用参考手册

表 4 煤电行业转型金融支持关键指标

关键指标				指标单位	标杆水平	基准水平	参考标准和政策文件
新建机组	湿冷机组			克标准煤/千瓦时	270	285	《全国煤电机组改造升级实施方案》（发改运行〔2021〕1519号），不含循环流化床机组
	空冷机组				285	300	
现役机组	湿冷机组（MW）		超超临界1000		273	285·K	1. 系数K为《常规燃煤发电机组单位产品能源消耗限额》（GB 21258）中影响因素修正系数
			超超临界600		276	293·K	2. 标杆水平为火电能效对标各类型机组指标前20%平均值
			超临界600		294	300·K	3. 参考《电力行业（燃煤发电企业）清洁生产评价指标体系》和机组运行情况，确定空冷机组和循环流化床机组供电煤耗
			超临界300		299	308·K	
			亚临界600		302	314·K	
			亚临界300		311	323·K	
	空冷机组				湿冷+15		
	循环流化床机组						
大气污染物排放	烟尘排放浓度			毫克/米³	10	参照GB 13223相关标准	1. 《常规燃煤发电机组单位产品能源消耗限额》（GB 21258-2017）
	二氧化硫排放浓度				35		2. 《全面实施燃煤电厂超低排放和节能改造工作方案》
	氮氧化物排放浓度				50		3. 《火电厂大气污染物排放标准》（GB 13223-2011）

201

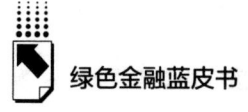

的全成本。因此，其在金融定价时，除了要对生产经营成本降低进行考量之外，还要重点考量环境影响成本的降低对金融定价的影响，此时需要建立的是以纺织行业综合成本监测为核心的金融机制；而"增效金融"对应的"增效路径"重点在于"同等环境影响下的增加产值"，其核心是通过技术赋能产业带来产值的提升，从而降低企业的环境影响。因此，其在金融定价时，要重点考量技术升级带来的产值增加。表5展示了纺织业的"降本金融"与"增效金融"框架。

表5 纺织业的"降本金融"与"增效金融"框架

项目	降本金融	增效金融
金融支持的依据	支持"降本路径"	支持"增效路径"
金融创新的重点	还款来源与成本节约挂钩	还款来源与产业增值挂钩
金融创新的难点	需要引入"环境成本"定价机制	重点考察技术创新的可行性
金融配套的需求	(1)环境成本定价失灵时，需要有效的政府干预 (2)环境成本定价的基础设施	(1)技术创新的风险较大时，需要有效的政府干预 (2)技术创新定价的基础设施

2. 纺织业转型金融支持目录

"降本金融"支持目录参考绿色金融现行目录的形式，涵盖降本路径、降本重点领域与技术以及判断标准，可以明确支持范围、稳定金融预期，从而促进资本流动并扩大金融支持纺织业市场（见表6）。

表6 "降本金融"支持目录

降本路径	降本重点领域与技术	判断标准
节能降碳	(1)开展电气化改造 (2)实施清洁能源替代*	参考《纺织行业节能监察技术规范》（FZ/T 07020—2021）、《纺织企业能源审计方法》（FZ/T 07017—2021）、《纺织企业能效评

附 录　转型金融应用参考手册

续表

降本路径	降本重点领域与技术	判断标准
节能降碳	(1)开展用能系统改造,包括重点用能设备实施用能单元系统化改造、蒸汽热能分级利用等 (2)采用高效节能装备,包括高效节能定形机、连续式印染成套装备、节能型热风烘燥机等 (3)采用低能耗生产技术,包括低温前处理、冷轧堆前处理和染色、分散染料低温染色和印花等	估导则》(FZ/T 07016—2021)、《独立光伏系统技术规范》(GB/T 29196)、《光伏建筑一体化系统运行与维护规范》(JGJ/T 264)、《工业应用的太阳能热水系统技术规范》(GB/T 30724)、《太阳能供热采暖工程技术规范》(GB 50495)
水效提升	(1)采用节水印染加工技术,包括非水介质染色、针织物平幅连续染色、小浴比间歇式染色、分散染料碱性染色、涤纶织物少水连续染色等 (2)开展水资源循环利用和污水资源化利用* (3)开展中水、再生水等非常规水资源利用*	参考《纺织产品水足迹核算、评价与报告通则》(FZ/T 07023—2021)、《节水型产品通用技术条件》(GB/T 18870)、《节水型卫生洁具》(GB/T 31436)、《节水型企业评价通则》(GB/T 29725)
污染防治	(1)开展废水深度处理及回用* (2)开展废气高效收集处理*	参考《纺织工业污染防治可行技术指南》(HJ 1177—2021)、《纺织染整工业废水治理工程技术规范》(HJ471—2020)、《纺织染整工业水污染物排放标准》(GB 4287-2012)
智改数转	(1)配置智能化装备,包括长丝集约式高速卷绕装备、全自动转杯纺纱机、喷气涡流纺纱机、高速无梭织机、全自动穿经机、一次成型纬编机等关键生产设备,以及物料智能化输送设备等辅助生产设备	参考《智能制造　工业数据　采集规范》(GB/T 42127—2022)、《智能制造　工业大数据系统功能要求》(GB/T 42130—2022)

203

续表

降本路径	降本重点领域与技术	判断标准
智改数转	(2)应用智能工业系统,包括以工业以太网、物联网、智能传感器等新型网络技术与装备改造生产现场网络和系统 (3)建设智能制造生产线,包括化纤全流程智能制造、棉纺全流程智能制造、印染智能制造生产线等	参考《智能制造 工业数据 采集规范》(GB/T 42127—2022)、《智能制造 工业大数据系统功能要求》(GB/T 42130—2022)

注：*表示该项领域或技术同时属于《绿色产业指导目录（2019年版）》支持范畴。

（五）建立"增效金融"的金融支持目录

与"降本金融"相对应，"增效金融"也需建立稳定的支持目录，包括增效路径、重点领域与技术以及判断标准（见表7）。

表7 "增效"金融支持目录

增效路径	增效重点领域与技术	判断标准
清洁生产	(1)采用高效环保型浆料、染料和印染助剂 (2)采用高效环保化纤催化剂、油剂和助剂 (3)采用清洁化前处理技术，包括高效短流程前处理、无碱或低碱前处理技术等 (4)采用清洁化染色技术，包括低盐或无盐活性染料染色、生物质色素染色、电化学还原染色等 (5)采用清洁化印花技术，包括活性染料低尿素或无尿素印花、数码印花等 (6)采用清洁化后整理技术，包括液氨整理、多功能机械整理等少化学品印染等	参考《清洁生产标准 纺织业（棉印染）》(HJ/T 185—2006)、《清洁生产标准 化纤行业（氨纶）》(HJ/T 359—2007)、《清洁生产标准 化纤行业（涤纶）》(HJ T429—2008)

续表

增效路径	增效重点领域与技术	判断标准
高端纺织生产	(1)高性能纤维材料生产 (2)生物基合成纤维材料生产 (3)功能性纤维材料生产 (4)产业用纺织品纤维材料生产 (5)产业用纺织品生产 (6)具有高品质、多功能、智能可穿戴、绿色健康等新兴功能属性的高附加值产品	参考《绿色设计产品评价技术规范 再生涤纶》(FZ/T 07015—2021)、《绿色设计产品评价技术规范 聚酯涤纶》(FZ/T 07014—2021)、《绿色设计产品评价技术规范 色纺纱》(FZ/T 07013—2021)、《绿色设计产品评价技术规范 毛精纺产品》(FZ/T 07012—2021)、《绿色设计产品评价技术规范 山羊绒产品》(FZ/T 07011—2021)
废旧资源综合利用	(1)开展废旧纺织品再利用,包括再生聚酯、再生涤纶等* (2)建设废旧纺织品资源化回收、分拣、拆解、规范化处理基地 (3)构建循环经济产业链,包括印染—废液—碱,化纤生产—废气—制酸,纺织—废水、废气—热能—纺织,纺织—边角料—纺织,纺织品—废旧纺织品—再利用产成品—纺织品,纺织品—废旧纺织品—保温材料,废弃聚酯—化纤—纺织品等	参考《再生利用品和再制造品通用要求及标识》(GB/T 27611)、《循环再利用涤纶单丝纺织》(FZ/T 54127—2020)、《循环再利用涤纶牵伸丝纺织》(FZ/T 54048—2020)、《循环再利用涤纶低弹丝纺织》(FZ/T 54047—2020)、《循环再利用涤纶预取向丝等要求》(FZ/T 54046—2020)

注：*表示该项领域或技术同时属于《绿色产业指导目录（2019年版）》支持范畴。

二 转型金融信息披露

发展转型金融是支持经济社会全面转型的重要手段。当前,多地正在探索转型金融与绿色金融的有效衔接,其中企业转型信息披露是重要环节。但由于我国企业转型信息披露的相关实践尚处于初期,转型信息披露的有效性仍待提升,在一定程度上也导致金融机构在开展

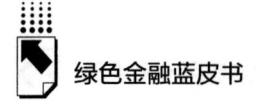

转型金融创新业务的同时，普遍面临企业转型信息透明度较低、企业转型和信用风险较高等问题，不利于推动转型金融的实践，也将对我国气候目标的实现造成影响。

在此背景下，中央财经大学绿色金融国际研究院提出《转型金融视角下企业信息披露的框架参考》（以下简称《转型信息披露框架》）。该框架旨在帮助企业开展有助于转型融资的信息披露，助力提高企业转型信息披露能力及信息披露有效性的同时，进一步扩大转型金融落地实践规模。

该框架的制定参考了国际资本市场协会（ICMA）、气候行动100+等国际组织，以及日本等发达国家所制定的企业转型相关信息披露框架，结合国际主流框架的共性内容、重点关注领域以及我国现阶段经济发展特点和转型方向，提出我国企业在低碳转型过程中所需重点开展的转型信息披露内容和相关要求。同时，转型信息披露的内外部基础与条件也在发生着变化，为此后续研究团队还将根据不定期收集到的来自企业、金融机构、专家、金融从业者等的反馈及市场案例，结合转型金融进展的实际需要，对框架进行更新和完善。

（一）转型信息披露框架的适用范围

《转型信息披露框架》主要适用于企业主体，即在中国境内注册成立、具备独立法人资格，依法开展投资、生产、经营活动的各类主体。针对经济活动的转型，可筛选《转型信息披露框架》中与经济活动转型相关的内容进行披露。

（二）转型信息披露框架的主要内容

1. 转型目标与战略

（1）披露目的

表明企业确立了以降碳为主要方向的转型目标，通过阐明实现转型目标的行动计划，展示企业的可持续发展的战略。

（2）披露内容

转型目标与战略方面建议分别披露短期、中期、长期目标，以及该目标体系下对应的战略规划。企业转型的短期、中期、长期目标披露内容如表8所示。

表8　企业转型的短期、中期、长期目标披露内容

转型目标	目标类型	对应期限	相关披露内容
转型目标的内容	短期目标	未来1~3年低碳转型的关键绩效指标（KPI），该目标建议具体详细	如年度减排目标、清洁能源装机增量目标
	中期目标	未来3~10年的具体减排目标，该目标建议与减排总量相关	如减少50%的温室气体排放
	长期目标*	未来10~30年的总体转型目标，该目标建议与减排总量相关，且能够体现与国家或行业气候目标的关系	实现碳中和、零废弃物
目标设定的参考	企业设定转型目标，尤其是中长期目标，可参考国家及行业主管部门出台的行业政策与标准；缺乏上述标准的，可借鉴国际科学基础减量目标（Science Based Target, SBT）、行业最佳实践等。		

注：1. 表中标"*"的内容属于非强制性披露，这主要是出于对可预期性、科学性等方面的考虑。

2. 重点行业转型目标可参考上文转型金融目录相应内容。

企业转型的战略规划披露内容如表9所示。

表9　企业转型的战略规划披露内容

战略规划类型	相关披露内容
业务模式	为实现转型目标，相关业务单元的具体行动计划
业务资源配置*	为实现转型目标，所需的人力、财力和技术资源的投入情况
转型管理措施*	为实现转型目标，所实施的内部政策、激励机制和管理措施，如员工培训和绩效考核

续表

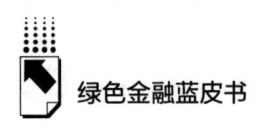

战略规划类型	相关披露内容
合作伙伴关系*	为实现转型目标,将与政府、研发机构、学术机构和其他企业建立的合作

注:表中标"*"的内容属于非强制性披露,这主要是出于对可预期性、科学性等方面的考虑。

（3）转型目标与战略设置的重点原则

企业在设置转型目标与战略时,应注重一致性原则、先进性原则、现实性原则。

①一致性原则

所披露的转型目标与战略要与国际气候目标相吻合；所披露的转型目标要与国家政策目标相吻合；所披露的转型目标要符合行业转型目标；所披露的转型目标与战略目标要与企业主体或经济活动其他的（与转型无关的）目标和战略相一致。

②先进性原则

所披露的转型目标不得低于行业基准值；所披露的转型目标趋近或超过行业标杆值。

③现实性原则

所披露的转型目标与战略需考虑企业当前的实际情况与能力；所披露的转型目标与战略需具备可量化的指标,便于跟踪和评估。

（4）披露示例

International Paper[①]（以下简称"IP"）制定了2030年实现35%的温室气体减排目标以及对应的减少范围一和范围二碳排放的实施战

---

① International Paper是一家业务遍布全球的造纸和包装行业公司。公司业务包括非涂布纸、工业和消费品包装和林产品；公司全球总部位于美国田纳西州孟菲斯市,在全球24个国家拥有约59500名员工,客户遍布世界各地。

略规划，该减排目标与现有的最佳气候科学和《巴黎协定》将全球气温上升限制在远低于工业化前水平 2°C 的目标相一致[①]。

①转型的短期、中期、长期目标

IP 基于科学目标倡议（SBTi）制定了 2030 年实现 35% 的温室气体（包括范围 1、范围 2、范围 3）减排目标（见表 10）。该减排目标与现有的最佳气候科学和《巴黎协定》将全球气温上升限制在远低于工业化前水平 2°C 的目标相一致，已获得 SBTi 认证。

表 10　International Paper 承诺的 2030 年转型目标

关键转型领域	2030 年转型目标
健康丰富的森林	(1) 100% 的纤维来自可持续管理的森林或回收的纤维，同时保护森林、流域和生物多样性 (2) 保护和恢复 100 万英亩(40 万公顷)具有重要生态意义的林地
可再生解决方案	在整个价值链中推进循环解决方案，创造 100% 可重复使用、可回收或可堆肥的创新产品
可持续运营	(1) 将范围 1、范围 2 和范围 3 温室气体(GHG)排放量减少 35%（较 2019 年基线） (2) 将用水量减少 25%，并在所有工厂实施基于情境的水资源管理计划
人和社区关照	(1) 实现 30% 的女性总体代表以及在受薪职位上 50% 的女性代表 (2) 实施区域多元化计划，包括在美国受薪职位中占 30% 的少数族裔代表 (3) 改善社区 1 亿人的生活 (4) 实现员工和承包商零受伤

②内部战略规划

基于对健康丰富的森林、可再生解决方案、可持续运营以及人和社区关照四个关键转型领域设定的 2030 年转型目标，IP 制定了旨在实现其各个领域转型目标的战略规划（见表 11）。

---

① https://www.inernationalpaper.com/es/resources/reports/2023-sustainability-report.

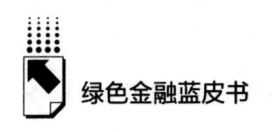

表 11　International Paper 内部战略规划

关键转型领域	战略规划类型	具体战略规划
健康丰富的森林	业务资源配置	负责任纤维采购执行
	业务模式	森林管理认证
	合作伙伴关系	森林和野生动物保护合作伙伴关系建立
可再生解决方案	业务模式	从可持续管理的森林中采购可再生纤维
		使用循环生产工艺流程
		推动可持续产品创新
	合作伙伴关系	循环解决方案的价值链合作
可持续运营	业务模式	关闭使用化石能源的工厂和机器
		投资开发能效提升项目
		可再生电力应用
	业务资源配置	借助数字化系统提高数据完整性和质量
	合作伙伴关系	通过建立合作伙伴关系促进流域保护
人和社区关照	转型管理措施	员工福利、多样性和职业发展
	业务模式	社区投资

2. 转型路径

（1）披露目的

展示企业转型的详细计划和步骤，便于投资者和其他利益相关者评估转型执行计划的可行性和实施进展，增强透明度和信心。

（2）披露内容

转型路径方面应重点披露转型路径、转型时间表、转型路径设定依据（见表12）。

表 12　企业转型路径披露内容

战略规划类型	相关披露内容
转型路径	罗列转型的具体路径和措施
转型时间表	明确各个转型路径的实施时间表，特别是关键时间节点和对应的阶段性成果

附　录　转型金融应用参考手册

续表

战略规划类型	相关披露内容
转型路径设定依据	存在明确技术转型路线图的行业,应说明转型路径设定的参考依据;不存在明确技术转型路线图的行业,鉴于转型路径通常与排放强度相关,需说明基准年份与转型时间表设定依据

注：重点行业转型路径可参考上文转型金融目录相应内容。

（3）转型路径设置的重点原则

企业在设置转型路径时，应注重科学性原则、一致性原则、可操作性原则。

①科学性原则

关注所披露的转型路径的成熟度和效率，在实际应用中应具备高效运行的能力；所披露的转型路径应符合行业的实际情况和发展需求。

②一致性原则

所披露的转型路径应与转型目标与战略相一致，能够服务于转型目标与战略的达成；所披露的转型路径应与实际行动相一致，避免"伪转型"现象；为"碳锁定"风险提供了解决方案，能够避免新建碳密集型基础设施或延长现有的高碳排放基础设施使用年限。

③可操作性原则

所披露的转型路径是否现实可行，是否考虑了实际情况和能力。

（4）披露示例

2024年2月，马士基集团（A. P. Moller-Maersk）[①]（以下简称"马士基"）发布《绿色融资框架》（Green Financing Framework），对其气候转型路径进行明确披露[②]；同月，S&P Global 发布对马士基

[①] 马士基，即马士基集团，成立于1904年，总部位于丹麦哥本哈根。马士基集团旗下的马士基航运是全球最大的集装箱承运输公司，服务网络遍及全球。

[②] https：//investor.maersk.com/static-files/56dfa713-e258-47fc-98cc-5f1d67f7d6af.

绿色融资框架系统性评估的第二方评估意见报告，评估结果为中等绿色（Medium Green）①，表明马士基在绿色低碳转型路径制定方面的合规性和可行性②。

①转型路径

马士基对其主要业务板块的转型路径及具体措施进行了披露，主要包括推动能源系统转型和加强环境治理与生态保护（见表13）。

表13　马士基转型路径及具体措施披露

业务板块	转型路径	具体措施
海洋业务	提升燃料效率	船舶效率优化
		港口网络执行和优化
		数据共享技术管理
		现有船舶改造升级
	向绿色燃料转型	投资建造甲醇驱动船舶（methanol-enabled vessels）
		大规模采购绿色甲醇及相关产品
物流和服务业务	仓库脱碳	仓库可再生电力采购
		提高仓库能源效率
		启动低排放和极低排放仓库
	陆侧运输脱碳	提供重型电池电动卡车服务
		推出ECO Delivery Inland电动汽车产品
		扩大跨地域和跨运输模式的产品（如电动铁路和驳船解决方案）
	航空货运脱碳	推动向可持续航空燃料（SAF）的转型
		开展实施SAF采购解决方案（ECO Delivery Air）
码头业务	改用可再生电力	针对现场和场外解决方案，采购可再生电力
	集装箱码头装卸设备电气化	成立全行业战略联盟"零排放港口联盟"（Zero Emission Port Alliance），旨在加快集装箱装卸设备电气化

① https://www.spglobal.com/_assets/documents/ratings/research/101593569.pdf.
② https://investor.maersk.com/static-files/56dfa713-e258-47fc-98cc-5f1d67f7d6af.

续表

业务板块	转型路径	具体措施
码头业务	码头能源优化	通过码头能源优化评估,进一步减少燃料和电力消耗
	船舶岸上电力系统设施建设	替代性海上电力系统(Alternative Maritime Power Systems)建设
环境和生态系统	加强生态系统健康和生物多样性保护	加强防范压载水中的入侵物种、运输非法野生动物、在敏感地区开展业务
		通过合作和伙伴关系支持海洋健康
	加强污染和废物等环境事件的披露和管理	按照欧洲可持续发展报告标准改进其环境管理系统和方法
		核算和报告空气排放、废物和环境事件,防范船舶泄漏
		加强和优化水资源压力风险评估
	提高资源使用效率	参与钢铁、塑料等回收和循环材料使用的倡议活动
	负责任的船舶回收	确保船舶在使用寿命结束时进行负责任的回收

②转型时间表

马士基对其部分转型路径的具体措施制定了 2024~2030 年的时间规划(见表14)。

表14 马士基重点转型路径时间表

业务板块	转型路径	时间规划
海洋业务	提升燃料效率	—
	向绿色燃料转型	到 2030 年,至少 25% 的货物使用绿色燃料运输
		通过对 C2X(C2X 是一家独立公司,专门进行大规模的绿色甲醇生产)进行投资,计划从 2030 年起,每年将 300 万吨绿色燃料(以绿色甲醇为主)推向市场
		自 2026 年起,每年向 Goldwind 采供 50 万吨绿色甲醇,为 12 艘甲醇驱动船舶提供燃料

213

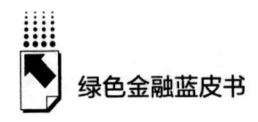

续表

业务板块	转型路径	时间规划
海洋业务	向绿色燃料转型	2026~2027年，投入使用6艘容量为9000标准箱（TEU）的甲醇驱动船舶
		2024年，首批7艘容量为16000标准箱（TEU）的大型甲醇驱动集装箱船舶将投入使用（剩下的11艘将于2024~2025年投入使用）
		2024年，计划将现有的14000标准箱船舶从传统的柴油发动机改装为双燃料甲醇发动机
物流和服务业务	仓库脱碳	—
	陆侧运输脱碳	2024年，将继续扩大ECO Delivery Inland服务，建立更多的供应商合作伙伴关系，包括开拓电动铁路和驳船解决方案、增加重型电动卡车产能等
	航空货运脱碳	—
码头业务	改用可再生电力	到2030年，实现100%可再生能源供电
		2024年，将在100多个关键地点推行可再生电力
	集装箱码头装卸设备电气化	—
	码头能源优化	—
	船舶岸上电力系统设施建设	—
环境和生态系统	加强生态系统健康和生物多样性保护	2024年9月之前，将实现船舶压载水处理系统100%船队的安装
	加强污染和废物等环境事件的披露和管理	2024年，将启动全球废弃物管理审查（Global Waste Management Review）机制（涵盖物流和APM码头）
	提高资源利用效率	—
	负责任的船舶回收	到2024年一季度，将完成第三艘船的负责任回收项目
全部业务板块	可持续采购	到2024年，100%的供应商（范围内）承诺遵守供应商行为准则（Supplier Code of Conduct）
		到2024年，超过85%的战略/高风险供应商正在接受ESG评估

业务板块	转型路径	时间规划
全部业务板块	可持续采购	到 2024 年,超过 80% 的高风险类别供应商已成功关闭改进计划(Improvement Plan)
		2024 年,100% 的采购人员接受可持续采购(Sustainable Procurement)培训

3. 转型资本与运营支出

(1) 披露目的

详细披露转型相关的资本支出①(Capital Expenditure,CapEx)和运营支出②(Operating Expense,OpEx),能够展示财务承诺、执行计划以及资金使用效率,以确保投资和支出有效支持转型目标的实现。

(2) 披露内容

转型资本与运营支出方面应重点披露转型相关的总体资本支出、投向的具体领域及时间安排等。企业资本支出披露内容如表 15 所示。

表 15 企业资本支出披露内容

资本支出类型	相关披露内容
资本总投入	为实现转型目标所需的资本总投入
资本支出*	各转型路径的资本支出
时间安排*	资本支出的时间安排,明确各个阶段的资金投入计划
效率提升*	通过转型预计实现的成本节约情况

注:表中标"*"的内容属于非强制性披露,这主要是出于对可预期性、科学性等方面的考虑。

---

① 资本支出代表对长期资产(例如财产、设备或基础设施)的投资,重点关注未来的利益。
② 运营支出包括保持业务平稳运行所需的日常运营费用,重点在于维护现有资产和支持正在进行的活动。

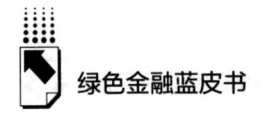

企业转型资金计划披露内容如表16所示。

表16 企业转型资金计划披露内容

转型资金计划	相关披露内容
资金来源*	转型资本和运营支出的主要资金来源，包括内部资金、外部融资、政府补贴等
融资计划*	若计划开展转型融资，需详细说明融资结构和条件，如债券发行、绿色贷款等
财务影响*	转型支出、转型融资对企业财务状况的影响分析，包括现金流、资产负债表和利润表的变化

注：表中标"*"的内容属于非强制性披露，这主要是出于对可预期性、科学性等方面的考虑。

(3) 转型资本与运营支出设定的原则

企业在明确转型资本与运营支出时，应注重详尽性原则、现实性原则、有效性原则。

①详尽性原则

所披露的转型资本与运营支出应具体详尽。

②现实性原则

所披露的转型资本与运营支出应有明确的资金来源和合理的时间安排；所披露的转型资本与运营支出应考虑实际财务状况和融资能力。

③有效性原则

资金募集计划应该有效，具备可实现性。

(4) 披露示例

JERA Co., Inc.（以下简称"JERA"）制定了"JERA 转型债券框架"（以下简称"框架"），旨在根据既定的全球手册、原则或指导方针，为有助于实现"JERA 2050年二氧化碳净零排放"的投资获取资金。JERA 转型债券提出了明确的资本支出计划，主要投向化石燃料和氨/氢共燃示范项目以及低效火力发电厂退役项目,服务于其实现火力发电二氧化碳零排放的转型目标（见表17）。

表17　JERA 转型债券资本支出计划

资格标准	项目概述
与化石燃料和氨/氢共燃示范项目有关的支出	(1)100万千瓦级燃煤电厂20%氨混燃示范研究 ①项目周期:2021年6月~2025年3月 ②项目描述:第四单元 Hekinan 火电站20%燃料(热值比)转化为氨技术的开发和示范试验(至2024财年)
	(2)商业火力发电厂建立高氨共燃率技术的实际设备示范研究 ①项目周期:2021财年至2028财年 ②项目描述:开发新型氨高效燃烧器,研究设备规格(至2024财年),并在 Hekinan 火电站进行示范试验,将50%以上的燃料(热值比)转化为氨(至2028财年)
	(3)氨单燃料燃烧器在火力发电站的高共燃率示范 ①项目周期:2021财年至2028财年 ②项目描述:开发新型氨单燃料燃烧器,研究设备规格(至2024年),并进行技术开发和示范试验,在两个不同的锅炉机组上将50%以上的燃料(热值比)转化为氨(至2028财年)
	(4)大型氢气供应链建设中的氢气共燃发电技术验证 ①项目时间:2021年10月~2026年3月 ②项目描述:在日本大型液化天然气发电厂进行示范试验,将约30%(按体积计)的液化天然气转化为氢气用于发电(至2025财年)
与低效火力发电厂退役有关的支出,目的是替换高效火力发电厂	(5)Goi 火电站现有发电设施的拆除(液化天然气)
	(6)Chita 火电站(LNG)现有发电设施的拆除(拆除计划正在制定中)

4. 针对转型影响的应对举措

（1）披露目标

披露可能因转型而受到直接影响的相关活动,并提出应对举措。如转型对商业模式、相关供应链以及员工等的影响,展示企业在推动形成科学、稳定、公正和包容性生态系统方面的举措,确保利益相关

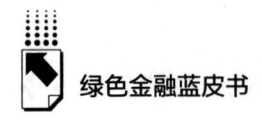

者对转型有全面了解。

（2）披露内容

应重点披露转型对商业模式、供应链以及公正转型等方面的影响。

①对商业模式的影响

企业转型对商业模式的影响披露内容如表18所示。

表18　企业转型对商业模式的影响披露内容

对商业模式的影响	相关披露内容
业务模式变革	转型对现有业务模式的具体影响，如新业务机会、市场扩展、产品线调整、原产能淘汰等
收入与利润变化*	转型对收入来源和利润结构的影响，如是否会实现收入多元化和利润增长等
风险与机遇*	转型过程中商业模式可能面临的主要风险和机遇及其应对措施。风险可重点关注物理风险（例如气候变化、资源短缺、生态破坏）和转型风险（政策和法律风险、技术风险）对商业模式的影响

注：表中标"*"的内容属于非强制性披露，这主要是出于对可预期性、科学性等方面的考虑。

②对供应链的影响

企业转型对供应链的影响披露内容如表19所示。

表19　企业转型对供应链的影响披露内容

对供应链的影响	相关披露内容
供应链调整	转型对供应链的影响，如供应商选择标准、采购策略变化等
供应商安全*	转型对供应链稳定性的影响，如该转型是否会受到上游供给稳定性的影响等

注：表中标"*"的内容属于非强制性披露，这主要是出于对可预期性、科学性等方面的考虑。

③对公正转型的影响

企业转型对公正转型的影响披露内容如表20所示。

表20　企业转型对公正转型的影响披露内容

对公正转型的影响	相关披露内容
员工影响*	转型对员工的影响,包括工作岗位削减或变动计划,员工培训和再就业计划等
地区影响*	转型对所在地区的影响,如生态环境、就业机会等

（3）转型影响的分析原则

企业在分析转型影响时,应注重详尽性原则、全面性原则。

①详尽性原则

披露内容应全面涵盖对商业模式、供应链和公正转型等方面的所有关键影响;披露信息应详细,从而为利益相关方了解该影响提供明确的说明。

②全面性原则

应为可能产生的负面影响提供具体的应对目标和方案。

（4）披露示例

ArcelorMittal[①]以欧盟《企业可持续发展报告指令》(Corporate Sustainability Reporting Directive,CSRD)为导向,使用 TCFD 模型来解释和强调其在气候转型领域的进展,ArcelorMittal 也逐渐将遵循其他国际组织和框架的指导原则的转型评估纳入到相关披露过程中,如价值报告基金会（VRF）、全球报告倡议（GRI）、可持续发展会计准则委员会（SASB）、联合国全球契约（UNGC）、欧盟关于非财务报告的 2014/95/EU 指令和联合国可持续发展目标（UN SDGs）[②]。在气

---

① 安赛乐米塔尔（ArcelorMittal）集团是全球最大的钢铁制造商之一,总部位于卢森堡。安赛乐米塔尔在汽车、建筑、家用电器、包装等领域占据全球领先地位,集团在欧洲、亚洲、非洲和美洲的 27 个国家（包括中国）拥有分支机构,业务范围覆盖新兴市场与成熟市场。

② https://corporate.arcelormittal.com/media/zwmgycqv/arcelor-mittal-reporting-index-2022.pdf.

候变化评估方面，ArcelorMittal 获得 CDP A-评级①。

①对商业模式的影响②

ArcelorMittal 披露了转型对其商业模式的影响，主要体现在生产模式及产出发生改变、循环业务板块将加快发展等方面（见表 21）。

表 21　ArcelorMittal 商业模式变革披露

商业模式变革	具体要点
生产模式及产出发生改变	实现清洁炼钢的新兴发展模式
循环业务板块将加快发展	拓展回收和加工业务得以快速发展
价值链体系的筛选标准发生调整	按照第三方行业领先的多方利益相关者标准认证运营过程 鼓励主要原材料供应商通过行业领先的 ESG 标准认证

②对供应链的影响

ArcelorMittal 披露了转型对其供应链的影响，主要体现在促进其业务覆盖地区的炼钢厂和矿区开展国际负责任采购和生产标准认证、加强供应链相关部门员工培训等方面（见表 22）。

表 22　ArcelorMittal 供应链调整披露

供应链调整	2022 年进展
推动运营国家的炼钢厂开展 ResponsibleSteel™ 认证	截至 2022 年底，50% 运营国家的炼钢厂已获得 ResponsibleSteel™ 认证
推动加拿大、利比里亚、巴西和墨西哥的铁矿开展 IRMA 认证	截至 2022 年底，所有相关国家都已开始 IRMA 自我评估

---

① https://corporate.arcelormittal.com/media/tmabqjue/arcelor-mittal-integrated-annual-review-2022.pdf.

② https://corporate.arcelormittal.com/media/tmabqjue/arcelor-mittal-integrated-annual-review-2022.pdf.

续表

供应链调整	2022年进展
对关键职能人员进行供应链人权培训	为关键公司职能和业务部门的16名领导人提供认证人权干事（Certified Human Rights Officer）培训

注：1. ResponsibleSteel™ 是一个非营利组织，以改善钢铁的负责任采购、生产、使用和回收为使命；它推出了钢铁行业的第一个国际企业社会责任认证倡议（即 ResponsibleSteel™ 标准），旨在促进行业内钢铁的负责任采购和生产。

2. 负责任采矿保证倡议（IRMA）于2006年成立，由非政府组织、为自身生产和销售的产品采购矿物和金属的企业、劳工组织（如工会）、受影响社区和矿业公司组成。IRMA 指导委员会致力于建立一个多方利益攸关方参与且经独立验证的负责任采矿保证体系。

③对公正转型的影响

ArcelorMittal 披露了转型对其公正转型的影响，主要体现在助力员工职业发展、加强社区教育与就业领域投资等方面（见表23）。

表23 ArcelorMittal 公正转型披露

公正转型	具体措施	2021年影响	2022年影响
助力员工职业发展	开展员工领导力培训项目	329个	800+个
	领导力项目参与人数	61700人	73480人
加强社区教育与就业领域投资	加强社区投资支出（包括STEM①）	1020万美元	2250万美元
	预估直接经济贡献	677亿美元	806亿美元
	提高STEM项目支出	350万美元	430万美元

三 转型信息披露框架的应用展望

（一）应用场景

转型信息披露框架主要应用于以下方面。

---

① 即科学（Science）、技术（Technology）、工程（Engineering）、数学（Mathematics）四个领域。

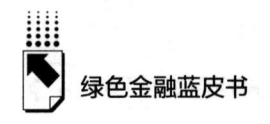

第一，内部管理和决策。企业管理层和董事会可以利用披露框架进行内部评估和决策，确保转型计划的有效实施。

第二，应用转型融资。可与转型金融的申请与适用条件相结合，为获得转型融资提供支持。

第三，法规遵从和国际合作。符合国际标准、法规要求和供应链核心企业的采购要求，参与国际可持续发展合作，提升企业的全球竞争力。

第四，公共关系和品牌建设。通过公开透明的转型披露，提升企业的公众形象和品牌价值，增强投资者对企业的信心，从而吸引更多的绿色投资。

（二）披露流程

1. 披露周期

转型信息披露应采取定期披露与临时披露相结合的方式。转型的企业主体或经济活动，应按照一定的时间周期，向社会公众和投资者披露转型信息。若发生对转型产生较大影响的重大事件，应当立即披露。

2. 披露形式

转型信息披露的形式丰富多样，通常建议初次披露以转型专项披露报告形式开展。完成初次披露后，后续的定期披露可采用将转型信息与其他信息结合披露的形式开展。此外，当转型信息发生重大变化或取得重大成效时，可单独发布转型披露信息。

第一，转型专项披露报告。详细介绍转型目标、战略、路径、资本与运营支出及其影响。通常建议初次披露以专项披露报告的形式开展。

第二，与年度报告以及环境、社会和治理（ESG）报告等原有信息披露报告相结合。在年度报告中设立转型信息披露专章，公开披露企业转型进展和绩效。建议完成初次披露后，后续的定期披露可采用将转型信息与其他信息结合披露的形式开展。

第三，转型信息临时报告。当转型发生重大变化或取得重大成效时，可单独发布转型信息临时报告。

3. 披露渠道

建议通过企业官网和社交媒体，公开披露转型信息。对于专业投资者以及关键投资者，应在专门平台或通过定向递送形式，强化转型信息的披露影响。

第一，企业官网和社交媒体。通过企业官网和社交媒体，定期更新转型进展和发布相关信息。

第二，投资者关系平台。在专门的投资者关系平台发布转型信息，确保投资者及时获取相关数据。面向关键投资者定期召开投资者会议或定向递送转型信息披露报告，向投资者详细介绍转型计划和进展。

（三）披露评价

1. 评价形式

开展转型披露评价可采用内部评价与外部评价的形式，内部评价主要用于提高内部管理效率，外部评价主要用于增强转型信息披露的可信度和透明度。

（1）内部评价

第一，建立系统化的内部审计流程，定期评估转型目标和路径的执行情况。

第二，设定明确的评估标准，涵盖目标达成度、资源使用效率和风险管理等方面。

第三，内部审计结果需向管理层和董事会汇报，并根据评估结果调整转型策略和计划。

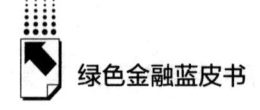

(2) 外部评价

第一，委托独立的第三方审计机构对转型信息进行审计，确保披露的真实性和可靠性。

第二，获得国际认证机构的认证，如 ISO、GRI、SBTi 等，增强披露的公信力和权威性。

第三，依据国际标准和行业最佳实践对企业的转型绩效进行评估和评级，如 TCFD、CDP 等。

2. 评价依据

对四项关键转型信息披露内容开展评价时，评价要点见前文对应章节，评价可参考的依据主要包括政策制度、行业路线图、国内外第三方研究结论或认证，部分关键评价依据可参考附录一至附录三。

(1) 政策制度

一方面，国家和地方层面涉及碳减排目标的相关政策，如总体规划、能源政策、行业政策等相关法规、政策和标准，确保转型计划和信息披露符合政策要求。另一方面，如《巴黎协定》和联合国可持续发展目标（SDGs）等国际协议，确保转型战略符合国际承诺和目标。

(2) 行业路线图

行业路线图包括国际能源署（IEA）发布的行业转型路线图等。

(3) 国内外第三方研究结论或认证

第三方研究结论包括世界银行、联合国环境规划署（UNEP）等独立研究机构发布的相关研究报告，提出的行业转型路线图、行业转型对社会和环境的综合影响等。

四 转型挂钩指标设计

转型金融产品设定绩效目标时可以参考转型挂钩指标。

研究团队按照基础型与创新型的指标类型，提出了在不同转型领域（包括能效提升、碳排放控制、污染物控制、能源替代等）内可以探索的挂钩指标，并提供了相关示例（见表24）。

表24 重点行业转型挂钩指标参考

指标类型	涉及领域	挂钩指标	示例
基础型	能效提升	综合能耗（计量单位示例：tce）	首都机场集团有限公司2021年度第二期中期票据（可持续挂钩）提出，截至2025年12月31日，北京首都国际机场年综合能耗不高于85700.00吨标准煤
		单位产值能耗（计量单位示例：tce/万元）	中国铁建股份有限公司2022年面向专业投资者公开发行可续期公司债券（第二期）（可持续挂钩）（品种一）提出，公司承诺2023年度万元营业收入综合能耗不超过0.0606吨标准煤
		单位产品综合能耗（计量单位示例：kgce/t）	山东钢铁集团有限公司2021年度第一期中期票据（可持续挂钩）提出，截至2022年12月31日，山钢集团控股子公司山东钢铁吨钢综合能耗不超过592.00千克标准煤/吨
	碳排放控制	单位产值碳排放量（计量单位示例：tCO_2e/万元）	—
		单位产品碳排放量（计量单位示例：tCO_2e/t）	华新水泥股份有限公司2022年面向专业投资者公开发行公司债券（低碳转型挂钩债券）（第一期）（品种二）提出，到2024年底，华新水泥单位熟料碳排放量降至829.63$kgCO_2$/t
	污染物控制	单位产品污染物排放量（计量单位示例：kg/t）	宝山钢铁股份有限公司2021年度第一期中期票据（可持续挂钩）提出，宝钢股份2023年度吨钢氮氧化物排放量不超过0.63千克/吨粗钢

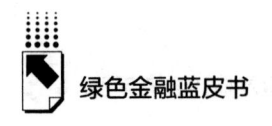

续表

指标类型	涉及领域	挂钩指标	示例
创新型	能源替代	可再生能源新增装机规模(计量单位示例:万千瓦)	中国华能集团有限公司2021年度第一期中期票据(可持续挂钩)提出,2021年1月1日~2023年12月31日,华能集团甘肃公司可再生能源发电新增装机容量不低于150万千瓦
		可再生能源增长比例(计量单位示例:%)	国电电力发展股份有限公司2021年度第二期绿色中期票据(可持续挂钩/碳中和债)提出,新增风力发电装机容量不低于截至2020年12月31日发行人风力发电总装机容量的11.9%
	能效提升	行业能效标杆水平以上的产品比例(计量单位示例:%)	华润建材科技控股有限公司2024年度第一期中期票据(可持续挂钩)提出,2024年度能效标杆以上的熟料产能占比不低于23.0%
	碳减排量开发	自愿减排量开发量(计量单位示例:万吨)	中国电力国际发展有限公司2024年度第一期绿色中期票据(可持续挂钩)提出,2024年1月1日~2025年12月31日发行人新增开发不少于100万吨国家核证自愿减排量(CCER)
	资源综合利用	废弃物利用量(计量单位示例:万吨)	河钢集团有限公司2023年面向专业投资者公开发行低碳转型挂钩公司债券(第四期)(品种二)提出,石钢公司在2022年废钢利用量为193.20万吨的基础上2024年度废钢利用量不少于235.00万吨

续表

指标类型	涉及领域	挂钩指标	示例
创新型	绿色业务提升	绿色业务总额(计量单位示例:亿元)	中电投融和融资租赁有限公司2023年面向专业投资者公开发行碳中和绿色公司债券第二期可持续挂钩品种二提出,融和租赁在2020年1月1日~2022年12月31日绿色领域融资租赁累计投放金额为560.98亿元的基础上,2020年1月1日~2023年12月31日,绿色领域融资租赁累计投放金额不低于750.00亿元;融和租赁在2020年1月1日~2022年12月31日绿色领域融资租赁累计投放金额为560.98亿元的基础上,2020年1月1日~2024年12月31日,绿色领域融资租赁累计投放金额不低于950.00亿元
			知识城(广州)投资集团有限公司2023年面向专业投资者公开发行可续期公司债券(第四期)(可持续挂钩)提出,截至2024年末,绿色建筑累计竣工面积不低于42万平方米
		绿色业务占比(计量单位示例:%)	中国船舶(香港)航运租赁有限公司2023年度第一期中期票据(可持续挂钩/债券通)提出,截至2024年12月31日,发行人绿色船舶资产在总船舶资产中占比不低于24%

注:能耗相关的挂钩指标最为常见,因为能耗统计是目前最为成熟的。

五 转型金融风险管理

"转型金融风险管理"是推动转型金融过程中需要重视的关键问题,国内外关于转型风险有持续深入的研究,为金融机构分析转型风险提供了指导与参考。中央财经大学绿色金融国际研究院结合相关研究，基于《转型金融视角下，企业转型信息披露的框架》（以下简称《企业转型信息披露框架》）提出《转型金融风险管理要点》（以下简称《要点》）。《要点》旨在与《企业转型信息披露框架》相衔接，立足于发展转型金融所需的关键信息，提出金融机构需识别或关注的转型金融风险要点，为转型金融应用中的风险管理与治理提供参考。

《要点》的制定参考《金融机构风险管理框架（GB/T 42422—2023)》、TCFD《气候风险概览：气候风险评估方法综述》等标准及方法，对转型目标与战略、转型路径、转型资本与运营支出、转型影响的风险识别等进行说明，并列举风险管理的工具、政策等市场经验。

同时，我们也意识到转型金融的风险管理是复杂的，且呈现动态变化的态势，未来可能会随着社会经济的发展、技术的变革、金融服务能力的提升等出现新的形式，本团队也将不断完善与优化相关研究。

（一）转型金融重点风险的识别与传导路径

1. 风险一：企业是否有明确且科学的转型目标与战略？

（1）风险内容

一方面，转型目标与战略滞后：企业的转型目标滞后于国家政策要求、国际气候目标和行业标准。

另一方面，转型目标与战略可操作性较弱：企业的转型目标和战略的制定脱离企业的实际情况，无法实现和有效实施。

（2）风险后果

第一，市场风险：企业的转型目标和战略滞后于平均标准与水平，竞争力的下降可能导致企业在市场中失去地位。

第二，政策风险：因无法满足政策要求而面临经营风险。

第三，信用风险：企业未能有效实施其转型战略，可能面临违约的情形或支付能力下降的风险，尤其是在高碳产业或高度依赖传统能源的企业。

第四，声誉风险：因企业表明战略无法实现而遭受负面评价，使声誉受损。

（3）风险应对建议

第一，分析企业当前碳排放在全行业中所处的水平，若企业当前碳排放表现低于全行业平均水平，建议谨慎支持。

第二，关注短中期的转型目标与行业碳减排趋势的一致性，当企业短中期转型目标滞后于行业转型路线图时，建议谨慎支持。

第三，引入情景分析与压力测试，评估企业在不同政策、市场或技术下的应对能力，对于难以适应行业周期变化以及在经济环境转型中韧性较差的企业，建议谨慎支持。

第四，关注企业所在行业未来市场规模的变化情况，当企业所在行业未来市场规模将显著减小时，建议增加风险分析手段。

第五，优先考虑设置明确量化减排目标的企业或项目。

2. 风险二：企业是否具备明确且可执行的转型路径？

（1）风险内容

第一，转型路径不明确或不匹配：企业未能提供清晰的转型路径。

第二，低碳技术路线不成熟：企业拟采用的低碳技术尚未商业化，或短期内不具备大规模推广的可行性。

第三，缺乏成熟的搁浅资产处置方案：企业转型将导致搁浅资产出现，且未能提出有效的搁浅资产减碳计划。

第四，过度依赖外部要素：企业转型路径依赖购买绿电、碳配额等外部要素，或依赖政策激励、补助等来实现短期减排目标，而不是通过自身的结构性减排或技术改造。

（2）风险后果

第一，市场风险：转型技术路线不成熟导致转型不及预期或投入失败。

第二，信用风险：搁浅资产价值骤降引发企业资产减值。

第三，市场风险：过度依赖外部要素导致缺乏可持续的内生发展能力，中短期资产类别不可持续或中长期业务结构转型困难。

（3）风险应对建议

第一，分析企业拟采用的转型技术在全行业中的成熟度，结合企业在行业中所处水平综合考量技术风险的程度。

第二，关注企业因转型导致的搁浅资产处置情况，对未能提出明确处置计划的企业，需进一步分析搁浅资产对企业资产负债表的影响。

第三，转型对外部要素依赖较强的企业，建议充分结合当前绿电、碳配额等外部要素的市场环境进行评估。

3. 风险三：企业的转型资本与运营支出是否合理？

（1）风险内容

第一，转型资本投入不足：企业未能为其低碳转型提供充足的资本支持。

第二，转型成本过高：企业的转型运营支出过高、资本配置效率过低或转型预期的成本节约效果有限、转型回收周期过长。

第三，资金来源结构不稳定：企业依赖短期或高成本融资来支持转型，或缺乏与转型资本支出时间相匹配的融资结构和资金投入计划。

（2）风险后果

第一，市场风险：资本投入不足、配置效率过低或结构不稳定可能造成转型进度明显滞后或无法如期完成转型目标。

第二，财务风险：转型成本超出预期可能增加企业负债，影响盈利能力、融资能力等并导致现金流危机。

第三，信用风险：资金来源结构不稳定可能增加企业偿债风险，特别是在资本市场波动的情况下，转型项目可能无法按计划推进。

（3）风险应对建议

第一，审查企业转型资本的充足性与分配合理性，确保其在低碳转型所需的各个时间节点及关键环节有足够的资本支持。

第二，关注企业的转型融资结构，建议优先支持资金来源多样、融资结构稳定的企业，避免单一依赖高成本或短期融资的项目。

第三，设立转型支出的定期审查机制，确保资金使用与转型目标路径之间的一致性。

4. 风险四：企业是否认识到转型对企业商业模式、供应链、员工等会产生不利影响，是否准备了应对方案？

（1）风险内容

第一，商业模式调整不足：企业未能充分认识到转型对现有业务模式的影响，导致转型后企业的商业模式缺乏竞争优势。

第二，供应链不稳定：企业未充分考虑到转型对供应链的影响，转型过程中可能面临供应链中断或材料短缺的风险。

第三，员工和社区影响被忽视：企业未能全面评估转型对员工工作岗位、培训需求及所在地区的生态环境等方面的影响，可能造成劳资纠纷和社区关系紧张。

（2）风险后果

第一，市场风险：业务模式认识不足导致未能调整业务模式以适应市场需求和技术创新，可能造成企业市场份额减少、客户流失及收入下降，或在行业中的竞争力减弱。

第二，财务风险：供应链调整不当可能导致生产中断、原材料供应不足，进一步增加运营成本，影响企业的盈利能力。

第三，声誉风险：员工不满和社区关系恶化可能导致劳资纠纷、

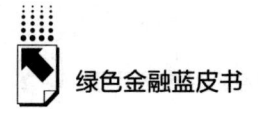

员工流失、生态环境破坏等问题,影响企业声誉和社会形象,降低投资者信心。

(3) 风险应对建议

第一,关注企业转型后商业模式的变化,并通过市场调研了解商业模式的可持续性,进而评估风险影响。

第二,关注企业供应链管理能力,了解企业是否有稳定的供应链支持路径。

第三,关注企业在转型过程中对员工的处置方案,优先考虑有明确的员工再培训和再就业计划的企业。

(二)关于转型金融相关风险管理的政策文件

部分监管机构和政策制定者制定的转型金融相关风险标准和指引概览如表25所示。

表25 部分监管机构和政策制定者制定的转型金融相关风险标准和指引概览

国家/组织	发行年份	机构名称	政策文件
新西兰	2024	新西兰储备银行(RBNZ)	《金融机构气候风险管理指南》
加拿大	2023	金融机构监管办公室(OSFI)	《B-15:气候风险管理》
美国	2023	美联储、货币监理署(OCC)和联邦存款保险公司(FDIC)	《大型金融机构气候相关金融风险管理原则》
国际组织	2022	巴塞尔银行监督委员会(BCBS)	《有效管理和监督气候相关金融风险的原则》
澳大利亚	2021	审慎监管局(APRA)	《关于气候变化金融风险的最终审慎实务指引(CPG 229)》

资料来源:中央财经大学绿色金融国际研究院整理。

(三)转型金融风险判断工具汇总

转型金融风险判断工具如表26所示。

表 26 转型金融风险判断工具

发行机构	名称	类型	说明
联合国环境规划署金融倡议（UN FI）	超越地平线：联合国环境规划署金融倡议 TCFD 银行业项目转型风险评估的新工具和框架（Beyond the Horizon: New Tools and Frameworks for Transition Risk Assessments from UNEP FI's TCFD Banking Programme）	报告（2020）	包含与气候变化转型风险相关的一系列行业风险热图
UNEP FI 和 Oliver Wyman	转型检查（Transition Check）	在线工具	采取基于情景的方法来评估转型风险以及气候变化对企业贷款组合潜在影响，整体框架与金融稳定委员会气候相关财务信息披露工作组（TCFD）的建议一致
央行绿色金融网络（NGFS）	量身定制转型计划：新兴市场与发展中经济体的考量因素（Tailoring Transition Plans: Considerations for EMDEs）	报告（2024）	探讨新兴市场与发展中经济体对于过渡计划相关的需求与挑战
央行绿色金融网络（NGFS）	连接过渡计划：金融与非金融机构（Connecting Transition Plans: Financial and Non-financial Firms）	报告（2024）	评估实体经济与金融机构在过渡计划之间的联系
央行绿色金融网络（NGFS）	可信的过渡计划：个体审慎观点（Credible Transition Plans: The Microprudential Perspective）	报告（2024）	以个体审慎的方式检验金融机构过渡计划及其流程的可信度
央行绿色金融网络（NGFS）	NGFS IIASA 情景探索器（NGFS IIASA Scenario Explorer）	在线工具	提供了转型情景时间序列数据的可视化

续表

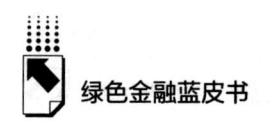

发行机构	名称	类型	说明
联合国气候变化框架公约（UNFCCC）	国家自主贡献登记册（NDC Registry）	在线数据库	国家NDC提交记录的登记册。NDC包含了《巴黎协定》各缔约方的国家级承诺，包括温室气体减排目标以及优先进行减排的行业
新气候研究所/气候分析（New Climate Institute/Climate Analytics）	气候行动追踪器（Climate Action Tracker）	在线工具	对国家级NDC气候变化承诺的独立评估，以及这些承诺是否足以实现《巴黎协定》的目标
世界银行（World Bank）	碳定价仪表板（Carbon Pricing Dashboard）	在线工具	全球实施或计划中的碳定价机制数据库

资料来源：中央财经大学绿色金融国际研究院根据公开资料整理。

社会科学文献出版社

皮书
智库成果出版与传播平台

❖ 皮书定义 ❖

皮书是对中国与世界发展状况和热点问题进行年度监测,以专业的角度、专家的视野和实证研究方法,针对某一领域或区域现状与发展态势展开分析和预测,具备前沿性、原创性、实证性、连续性、时效性等特点的公开出版物,由一系列权威研究报告组成。

❖ 皮书作者 ❖

皮书系列报告作者以国内外一流研究机构、知名高校等重点智库的研究人员为主,多为相关领域一流专家学者,他们的观点代表了当下学界对中国与世界的现实和未来最高水平的解读与分析。

❖ 皮书荣誉 ❖

皮书作为中国社会科学院基础理论研究与应用对策研究融合发展的代表性成果,不仅是哲学社会科学工作者服务中国特色社会主义现代化建设的重要成果,更是助力中国特色新型智库建设、构建中国特色哲学社会科学"三大体系"的重要平台。皮书系列先后被列入"十二五""十三五""十四五"时期国家重点出版物出版专项规划项目;自2013年起,重点皮书被列入中国社会科学院国家哲学社会科学创新工程项目。

皮书网

（网址：www.pishu.cn）

发布皮书研创资讯，传播皮书精彩内容
引领皮书出版潮流，打造皮书服务平台

栏目设置

◆ **关于皮书**
何谓皮书、皮书分类、皮书大事记、
皮书荣誉、皮书出版第一人、皮书编辑部

◆ **最新资讯**
通知公告、新闻动态、媒体聚焦、
网站专题、视频直播、下载专区

◆ **皮书研创**
皮书规范、皮书出版、
皮书研究、研创团队

◆ **皮书评奖评价**
指标体系、皮书评价、皮书评奖

所获荣誉

◆ 2008年、2011年、2014年，皮书网均在全国新闻出版业网站荣誉评选中获得"最具商业价值网站"称号；

◆ 2012年，获得"出版业网站百强"称号。

网库合一

2014年，皮书网与皮书数据库端口合一，实现资源共享，搭建智库成果融合创新平台。

皮书网

"皮书说"
微信公众号

权威报告·连续出版·独家资源

皮书数据库
ANNUAL REPORT(YEARBOOK) DATABASE

分析解读当下中国发展变迁的高端智库平台

所获荣誉

- 2022年，入选技术赋能"新闻+"推荐案例
- 2020年，入选全国新闻出版深度融合发展创新案例
- 2019年，入选国家新闻出版署数字出版精品遴选推荐计划
- 2016年，入选"十三五"国家重点电子出版物出版规划骨干工程
- 2013年，荣获"中国出版政府奖·网络出版物奖"提名奖

皮书数据库　"社科数托邦"微信公众号

成为用户

登录网址www.pishu.com.cn访问皮书数据库网站或下载皮书数据库APP，通过手机号码验证或邮箱验证即可成为皮书数据库用户。

用户福利

- 已注册用户购书后可免费获赠100元皮书数据库充值卡。刮开充值卡涂层获取充值密码，登录并进入"会员中心"—"在线充值"—"充值卡充值"，充值成功即可购买和查看数据库内容。
- 用户福利最终解释权归社会科学文献出版社所有。

数据库服务热线：010-59367265
数据库服务QQ：2475522410
数据库服务邮箱：database@ssap.cn
图书销售热线：010-59367070/7028
图书服务QQ：1265056568
图书服务邮箱：duzhe@ssap.cn

卡号：866334315646
密码：

S 基本子库
SUB DATABASE

中国社会发展数据库（下设12个专题子库）

紧扣人口、政治、外交、法律、教育、医疗卫生、资源环境等12个社会发展领域的前沿和热点，全面整合专业著作、智库报告、学术资讯、调研数据等类型资源，帮助用户追踪中国社会发展动态、研究社会发展战略与政策、了解社会热点问题、分析社会发展趋势。

中国经济发展数据库（下设12专题子库）

内容涵盖宏观经济、产业经济、工业经济、农业经济、财政金融、房地产经济、城市经济、商业贸易等12个重点经济领域，为把握经济运行态势、洞察经济发展规律、研判经济发展趋势、进行经济调控决策提供参考和依据。

中国行业发展数据库（下设17个专题子库）

以中国国民经济行业分类为依据，覆盖金融业、旅游业、交通运输业、能源矿产业、制造业等100多个行业，跟踪分析国民经济相关行业市场运行状况和政策导向，汇集行业发展前沿资讯，为投资、从业及各种经济决策提供理论支撑和实践指导。

中国区域发展数据库（下设4个专题子库）

对中国特定区域内的经济、社会、文化等领域现状与发展情况进行深度分析和预测，涉及省级行政区、城市群、城市、农村等不同维度，研究层级至县及县以下行政区，为学者研究地方经济社会宏观态势、经验模式、发展案例提供支撑，为地方政府决策提供参考。

中国文化传媒数据库（下设18个专题子库）

内容覆盖文化产业、新闻传播、电影娱乐、文学艺术、群众文化、图书情报等18个重点研究领域，聚焦文化传媒领域发展前沿、热点话题、行业实践，服务用户的教学科研、文化投资、企业规划等需要。

世界经济与国际关系数据库（下设6个专题子库）

整合世界经济、国际政治、世界文化与科技、全球性问题、国际组织与国际法、区域研究6大领域研究成果，对世界经济形势、国际形势进行连续性深度分析，对年度热点问题进行专题解读，为研判全球发展趋势提供事实和数据支持。

法律声明

"皮书系列"(含蓝皮书、绿皮书、黄皮书)之品牌由社会科学文献出版社最早使用并持续至今,现已被中国图书行业所熟知。"皮书系列"的相关商标已在国家商标管理部门商标局注册,包括但不限于LOGO( )、皮书、Pishu、经济蓝皮书、社会蓝皮书等。"皮书系列"图书的注册商标专用权及封面设计、版式设计的著作权均为社会科学文献出版社所有。未经社会科学文献出版社书面授权许可,任何使用与"皮书系列"图书注册商标、封面设计、版式设计相同或者近似的文字、图形或其组合的行为均系侵权行为。

经作者授权,本书的专有出版权及信息网络传播权等为社会科学文献出版社享有。未经社会科学文献出版社书面授权许可,任何就本书内容的复制、发行或以数字形式进行网络传播的行为均系侵权行为。

社会科学文献出版社将通过法律途径追究上述侵权行为的法律责任,维护自身合法权益。

欢迎社会各界人士对侵犯社会科学文献出版社上述权利的侵权行为进行举报。电话:010-59367121,电子邮箱:fawubu@ssap.cn。

社会科学文献出版社